8 シリーズ〈都市地震工学〉
東京工業大学都市地震工学センター 編

都市震災マネジメント

翠川三郎 ………… 編

上田孝行　和田　章　岡田　玲　翠川三郎
松田稔樹　盛川　仁　大町達夫 ………… 著

朝倉書店

シリーズ〈都市地震工学〉

東京工業大学都市地震工学センター
(編集代表:大町達夫, 翠川三郎, 盛川　仁)
編集

編集者 (第8巻)

翠川 三郎（みどりかわ さぶろう）　東京工業大学都市地震工学センター・教授

執筆者 (執筆順)

上田 孝行（うえだ たかゆき）　東京大学大学院工学系研究科社会基盤学専攻・教授
（前 東京工業大学大学院理工学研究科国際開発工学専攻・助教授）

和田 章（わだ あきら）　東京工業大学建築物理研究センター・教授

岡田 玲（おかだ れい）　日本大学生産工学部生産工学研究所・研究員
（前 東京工業大学都市地震工学センター・21世紀COE研究員）

翠川 三郎（みどりかわ さぶろう）　東京工業大学都市地震工学センター・教授

松田 稔樹（まつだ としき）　東京工業大学大学院社会理工学研究科人間行動システム専攻・准教授

盛川 仁（もりかわ ひとし）　東京工業大学大学院総合理工学研究科人間環境システム専攻・准教授

大町 達夫（おおまち たつお）　東京工業大学大学院総合理工学研究科人間環境システム専攻・教授

シリーズ〈都市地震工学〉刊行にあたって

　日本は，世界有数の地震国として知られています．日本のような地震国に住み，安心・安全で質の高い文化生活を営むためには，地震に強い社会環境づくりが欠かせません．とりわけ人口や社会資本の集積が著しい現代都市を震災から守ることの重要性は明らかで，それを実現するための知識や技術が地震被害に苦しむ世界中の国や地域から日本に期待されています．近年，特に1995年阪神淡路大震災以降，都市の地震防災に関する学術研究や技術開発は大幅に進展しました．そこで都市震災軽減のための地震工学を新たに都市地震工学と呼び，この分野の学問と技術の体系化を試みることにしました．

　現代都市を，モノ（都市施設），ヒト（市民），社会（都市システム）の3要素に分けてみると，各要素が，老朽化，高齢化，複雑化などの問題点を内蔵しています．ひとたび大地震に直撃されると，それらを弱点として発生したさまざまな被害が連鎖的に悪循環を形成して，都市全体を巻き込む大震災にまで拡大し，やがて世界中に波及して未曾有の大災害を招く危険性があります．従来の地震防災対策では，モノの耐震性に主力が注がれてきましたが，地震被害の発生を抑え，悪循環の連鎖を断って，都市震災の軽減をはかるためには，ヒトや社会も含めた都市全体の総合防災力を学問と技術の有機的連携によって高めることが必要です．

　上記のような考えから，この都市地震工学シリーズは，地震ハザードや耐震性能の評価あるいは耐震補強技術だけでなく，地震時火災や防災教育，さらに防災投資などの分野を広く取り入れた構成にしています．本シリーズの出版は，文部科学省が支援する21世紀COEプログラム「都市地震工学の展開と体系化」の活動の一環として当初から目標にしていたもので，本プログラムの事業推進担当者と協力者とで執筆しました．都市地震工学の体系化という大きな課題に対して漸く出版にまで漕ぎつけましたが，もとよりこれは最初の一歩であり今後も研鑽を積みながら内容を一層充実させて参りたいと考えています．読者の皆さまの率直なご批判やご叱正をお願いする次第です．

　このシリーズの出版に関して，さまざまなご協力を賜った朝倉書店編集部をはじめ，関係各位には，末筆ながら，厚くお礼申し上げます．

　2007年1月

東京工業大学都市地震工学センター
センター長　大町達夫

序

　シリーズ〈都市地震工学〉の本巻は『都市震災マネジメント』と題し，災害マネジメントを対象としている．災害マネジメントは防災研究の最終的な成果の一つであり，幅広い意味を持つが，発災時を基準として時系列で考えると，①発災前の事前準備・予防対策，②発災直後の緊急対応，③平常への復帰と学習，の3段階に整理できる．各段階で必要とされる災害マネジメントはきわめて多様であり，それらを網羅的に取り上げることは困難であるので，本書では，各段階での都市震災マネジメントの例題を示すことで，具体的に都市震災マネジメントの重要性や複雑さについての理解を深めることに焦点をあてた．

　第1章では，①発災前の事前準備の例として，防災投資評価を取り上げた．事前の防災対策は一般に大きな費用がかかる．防災のための資源は人的にも物的にも有限であることから，適切な事前対策を立案することが重要となる．立案された計画が妥当であるか，また優先順位をどうするか，客観的・定量的な評価が望まれる．本章では，費用便益分析により防災投資を評価する考え方について論じている．この考え方は萌芽的なもので問題点も残されているが，防災対策の説明性や透明性を高め，防災対策をさらに推進していくために，今後重要な考え方となろう．

　第2章では，①発災前の予防対策の例として，構造物の耐震設計戦略を取り上げた．第1章では都市震災マネジメントを社会経済的な側面から論じたのに対して，本章は技術的な側面から論じている．都市が複雑化し，環境に対する負荷が増大している現在，持続可能な社会を構築するために，大地震に対して，人的被害を防ぐだけでなく，その機能が維持できたり早急に回復できる，回復力の高い構造物が必要とされている．本章では，都市全体の耐震安全性を高め持続可能な都市社会を構築するという観点から，耐震設計戦略としての耐震・制振・免震技術やそれらの設計法を論じている．

　第3章では，②発災直後の緊急対応の例として，リアルタイム地震防災情報システムを取り上げた．甚大な被害が発生した場合には被災地から被害情報を発信することは困難となり，迅速な対応が必要とされる地域で情報の空白が生ずる．この問題を克服して迅速で適切な緊急対応に役立てようとするのがリアルタイム地震防災情報システムである．このようなシステムは，兵庫県南部地震の教訓を踏まえ近年の情報技術の進歩もあいまって積極的に開発されるようになったもので，その歴史は浅い．本章では，リアルタイム地震防災情報システムの現状を概観した上で，その課題について論じている．

　第4章では，③平常への復帰と学習の例として，地震防災教育を取り上げた．地震防災教育については，1923年関東地震の直後からもその重要性が指摘され，戦前・戦中の小学校の国定教科書には防災教育の教材がのせられた．戦後，これらの教科書が廃止されたこともあり，組織的な防災教育の継続性は失われた．その後，地震防災教育に関して様々な取り組みが行われているが，十分な効果があがっているとは言い難い．本章では，現状と課題を整理した上で，教育工学に基づいた地震防災教育の考え方とその事例を論じてお

り，今後の防災教育向上への方向性を示している．

　2008年5月に発生した中国四川省の大地震では，多数の建物が倒壊し，8万人を超える死者・行方不明者が生じた．特に学校の倒壊により児童や教員の多くの命が失われたが，その原因として不十分な工事や耐震に対する意識の欠如も指摘されている．また，山間部では崩壊した土砂により道路が閉塞され，被害情報が欠落した．このように，今回の大地震でも，本書で取り上げた，公共建物に対してどのような防災投資をすべきなのか，どのような戦略で耐震化を進めていくべきなのか，被災直後に被害情報をどのように収集していくのか，一般市民の防災意識をどのように高めていくのか，という問題が顕在化している．本書は，これらの問題解決の第一歩を示したものであり，今後，震災マネジメントの重要性がより強く認識され，関連する研究がさらに進展するきっかけとなれば幸いである．

　2008年7月

翠川三郎

目　次

1　防災投資評価 ────────────────────────［上田孝行］─ 1
　1.1　費用便益分析に基づく防災投資評価の基本　1
　1.2　防災投資便益の定義　4
　1.3　災害時の不均衡を考慮した防災投資評価　8
　1.4　防災投資の便益帰着　20

2　構造物の耐震設計戦略 ──────────────────［和田　章, 岡田　玲］─ 36
　2.1　産業革命から現代へ　36
　2.2　日本における地震への対応　38
　2.3　現代の耐震技術を支える材料　38
　2.4　建物の耐震から都市の耐震へ　45
　2.5　最新耐震技術の背景と位置づけ　47
　2.6　最新の耐震技術（免震構造と制振構造）　52
　2.7　自然災害と技術のギャップ　67
　2.8　おわりに　67

3　リアルタイム地震防災情報システム ─────────────［翠川三郎］─ 70
　3.1　リアルタイム地震防災情報システムとは　70
　3.2　地震計ネットワーク　72
　3.3　地震警報システム　73
　3.4　地震被害早期推定システム　79
　3.5　リモートセンシングによる早期被害把握システム　85
　3.6　実地震被害収集システム　88
　3.7　今後の課題　89

4　地震防災教育 ──────────────［松田稔樹, 盛川　仁, 大町達夫］─ 93
　4.1　地震防災教育の現状と課題　93
　4.2　教育工学的アプローチを取り入れた地震防災教育の新たな展開　105
　4.3　地震防災教育用の教材作成事例　129

索　引 ────────────────────────────────── 145

1 防災投資評価

1.1 費用便益分析に基づく防災投資評価の基本

▶1.1.1 経済評価の必要性

　どのような政策を行う場合でも，それには犠牲を伴い，そして，それを広く金銭的に表現したものを経済学では費用またはコストと呼んでいる．当然ながら，その費用に見合わない効果しか得られない政策は行うべきでない．また，費用に見合うにしても，いくつかの政策が複数考えられる場合には，費用に対して得られる効果が相対的に大きい政策から優先的に実施するべきである．このような考え方は，費用対効果と呼ばれて，すでにわが国においても様々な政策立案・評価の場面で定着してきており，社会的にも広く理解が得られている．

　また，これは経済学における資源配分の効率性という考え方に基づいており，また，実際の政策評価の手法として体系化も進んでいる．一般に，効果を金銭的に計測した場合にはそれを便益と呼び，費用との比較考量で政策の是非や優先順位を決定する方法は，費用便益分析と呼ばれる．

　では，このような費用便益分析による評価の考え方を防災投資の一連の政策に適用することは適切であるといえるであろうか．あるいはそれは技術的にも可能であろうか．政策の経済評価を専門とする者たち（筆者も含めて）には，このような疑問が常に向けられる．それへの回答としては，われわれは費用便益分析を，それ以上に体系化された手法が確立されていない限り，その限界や留意点を正しく理解しながら活用していくほかはない．また，費用便益分析を防災投資評価に適用するうえでの技術的な課題はいまだ多数あるが，これまでにも多くの適用実績もあり，積極果敢に適用を試みることが諸課題を解決していくうえでも最も有効な方策であるといえる．したがって，上記への回答は限定的ではあるがYesである．

　防災投資の評価に費用便益分析を用いることに抵抗感があると思われるのは，第1に，災害が死亡や重症などの人的被害をもたらす場合，それらの被害まで必ず貨幣換算して評価すると誤解されていることにあると思われる．交通事故削減の費用便益分析では，人命損失を貨幣換算した値を用いて，新たな道路整備に伴う事故削減による便益を算定することが世界的に広く行われており，その考え方は定着している．しかし，このことは交通安全対策に要する費用とそれによって救われる人命の貨幣価値を比較して，前者が大きい場合には安全対策を実施しないことが合理的であるという判断を直ちに正当化するわけではない．防災投資事業の費用便益分析においても，事業の費用が救われる人命の貨幣価値を上回るからといって直ちに事業が棄却される訳ではない．耐震性を持つべき構造物の設計においては，考えうる最も危険な状況においても死亡や重症などの被害は必ず回避することが求められている．したがって，事業が実施される場合にはそのような条件が必ず満たされていると考えて，そのうえで補修や取替えで復旧が可能な範囲での破損などによる経済被害の軽減を効果の主な対象として評価することになる．

　抵抗感の第2は，災害発生前における事前の場面での評価と発生後の事後の場面での評価のあいだにある情報の相違であると思われる．この点は防災評価においてはきわめて重要な要点の一つであり，後ほど便益の定義においても再び解説する．事前の評

価では，災害が発生した状態（災害時）と発生していない状態（平常時）は，ある方法で推定あるいは予想された生起確率のもとで生じると認識される．したがって，防災投資の効果を事前の場面で考える場合には，そのような生起確率でそれぞれの状態での効用（満足度）を重み付けて期待値が向上したかどうかで判断しなければならない．しかし，災害発生後の事後の状況ではすでに状況は災害時に確定しており，そのもとでの被害の大きさが評価の対象になる．災害の生起確率は非常に小さく，事前の評価ではそれを正確に考慮して判断することは容易ではない．一方，事後の評価では，状況はすでに確定しているため，生起確率は考慮されず，投資により軽減できた被害の大きさだけが評価の対象になる．防災投資の評価は，基本的には，いまだ災害が生じる前の場面での評価であり，困難なことではあるが，生起確率を考慮して判断しなければならない．政策決定のプロセスにおいて，生起確率について正確に理解したうえで客観的な評価として広範に合意を形成することは困難であり，その意味で防災投資の評価はほかの公共投資などの政策評価に比べて非常に難しい．

　防災投資の評価には上に述べたような困難があり，それらを取り除くことは当然ながら必要である．そして，その点を正しく理解したうえで，積極果敢に取り組んでいかなければならない．

▶1.1.2　費用便益分析による投資の判断基準

　本節ではまず費用便益分析を用いた投資判断の基本的な考え方について説明する．

a. 便益と費用

　一般的に，政策の実施は，将来にわたって便益を生み出し，また，将来にわたって費用を要する．便益と費用の厳密な定義は後ほど説明するが，ここでは次のように定義しておく（上田，1997a）．

　まず，政策あるいは事業を実施した場合をWith-Case（通常は添え字 b）とし，実施しない場合をWithout-Case（通常は添え字 a）とする．社会や経済において両者のあいだで生じる差異を政策の影響（change）と呼ぶ．これは単に様々な相違を捉えたものであり，何を望ましいとするかという価値判断とは独立である．

　ある影響を特定の価値判断から見て望ましい場合にはそれを効果（effect）と呼ぶ．同じ影響についても，価値判断が異なればそれを効果と呼ぶべきかどうかも異なる．望ましくない場合には不効果と呼ぶこともある．

　効果を貨幣換算して金銭化したものを便益（benefit）と呼ぶ．それが負の場合は不便益とも呼ぶが，一般には費用（cost）と呼ぶ．したがって，便益と費用は符号の正負が異なるだけであり，同じ概念である．

b. 流列の考え方

　政策や事業が開始されて終了するまでの期間を事業期間（project life）と呼び，その期間を単位期間（通常は1年単位）で区分して表示（通常は会計年度）する．政策や事業の是非を判断する時点を年度 $t=0$，政策や事業の終了を $t=T$ とする．各時点 $t \in \{0, \cdots, T\}$ で発生する便益と費用をそれぞれ B_t, C_t とする．将来にわたって発生する便益と費用を流列（cash flow）と呼ぶ．

　将来の各時点での便益や費用は，そのまま同じように扱うべきではない．現在の貨幣と将来の貨幣は同じ価値ではない．次のような簡単な例でそれを示す．まず現時点 $t=0$ で M_0 円の貨幣を持っているとする．銀行に預金するなり，国債などを購入するなり，あるいは何らかの事業に出資するなりして，1年後には収益率 r で利益が生まれて，$M_0(1+r)$ 円になるとする．逆に，1年後に M_1 円の貨幣を持つことになっているとしたら，現在どれだけの金額を持っていればよいかといえば，$M_1/(1+r)$ 円である．すなわち，1年後の貨幣価値は $1/(1+r)$ を乗じるあるいは $1+r$ で除することで現在の貨幣価値に換算されることになる．これを一般化して，t 年後の貨幣価値 M_t 円は，現在 $t=0$ での価値に換算して $M_t/(1+r)^t$ となる．

　以上のように将来の便益と費用は評価に基づく判断を行う時点 $t=0$ の価値に換算しなければならない．将来の便益や費用は現在の価値に換算した場合には小さくなるため，上の $1/(1+r)$ を割引因子と呼び，r を割引率と呼ぶ．ただし，r は必ずしも実際の様々な投資機会の収益率から推定できるわけで

はなく，また，将来の世代についての配慮や様々な非市場的な要因を反映して決定する必要がある．その点を強調する場合は，社会的割引率と呼ぶ．

割引現在価値は，より厳密には次のような異時点間の最適消費行動モデルによって説明することもできる．個人が2期間にわたって次のように効用を最大化するとする．

$$v\left(I_1+\left(\frac{1}{1+r}\right)I_2, p_1, \left(\frac{1}{1+r}\right)p_2, Q_1, Q_2\right)$$
$$= \max_{c_1,c_2} u(c_1,Q_1)+\left(\frac{1}{1+\rho}\right)u(c_2,Q_2) \quad (1.a)$$

$$s.t. \quad p_1 c_1 + s_1 = I_1 \quad (1.b)$$
$$p_2 c_2 = (1+r)s_1 + I_2 \quad (1.c)$$

ここで，c_1, c_2：第1期と第2期における合成財（商品，サービスを代表化した財）の消費量，Q_1, Q_2：第1期と第2期における環境水準，p_1, p_2：第1期と第2期における合成財の価格，I_1, I_2：第1期と第2期における所得，s_1：第1期における貯蓄，r：貯蓄の収益率，ρ：主観的割引率，$u(\cdot)$：各期の効用を表す関数である．式（1.b）と（1.c）から貯蓄 s_1 を消去してまとめると次のようになる．

$$p_1 c_1 + \left(\frac{1}{1+r}\right)p_2 c_2 = I_1 + \left(\frac{1}{1+r}\right)I_2 \quad (1.d)$$

式（1.a）の最大化された効用関数に含まれるのは，式（1.d）の右辺であり，これは第1期と第2期の所得について r を割引率とした割引現在価値である．したがって，各期に生じる効果を第1期と第2期の所得としてそれぞれ金銭換算したものが便益 B_1, B_2 であるとすれば，式（1.d）右辺と同様に次の形式で合計値にまとめられる．

$$B = B_1 + \left(\frac{1}{1+r}\right)B_2 \quad (1.e)$$

なお，式（1.a）と（1.d）で表される最大化問題の1階条件として次式が得られる．

$$\lambda = \frac{\{\partial u(c_1,Q_1)/\partial c_1\}}{p_1}$$
$$= \left(\frac{1+r}{1+\rho}\right)\cdot\frac{\{\partial u(c_2,Q_2)/\partial c_2\}}{p_2} \quad (1.f)$$

ここで，λ は（1.d）の制約条件に対するラグランジュ乗数である．財消費 c_1, c_2，環境水準 Q_1, Q_2，価格 p_1, p_2 が通時的に変化しなくなった定常状態であれば（1.f）はどの時点でも成り立つため，主観的割引率 ρ と貯蓄の収益率 r について次の関係が成り立つ．

$$\frac{1+r}{1+\rho}=1 \quad (1.g)$$

したがって，$\rho = r$ となる．

本来的には，個人は将来の効用を主観的割引率 ρ で割り引いて意思決定を行うが，定常状態では収益率 r とそれが一致することになる．これは言うまでもなく非常に理想的な状況で成り立つことである．そのため，慎重な取扱いが必要であるが，市場で観察される収益率をもって主観的割引率 ρ の推定値とすることができる．

c. 評価指標と判断基準

投資の判断基準としては，標準的には次のような指標が用いられる．

第1は，純現在価値（net present value：NPV）による基準である．純現在価値は，現時点から事業期間の終了までの各期間 $t \in \{0,\cdots,T\}$ についてすべての便益と費用 B_t, C_t を現在価値に換算した総和である．費用に負の符号を付けた総和であり，純便益の現在価値と言い換えることもできる．投資の判断基準は，これが正であれば，政策または事業は実施するべきであるということになる．この基準を定式化すると次のように表すことができる．

$$NPV = \sum_{t=0}^{T}\frac{B_t}{(1+r)^t}-\sum_{t=0}^{T}\frac{C_t}{(1+r)^t}\geq 0 \quad (2)$$

第2は，便益費用比（benefit cost ratio または B/C）による基準である．純現在価値は便益と費用の総和であるのに対して，この指標は費用に対する便益の比率である．例えばこれが2.7だとすればこれは1万円の費用に対して2.7万円の便益があるという意味である．この指標が1を上回ることは政策や事業を実施するべきであるということを意味する．この基準は次のように定式化することができる．

$$\frac{B}{C}=\frac{\sum_{t=0}^{T}B_t/(1+r)^t}{\sum_{t=0}^{T}C_t/(1+r)^t}\geq 1 \quad (3)$$

第3は内部収益率（internal rate of return：IRR）と呼ばれる指標に基づく基準である．これは先のNPVの定義式(2)において r を変化させて，$NPV=0$ となるようにした，そのような r の値である．すなわち，次のような方程式の解である．

$$IRR = r \quad s.t. \quad \sum_{t=0}^{T}\frac{B_t}{(1+r)^t} - \sum_{t=0}^{T}\frac{C_t}{(1+r)^t} = 0 \quad (4)$$

方程式は多項式であるので，解は複数解であるのが一般的であるが，ほとんどの場合には，実際上の意味ある解は一つに決まるので，その値を IRR として採用することができる．内部収益率 IRR がある一定の基準として定められた割引率の値よりも大きい場合には，政策や事業を実施することが妥当であると判断される．また，IRR が大きい政策や事業であるほどそれらはより望ましいと判断される．

単独の政策や事業を実施するべきかどうかという判断であれば，純現在価値の基準と便益費用比率の基準は同じ結果をもたらす．また，内部収益率の基準も純現在価値で用いる割引率の値と比較するものとすれば同じ結果をもたらすことになる．しかし，実施するべきと判断された複数の政策や事業に対して，実施の優先順位を決定する場合には，純現在価値，便益費用比率，内部収益率のそれぞれの指標で大きい順とした場合，順位は異なるもの（例えば森杉・宮城編，1996）になる．

どの指標にしたがって優先順位を決定するべきであるかということは一般的にはいえない．どの指標を用いるべきかは実際の政策意思決定の状況に依存している．最も基本的な原理原則としては，相互に代替的な政策や事業の組合せをある一定の予算の範囲内で多数想定して，それらから得られる純現在価値の総和が最も大きな組合せを選択することになる．政策や事業に優先順位を付けて，それらの上位から選んで実施するべき組合せの中に政策や事業を入れていき，それらの予算合計が予定されている予算総額に一致したところで組入れを止めるとする．すると，上の意味での最も望ましい組合せを決定することができ，優先順位は意味あるものになる．このような使い方をする優先順位をどの指標の大小にしたがって決めるべきかは実際の状況によるが，政策や事業のタイプや規模によっては，先に示した三つの指標のいずれかによる優先順位がこの原則に適したものとなる可能性がある．なお，予算総額一定のもとでの最も望ましい政策や事業の組合せを求める数理モデルについてはすでにいくつかの代表的研究（例えば島田（1999）などに解説されている）が

あるので詳細についてはそれらを参照するべきである．

1.2 防災投資便益の定義

▶1.2.1 便益定義の基本的考え方

公共投資をはじめとする様々な政策を評価するのに用いる便益の概念は，経済学において厳密に定義されている．実際に観測されたデータを用いてそれをどのように推定するかという問題の前に，本節ではまずはその定義と性質を解説する．

政策または事業の実施について，すでに解説したWith(b) と Without(a) のそれぞれの場合を考える．まずは，図 1.1 に示したように，それぞれの場合において，得られる効用を比較した結果として With(b) の場合のほうが得られる効用（満足度）が高いものとする．便益を定義するには，意思決定の権限を持つ者がこのような比較をできることが大前提になる．民主主義の原則で考えれば，個々人がそれぞれこの権限と判断能力を持つことが想定される．

そのような者が Without(a) の場合に置かれていると想定して，そのうえである金額を受け取ってWith(b) のときと同じだけの効用を達成できるようにするとする．この追加的な所得として受け取るべき金額が With(b) と Without(a) のあいだでの効用の差を貨幣換算したものになる．これは等価的偏差

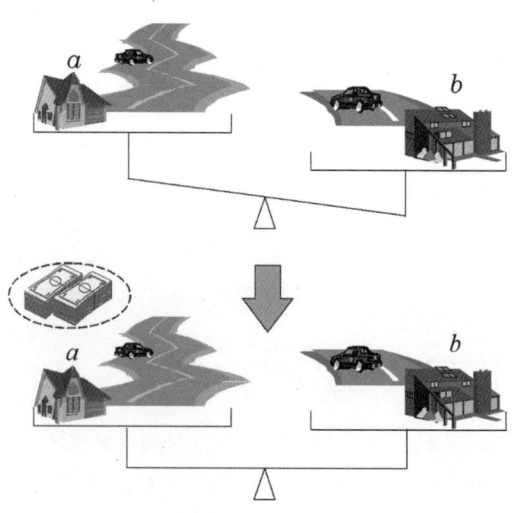

図1.1 便益定義の概念図（上田ら，1998）

（equivalent variation：EV）または受取意思額（willingness to accept：WTA）と呼ばれる考え方での定義である．

反対に With の場合に置かれているとして，ある金額を支払って Without のときと同じだけの効用を達成できるようにする．この追加的に支払うべき金額も With と Without のあいだでの効用の差を貨幣換算したものになる．これは補償的偏差（compensating variation：CV）または支払意思額（willingness to pay：WTP）と呼ばれる考え方にしたがった定義である．

無論，実際に政策の有無に対して効用の比較を厳密に行うには，効用のレベルをそれを規定する複数の要因の関数として表現する必要がある．

▶1.2.2 リスクを考慮しない場合の便益定義

便益を厳密に定義するには，ミクロ経済学での消費者行動理論に基づいて効用関数の概念を用いる．まず，個人は財（商品やサービス）の消費（ベクトル）$x \in R_+^n$ と環境質（ベクトル）$Q \in R^m$ から効用 $u(x, Q)$ を得ているとする．そして，財の価格（ベクトル）$p \in R^n$ と所得 $I \in R_+$ が与えられているとする．個人は消費者として効用を最大にするように財の消費を決定すると考え，これを次のような最大化問題として定式化する．

$$v(p, Q, I) = \max_x u(x, Q) \quad (5.a)$$
$$s.t. \quad p \cdot x \leq I \quad (5.b)$$

この最大化の結果として得られる関数 $v(p, Q, I)$ を間接効用関数と呼ぶ．

政策や事業はこの関数の引数である (p, Q, I) の水準が変化することとして影響を引き起こす．これを With (b) と Without (a) の添字を用いて，$(p^a, Q^a, I^a) \to (p^b, Q^b, I^b)$ で表す．

等価的偏差での便益 $EV^{a \to b}$ は，以上の定式化に基づいて次のように定義される．

$$v(p^a, Q^a, I^a + EV^{a \to b}) = v(p^b, Q^b, I^b) \quad (6.a)$$

また，補償的偏差 $CV^{a \to b}$ は次のようになる．

$$v(p^a, Q^a, I^a) = v(p^b, Q^b, I^b - CV^{a \to b}) \quad (6.b)$$

一般には関数 $v(p, Q, I)$ は非線形関数であるため，(6.a) と (6.b) のそれぞれの方程式の解である $EV^{a \to b}$ と $CV^{a \to b}$ は当然ながら異なる値をとる．特に環境水準の変化 $Q^a \to Q^b$ が大きい場合にはどちらの定義で便益を計測するかによってその値は大きく異なる可能性がある．

効用関数が以下のような準線形効用関数（quasi-linear utility function）と呼ばれる形式の場合には EV と CV は一致する．

$$v(p, Q, I) = v_0(p, Q) + mI \quad (7)$$

ただし，m：定数であり，これは所得の限界効用（marginal utility of income）と呼ばれる．この効用関数を仮定した場合に相当する種々の手法が実際には多くの場面で用いられている．環境変化以外の影響を便益換算する場合にはそのような手法を用いても意思決定には影響を及ぼさない場合が多いためである．

以下では等価的偏差 EV の概念にしたがって説明していく．

▶1.2.3 リスクを考慮した場合の防災投資の便益定義

a. 期待効用理論の導入

リスクを考慮して便益を定義するにはまずは社会経済の状態が確率的に変動することを明示する必要がある．ここでは簡単化のため，まずは状態 $s \in \{1, 2\}$ が平常時 $s=1$ と災害時 $s=2$ の 2 状態であるとする．それぞれの状態が生じる生起確率は ϕ_1, ϕ_2 であるとする．すでに述べたように，事前の場面では期待効用（効用の期待値）に基づいて評価しなければならない．

防災投資についての Without (a) と With (b)，そして平常時 $s=1$ と災害時 $s=2$ の組合せにより，次の 4 状態が想定できる．効用はそれらの状態に応じて，$v(p_1^a, Q_1^a, I_1^a)$，$v(p_2^a, Q_2^a, I_2^a)$，$v(p_1^b, Q_1^b, I_1^b)$，$v(p_2^b, Q_2^b, I_2^b)$ となる．これらを用いて，Without (a) と With (b) のそれぞれでの期待効用は次のように表される．

$$v^a = \phi_1 v(p_1^a, Q_1^a, I_1^a) + \phi_2 v(p_2^a, Q_2^a, I_2^a) \quad (8.a)$$
$$v^b = \phi_1 v(p_1^b, Q_1^b, I_1^b) + \phi_2 v(p_2^b, Q_2^b, I_2^b) \quad (8.b)$$

b. 等価的偏差の適用

防災投資は災害の生起確率 ϕ_2 を低下させるとす

る見方もありうるが,ここではその立場をとらない.生起確率が変化する場合であっても状態の設定を多数に変更することで,状態ごとの生起確率は不変であるモデルに書き換えることができる.防災投資は災害時の価格,環境,所得の水準を$(p_2^a, Q_2^a, I_2^a) \to (p_2^b, Q_2^b, I_2^b)$のように変化させる.そして,耐震補強のような場合は平常時については何ら影響を与えないと見ることができるが,防災投資として行われる政策や事業は一般的にはそして厳密には平常時の変数について,$(p_1^a, Q_1^a, I_1^a) \to (p_1^b, Q_1^b, I_1^b)$と影響を与える.これらの変化は事前の場面での評価においては,期待効用の変化$v^a \to v^b$に集約されて評価される.

防災投資の便益をすでに説明した等価的偏差EVや補償的偏差CVの考え方で定義するには,どの状態での所得に着目するかを決めなければならない.リスクのない場合については,式(6.a)に示したように等価的偏差EVはWithout(a)の場合での元の所得水準に対して追加的所得を加えることで定義した.しかし,防災投資の評価ではリスクを明示的に考慮しているため,式(8.a)に着目してその中へ便益を表す追加的所得の変数を導入しなければならない.式(8.a)において所得の項は平常時$s=1$と災害時$s=2$のそれぞれの状態について含まれているので,I_1^a, I_2^aの2変数がある.それぞれへの追加的所得を表す変数としてev_1, ev_2を導入する.これらの追加的所得を個人が受け取ったあとの期待効用が(8.b)で表されるWith(b)の場合の期待効用v^bに等しくなるようにする.

$$v^b = \phi_1 v(p_1^a, Q_1^a, I_1^a + ev_1) + \phi_2 v(p_2^a, Q_2^a, I_2^a + ev_2)$$
$$= \phi_1 v(p_1^b, Q_1^b, I_1^b) + \phi_2 v(p_2^b, Q_2^b, I_2^b) \quad (9)$$

そして,事前の場面での防災投資の便益額はev_1, ev_2の期待値として次のように捉える.

$$E(ev) = \phi_1 ev_1 + \phi_2 ev_2 \quad (10)$$

c. 逆問題としての便益定義の特徴

式(9)は二つの未知数(ev_1, ev_2)についての方程式である.しかし,方程式が式(9)だけであるとすれば,一つの方程式に二つの未知数という構造の問題で,一般には解が不定となってしまう.意味のある解を得るためには,さらに条件を追加して便益定義の問題を連立方程式の構造に書き換えなければな

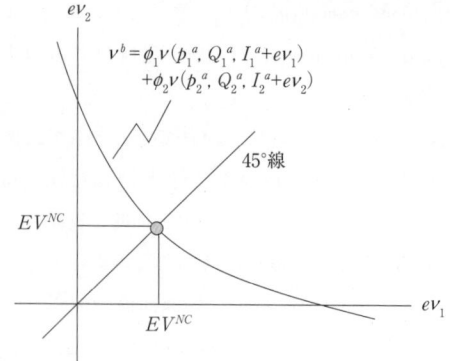

図1.2 非限定EVの図解

らない.式(9)は(ev_1, ev_2)を与えると期待効用v^bが一意に決まるが,逆にv^bを与えても(ev_1, ev_2)は一意に決まらない.前者を順問題,後者を逆問題(inverse problem)と呼び,工学分野ではこのような問題は多数あり,これまでに多くの蓄積(例えば土木学会,2000)がある.

逆問題では解が一意的に決まらない場合に,合理的な条件を追加して一意に解が決まるようにすることに最大の特徴がある.便益の定義は,本来的に,所得が与えられると効用が決まるという構造を裏返して,効用が与えられるとそれを実現する所得(または所得の追加的な増分)を求める逆問題である.リスクのない場合には便益が一意に決まらないということは通常生じないが,防災投資のように将来の生起しうる状態が複数あり,それらが確率的に認識されている事前の場面で評価する場合には,このような逆問題の特徴が陽表的になる.そして,合理的な条件として経済学的に意味のある条件をどのように設定して追加していくかに応じて,いくつかの複数の便益定義を考えることができる.

d. 代表的な便益定義

前項で説明した逆問題の特徴にしたがって,追加的な条件を取り替えながら,リスク下での代表的な便益を説明していく.

(1) 非限定EVまたはオプション価格(non-contingent EV:NCEV/option price:OP)

第1の考え方は,$ev_1 = ev_2$と置くことで変数をev_1だけに減らすやり方である.その場合のev_1をEV^{NC}とおいて(9)を書き改めると次のようになる.

$$v^b = \phi_1 v(p_1^a, Q_1^a, I_1^a + EV^{NC}) + \phi_2 v(p_2^a, Q_2^a, I_2^a + EV^{NC})$$

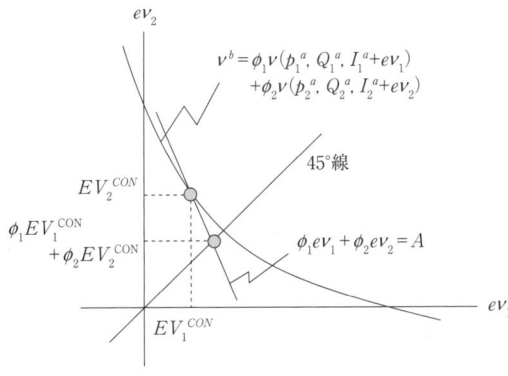

図1.3 期待EVの図解

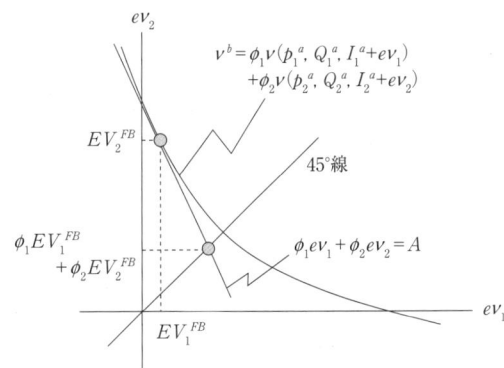

図1.4 フェアベットEVの図解

(11) これはWithout(a)の場合に平常時$s=1$と災害時$s=2$のいずれの状態においても同じ金額の追加的所得を受け取ることを意味する。状態を限定せずに同じ額であるという意味で非限定と呼ぶ。また、この概念は伝統的に経済学ではオプション価格と称されてきた。

当然ながら、$ev_1 = ev_2 = EV^{NC}$, $\phi_1 + \phi_2 = 1$であるので、期待値$E(ev)$は次のようにEV^{NC}そのものになる。

$$E(ev) = \phi_1 ev_1 + \phi_2 ev_2 = EV^{NC} \quad (12)$$

これを図示すると図1.2のようになる。

(2) 状態別EV（contingent EV : CEV）

第2の考え方は、追加的条件として、平常時および災害時の効用についてWithとWithoutの効用を同じくするという条件を課すことである。このときの(ev_1, ev_2)を(EV_1^{CON}, EV_2^{CON})と置き換えてそれらの条件式は次のように表せる。

$$v(p_1^a, Q_1^a, I_1^a + EV_1^{CON}) = v(p_1^b, Q_1^b, I_1^b) \quad (13.a)$$

$$v(p_2^a, Q_2^a, I_2^a + EV_2^{CON}) = v(p_2^b, Q_2^b, I_2^b) \quad (13.b)$$

すなわち、式(9)を満たす(ev_1, ev_2)の中から式(13.a),(13.b)を満たすものを選ぶことになる。ここでは平常時と災害時の2状態しか想定していないので、式(9)の条件に(13.a)か(13.b)のいずれか一方だけを追加して連立して解けば自動的に他方の条件も満たされることになる。平常時や災害時の状態をさらに細分化して、例えば$s \in \{1, 2, 3, 4, \cdots, S\}$というように状態の数を$S$個に増やした場合には、(13.a)と(13.b)に相当する条件式をS個だけ列挙することになる。そして、式(9)の期待効用を含む条件を考慮すれば、あわせて$S+1$個の条件式からなる連立方程式が構成されるが、そのうちの任意のS個だけを取り上げれば残りの一つの条件式も自動的に満たされる。すなわち、$S+1$個の条件式のうちの一つは必ず冗長になる。

式(13.a)と式(13.b)は平常時と災害時のそれぞれの状態ごとに、すでに式(6.a)で説明したリスクを考慮しない通常の等価的偏差EVを適用したものにすぎない。その意味でこの考え方での便益を状態別EVと呼び、その期待値を期待EV（expected EV : EEV）と呼ぶものとする。期待便益$E(ev)$については当然ながら次のようになる。

$$E(ev) = \phi_1 EV_1^{CON} + \phi_2 EV_2^{CON} = EEV \quad (14)$$

以上の期待EVを図示すると図1.3のようになる。

(3) フェアベットEV（fair bet EV : FBEV）

第3の考え方は、式(9)を満たす(ev_1, ev_2)の中から$E(ev)$を最小にするものを選ぶというものである。これを満たす(ev_1, ev_2)を(EV_1^{FB}, EV_2^{FB})、最小化された$E(ev)$をEV^{FB}とおいて次のように表す。

$$EV^{FB} = \min_{EV_1^{FB}, EV_2^{FB}} \phi_1 EV_1^{FB} + \phi_2 EV_2^{FB} \quad (15.a)$$

s.t.

$$v^b = \phi_1 v(p_1^a, Q_1^a, I_1^a + EV_1^{FB}) + \phi_2 v(p_2^a, Q_2^a, I_2^a + EV_2^{FB}) \quad (15.b)$$

すなわち、事前の場面での評価では、Without(a)の場合に最も少ない合計金額を受け取ることで効率的に、そして状態別に金額を指定しておくことでWith(b)と同じ期待効用の水準を達成することができる。この考え方での便益定義をフェアベットEV

と呼ぶ．

以上のフェアベット EV は図1.4のように表すことができる．

(4) 期待被害軽減額（reduction of damage）

最後に一般に最もよく用いられる期待被害軽減額を便益とする場合について説明する．

被害軽減額は防災投資で災害時には効用が減少するのを回避した分を貨幣換算したものである．すなわち，Without(a) と With(b) のあいだで災害時の効用について比較して，その差を等価的偏差で表す．

$$v(p_2^a, Q_2^a, I_2^a+D)=v(p_2^b, Q_2^b, I_2^b) \quad (16)$$

平常時には (p,Q,I) について変化がないものとし，$p_1^a=p_1^b, Q_1^a=Q_1^b, I_1^a=I_1^b$ とすれば，平常時の効用についても防災投資は影響を与えない．

$$v(p_1^a, Q_1^a, I_1^a)=v(p_1^b, Q_1^b, I_1^b) \quad (17)$$

そのため，平常時の便益は考慮しないものとして，$ev_1=0$ とする．その結果，式(9)は次のようになる．

$$v(p_2^a, Q_2^a, I_2^a+ev_2)=v(p_2^b, Q_2^b, I_2^b) \quad (18)$$

式(16)と(18)を比較すれば，$ev_2=D$ であることは明らかである．期待値としての便益 $E(ev)$ は次のようになる．

$$E(ev)=\phi_2 D \quad (19)$$

災害時において軽減される被害額に災害の生起確率 ϕ_2 を乗じた期待被害軽減額が防災投資の便益となる．

期待被害軽減額は図1.5のように表すことができる．

e. オプション価値の定義と意義

以上のようなそれぞれの考え方での等価的偏差 EV は定義が異なるため，当然ながら，同じ防災事業による同じ影響に対してでも，それぞれでの便益の計測値は異なる．図示したように，フェアベット EV は最も便益額が小さく，ほかの定義での便益額は必ずそれよりも大きい．その差をオプション価値（option value：OV）と呼ぶ．

オプション価値が存在するということは，フェアベット EV を基準として，ほかの便益定義が大きい分だけ，ある解釈できる理由によって，個人は余分に追加的所得を受け取ろうとすることを意味する．以下では，すでに説明した便益定義に即して，代表的なオプション価値について説明する．

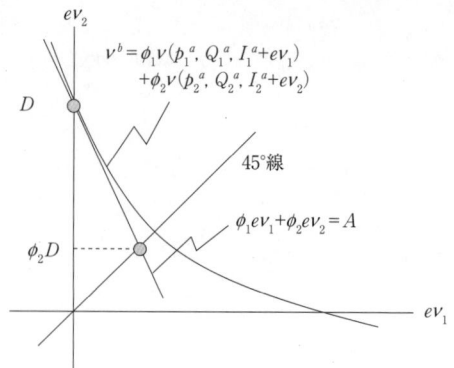

図1.5 期待被害系減額の図解

(1) 第1種オプション価値（Type-1 OV）

オプション価値の第1のタイプは，式(14)の状態別 EV の期待値と式(15.a)のフェアベット EV の差である．

$$OV^I=\phi_1 EV_1^{CON}+\phi_2 EV_2^{CON}-(\phi_1 EV_1^{FB}+\phi_2 EV_2^{FB}) \quad (20)$$

両者の差は，状態別 EV の期待値が状態別に With(b) の場合の効用を達成する追加的所得を与えるものであるのに対して，フェアベットは With(b) の場合の期待効用を達成することだけが制約条件になっている．OV^I はこの条件の差を反映した値である．

(2) 第2種オプション価値（Type-2 OV）

オプション価値の第2のタイプは，式(11)の非限定 EV と式(15.a)のフェアベット EV の差である．

$$OV^{II}=EV^{NC}-(\phi_1 EV_1^{FB}+\phi_2 EV_2^{FB}) \quad (21)$$

両者の差は，非限定 EV がどの状態においても同じ追加的所得を与えるものであるのに対して，フェアベットは受取意思額の期待値を最小にするように状態別の追加的所得を異なった値に決定している．OV^I はこの条件の差を反映した値であり，特に将来の起こりうる状態が事前には確定していないことによる不安感の分だけ受取意思額が大きくなることを反映していると見ることができる．

1.3　災害時の不均衡を考慮した防災投資評価

自然災害は発生，規模ともに不確実であり，また空間において一様ではなく，場所ごとに異なる現象，すなわち location specific な現象である．したがって防災投資事業の経済評価を行うにあたっては，こ

れらの不確実性を扱った経済理論に依拠しながらもそれを空間経済システムの枠組みで展開していく必要がある．また阪神大震災で見られたように，大規模な災害においては，多くの資材や商品などが破壊，破損し，各経済主体が望むだけの財の需要・供給が不可能な不均衡経済状態に陥ることも考慮する必要がある．

そこで本節では災害時における不均衡経済状態をも考慮した不確実性下での空間経済モデルを構築し，防災投資の便益評価の方法論を示す．

なお，本節は上田ら（1997a）を書き改めたものをもとにして構成している．

▶1.3.1 モデルの仮定

モデルの構築に際し，次のような主な前提（上田ら，1996；高木，1996）に基づいている．

①社会経済システムの地理的空間は２地域で構成されており，それらは $j \in \mathbf{J} = \{1,2\}$ でラベル付けされている．

②実現する状態は離散的に捉えた自然状態に対応して定義される．今回は「平常時」と「災害時」の二つの状態を考え，それらの状態を $j \in \mathbf{I} = \{0,1\}$ としてラベル付けする．ここで0：平常時，1：災害時である．災害は経済状態における環境質または外生的変数の変化として捉え，防災投資はその水準を向上させるとして表現する．

③経済主体はゾーン間で自由に立地変更できる同一の選好を有する世帯，地域ごとに定義される代表企業，不在者地主，および政府の4部門で構成される．

④各世帯はいずれの地域にある企業が生産する財も消費することが可能である．ただし，自地域の企業で勤務する．

以上のような全体に基づいてモデル化される社会経済システムは直観的には図1.6のように表される．

▶1.3.2 各主体の行動モデル

a. 世帯の行動

世帯は，将来に災害が起こるかもしれないことを考慮したうえで，消費行動と立地行動を行うと考える．

各世帯は平常時と災害時の効用からなる期待効用が最大になるように予算制約下で，合成財の各需要水準，土地サービスをコントロールする．

$$E^j\left(V_i^j\right) = \sum_{i \in \mathbf{I}} \phi_i^j V_i^j \qquad (22)$$

ここで，ϕ_i^j：地域 j の状態 i の発生確率，V_i^j：間接効用関数である．

（1）消費行動

各世帯は，図1.7に示すように，労働を提供して所得を獲得し，税を支払ったあとの可処分所得の範囲内で，様々な財を消費することで効用を得る．

効用関数を V_i^j を以下のように定式化する．

$$V_i^j = \max_{z_i^{jj}, z_i^{j'j}, a_i^j} \ln\left\{f\left(H_i^j\right)\left(\alpha^j z_i^{jj\gamma} + \alpha^{j'} z_i^{j'j\gamma} + \alpha^l a_i^{j\gamma}\right)^{1/\gamma}\right\} \qquad (23.a)$$

$$s.t. \quad \left(\frac{p_i^j}{\tau_i^{jj}}\right) z_i^{jj} + \left(\frac{p_i^{j'}}{\tau_i^{j'j}}\right) z_i^{j'j} + r_i^j a_i^j$$
$$\leq \left(w_i^j \bar{l}_i^j + y_i + y_i'\right)\left(1 - g_i^j - g_i^{j'}\right) + G_i \left(= \bar{\Omega}_i^j\right) \qquad (23.b)$$

$$z_i^{jj} \leq \bar{z}_i^{jj} \qquad (23.c)$$

$$z_i^{j'j} \leq \bar{z}_i^{j'j} \qquad (23.d)$$

$$a_i^j \leq \bar{a}_i^j \qquad (\forall i \in \mathbf{I}, \forall j \in \mathbf{J}) \qquad (23.e)$$

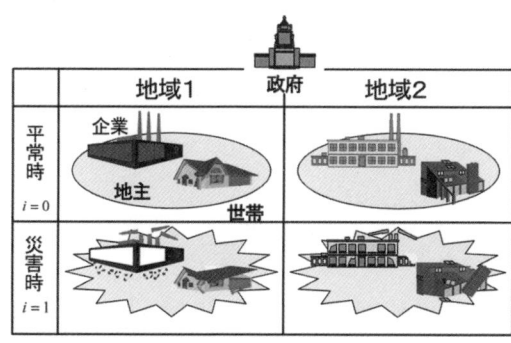

図1.6 経済社会システムの想定

図1.7 家計の消費行動

まず，(23.a)の効用関数の中に含まれる変数について説明する．H_i^j：状態iにおける地域jの環境質，$f(\cdot)$：環境質が世帯の効用に及ぼす影響，z_i^{jj}：状態iにおける地域jで生産される合成財の地域jでの需要水準，$z_i^{j'j}$：状態iにおける地域j'で生産される合成財の地域jでの需要水準，a_i^j：状態iにおける地域jでの居住用土地需要水準，$\bar{X}$：実現できる財の需給量，$\alpha^j, \alpha^{j'}, \alpha^l(>0)$：地域$j$で生産される合成財，地域$j'$で生産される合成財，居住用地の消費パラメータ，$\gamma(>0)$：代替性パラメータである．

次に予算制約式 (23.b) の中に入る変数について説明する．

p_i^j：状態iにおける地域jで生産される合成財の価格，$p_i^{j'}$：状態iにおける地域j'で生産される合成財の価格である．

財の輸送に関係するのは，τ_i^{jj}：状態iにおける地域j内のIceberg型交通費用支払後の財の残存率，$1-\tau_i^{jj}$：状態iにおけるIceberg型交通費用（$j \to j$）の比率，$\tau_i^{j'j}$：状態iにおける地域j'から地域jへのIceberg型交通費用支払後の財の残存率，$1-\tau_i^{j'j}$：状態iにおけるIceberg型交通費用（$j' \to j$）の比率である．

Iceberg型交通費用は，氷山型交通費用とも呼ばれ，輸送している財が輸送している途中で蒸散して消えてしまって，発地で積み込んだ量よりも着地に届く量が少なくなってしまうという考え方である．氷を運ぶ途中で消えてしまうというイメージである．輸送距離や輸送時間が長くなると蒸散する部分が大きくなるという意味で，輸送に伴う犠牲である輸送費が大きくなる．多くの経済理論で用いられる輸送費の表現方式である．

ほかの価格変数については，r_i^j：状態iにおける地域jの居住用土地代である．

所得に含まれる変数は，w_i^j：状態iにおける地域jの賃金率，l_i^j：状態iにおける地域jの1世帯（=1就業者）の労働水準，y_i：状態iにおける企業による世帯の利潤配分所得，$y_i^{'j}$：状態iにおける不在者地主による世帯の地代配分所得，g_i^j：状態iにおける地域jの世帯に課せられる税率（防災投資プロジェクト用を除く），$\tilde{g}_i^j$：状態iにおける地域jの世帯に課せられる税率（防災投資プロジェクト用），

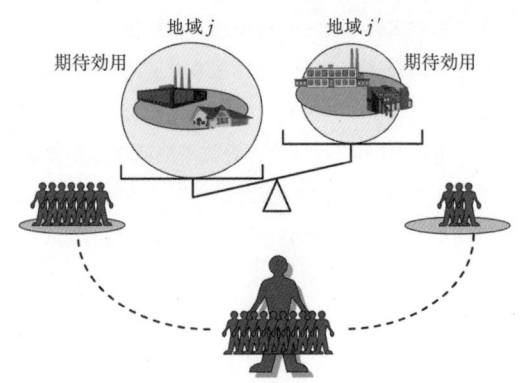

図1.8　世帯の立地選択行動

G_i：状態iにおける1世帯あたりの社会資本の消費量（貨幣換算），そして，Ω_i^j：一般化可処分所得である．

制約式の (23.c) から (23.e) は，各財の消費を表す変数に上付きバーが付いたものが供給が制限されている場合に世帯が消費できる上限であり，世帯はその範囲でしか消費できないことを表している．通常の経済モデルではこのような制約は考慮されない．

(2) 立地選択行動

世帯は居住地を図1.8に示すように，期待効用水準にしたがってそれが大きいほうを選ぶと仮定する．

期待効用水準が誤差項を持ち，それが独立かつGumbel分布にしたがうと仮定すると，ロジットモデルによって表される立地選択確率を得る．この最適化行動を式で表すと次の最大化問題として定式化できる．

$$S = \max_{P^j} \sum_{j \in J} \left\{ P^j E^j\left(V_i^j\right) - \left(\frac{1}{\theta}\right) P^j \left(\ln P^j - 1\right) \right\} - \frac{1}{\theta} \tag{24.a}$$

$$s.t. \quad \sum_{j \in J} P^j = 1 \tag{24.b}$$

ここで，P^j：立地選択確率，θ：立地選択におけるロジットパラメータである．

この最適化問題を解くと，立地選択確率P^jが得られる．

$$P^j = \frac{\exp\left\{\theta E^j\left(V_i^j\right)\right\}}{\sum_{j \in J} \exp\left\{\theta E^j\left(V_i^j\right)\right\}} \tag{25}$$

このとき期待効用値の全地域についての代表値を示す満足度関数を得る．

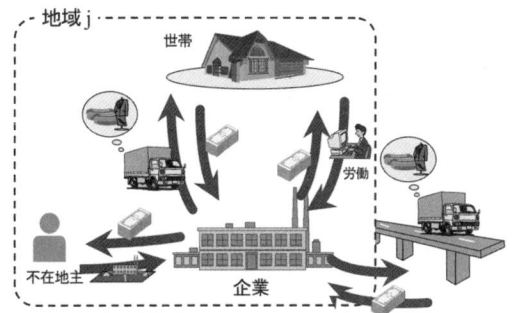

図 1.9　企業の生産行動

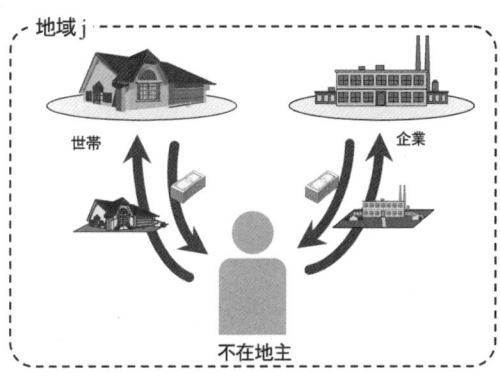

図 1.10　地主の行動

$$S=\left(\frac{1}{\theta}\right)\ln\left[\sum_{j\in J}\exp\{\theta E^j(V_i^j)\}\right] \quad (26)$$

b. 企業の行動

各企業の利潤は合成財の供給量，労働量，土地サービスの各需要水準によって表され，状態 i に依存しているため，次のように期待利潤で表される．

$$E^j(\Pi_i^j)=\sum_{j\in J}\phi_i^j \Pi_i^j \quad (27)$$

ここで，Π_i^j 状態 i における利潤である．

地域で活動する企業は，図 1.9 のように，生産技術制約のもとで期待利潤を最大にするものと仮定する．

この行動は次のように定式化される．

$$\Pi_i^j = \max_{Z_i^j, L_i^j, A_i^j} \left\{ p_i^j Z_i^j - w_i^j L_i^j - R_i^j A_i^j - \lambda_i^j C_i^j \right\} \quad (28.a)$$

$$s.t. \quad Z_i^j = Q(H_i^j)L_i^{j\beta_{1i}^j}A_i^{j\beta_{2i}^j}C_i^j \quad (28.b)$$

$$L_i^j \leq \bar{L}_i^j \quad (28.c)$$

$$A_i^j \leq \bar{A}_i^j \quad (28.d)$$

$$Z_i^j \leq \bar{Z}_i^j \quad (\forall i \in I, \forall j \in J) \quad (28.e)$$

まず，(28.a) の利潤の構成に入っている変数は，Z_i^j：状態 i における地域 j の企業の合成財の供給水準，L_i^j：地域 j の企業の労働需要水準，A_i^j：地域 j の企業の土地需要水準，C_i^j：地域 j の企業の所有資本量，R_i^j：地域 j の業務地代，λ_i^j：地域 j の企業の資本利子率，$\beta_{1i}^j, \beta_{2i}^j$：パラメータ．

なお企業は $\Pi_i^j = 0$ となるように $\lambda_i^j C_i^j$ を社会に存在する全世帯に均等に配分する．

$$\sum_{j\in J}\lambda_i^j C_i^j = y_i N_T \quad (29)$$

ここで，N_T：総人口．

制約式 (28.c) から (28.e) は世帯の場合と同様に，企業が生産要素を需要しても，それが制限されている場合にはその上限の範囲内に制約されていること

を表している．

c. 地主の行動

各地域に代表的な不在地主が存在すると仮定し，図 1.10 のように，それらは家計と企業にそれぞれ土地を賃貸して地代収入を得る．

この利潤最大化は次のように表される．

$$\Omega_i^{\prime j} = \max\left(r_i^j k^j + R_i^j K^j\right) \quad (30.a)$$

$$s.t. \quad k^j \leq \bar{k}^j \quad (30.b)$$

$$K^j \leq \bar{K}^j \quad (\forall i \in I, \forall j \in J) \quad (30.c)$$

ここで，$\Omega_i^{\prime j}$：状態 i における地域 j の地主の地代収入，k^j：地域 j での居住地供給面積，K^j：地域 j での業務地供給面積，$\bar{k}^j$：地域 j の居住用利用可能土地面積（一定），$\bar{K}^j$：地域 j の業務利用可能土地面積（一定）．

人口移動と土地所有構造に起因する資産所得の分配の問題を分離するために，地代収入は，全世帯に均等に配分するものとする．

$$\sum_{j\in J}\Omega_i^{\prime j} = y_i^\prime N_T \quad (31)$$

d. 政府の行動

政府は，この社会経済システムに存在する各地域の世帯から労働所得，企業の資産配分，地主からの資産配分の粗収入からいくらかの税率をかけて税収を得る．その税の目的はあらかじめ 2 種類に分けておき，一つは防災投資事業以外の社会資本整備のため，他は防災投資事業を行うための税とする（図 1.11）．

この行動は次のように定式化される．

$$I_i = \sum_{j\in J}\left(w_i^j l_i^j + y_i + y_i^\prime\right)g_i^j = G_i N_T \quad (32)$$

ここで，I_i：環境状態 i における社会資本整備，g_i^j：環境状態 i，地域 j における粗所得にかかる社

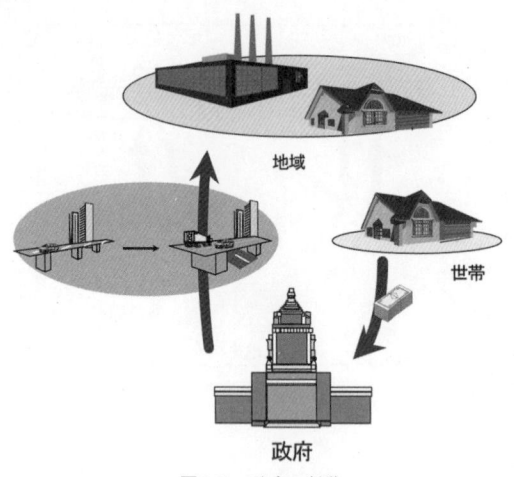

図 1.11 政府の行動

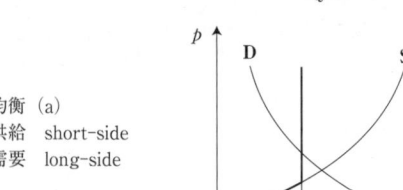

通常の市場均衡

不均衡（a）
　供給　short-side
　需要　long-side

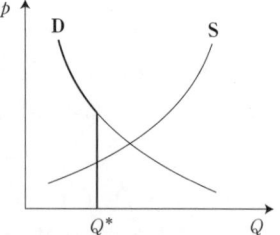

不均衡（b）
　供給　long-side
　需要　short-side

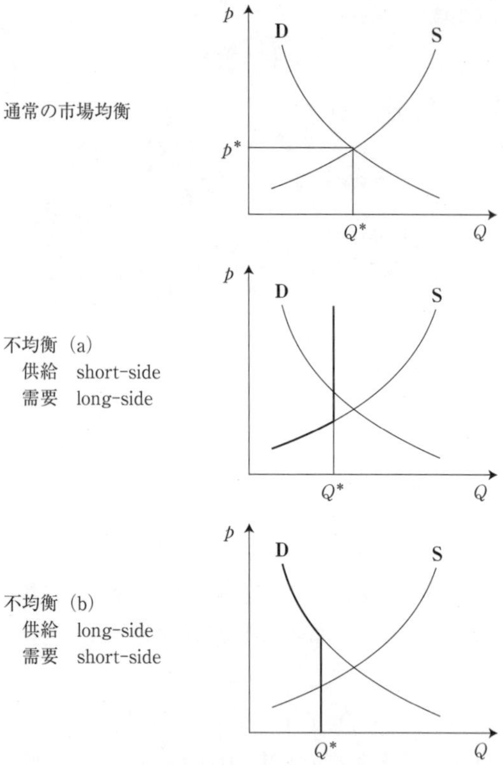

図 1.12 市場の均衡と不均衡の概略

会資本整備のための税の税率，$G_i = I_i/N_T$：環境状態 i における 1 世帯あたりの社会資本の消費量（貨幣換算であるが，今回はその効用は明示的に考慮しない）．

次に防災投資事業のために徴収する税金であるが，今回はその税収を徴収した地域の企業で生産された合成財を調達して防災投資事業を行うとする．したがって，以下のように表現できる．

$$I'_i = \sum_{j \in J}\left(w_i^j \bar{l}_i^j + y_i + y'_i\right) g'^j_i N^j = \sum_{j \in J} I'^j_i \tag{33}$$

$$p_i^j z_{gi}^j = I'^j_i \tag{34}$$

ここで，I'_i：状態 i における防災投資額（＝税収），I'^j_i：状態 i における地域 j の税収，g'^j_i：状態 i，地域 j における粗所得にかかる防災投資事業のための税の税率，N^j：地域 j の世帯数，Z_{gi}^j：状態 i において地域 j の企業が生産する合成財の政府の需要水準である．

なお，あとで紹介する数値例では防災投資事業のための税は平常時のみ徴収するとする．

▶ 1.3.3　均衡および不均衡条件

本モデルでは，市場の清算と立地均衡条件の 2 種類の条件が成立する．

a. 市場条件

各状態の各地域の土地，労働，合成財の各市場の清算条件と私企業からの配当，地主の利潤配分条件とそのほか，税収と支出の均衡条件，総人口一定の各条件よりなる．

通常は市場で集計された総需要量と総供給量が一致するところで価格が決定される．しかし，何らかの理由により，それらが一致しない場合は，総取引量として実現するのは，その小さいほうになる．これは short-side 原則と呼ばれ，図 1.12 のように捉えることができる．

ここでは合成財市場におけるメカニズムについて記す．

$$\frac{\bar{z}_i^{jj}}{\tau_i^{jj}} N^j + \frac{\bar{z}_i^{jj'}}{\tau_i^{j'j}} N^{j'} + \frac{I'^j_i}{p_i^j} = \bar{Z}_i^j \tag{35}$$

$$p_i^j = v_i^j\left(\frac{\bar{z}_i^{jj}}{\tau_i^{jj}} N^j + \frac{\bar{z}_i^{jj'}}{\tau_i^{j'j}} N^{j'} + \frac{I'^j_i}{p_i^j}, \bar{Z}_i^j\right) \tag{36}$$

$$\bar{z}_i^{jj} = \omega_i^j\left(\frac{\bar{z}_i^{jj}}{\tau_i^{jj}} N^j + \frac{\bar{z}_i^{jj'}}{\tau_i^{j'j}} N^{j'} + \frac{I'^j_i}{p_i^j}, \bar{Z}_i^j\right) \tag{37}$$

$$\bar{Z}_i^j = \xi_i^j\left(\frac{\bar{z}_i^{jj'}}{\tau_i^{j'j}} N^j + \frac{\bar{z}_i^{jj'}}{\tau_i^{j'j}} N^{j'} + \frac{I'^j_i}{p_i^j}, \bar{Z}_i^j\right) \tag{38}$$

$$z_i^{jj} = \min\left\{z_i^{jj}\left(q_i^j, \bar{z}_i^{jj}, \bar{z}_i^{jj}, \bar{a}_i^j\right), z_i^{jj}\right\} \tag{39}$$

$$z_i^{jj'} = \min\left\{z_i^{jj'}\left(q_i^{jj'}, \bar{z}_i^{jj}, \bar{z}_i^{jj'}, \bar{a}_i^j\right), z_i^{jj'}\right\} \tag{40}$$

$$\bar{Z}_i^j = \min\left\{Z_i^j\left(q_i^j, \bar{L}_i^j, \bar{A}_i^j, \bar{Z}_i^j\right), Z_i^j\right\} \quad (\forall i \in I, \forall j \in J)$$

(41)

ここで，$\tilde{X}_i^j$：需給割り当ての外生的上限値 $\nu(\cdot)$：価格決定関数，$\omega(\cdot)$，$\xi(\cdot)$：需給割り当て関数，q_i^j：p, τ, r, H, Ω からなるベクトル．

この条件は労働・土地市場に対しても同様の考え方で定式化される．

b．立地均衡条件

立地均衡条件については，すでに世帯の立地選択行動で説明した通りである．

▶1.3.4　防災投資の便益定義

上記したモデルを用い，等価的偏差 EV の概念を拡張して便益（上田ら，1995；高木，1996）を定義する．

防災投資の実施前の状態において，実施後の効用を維持するために必要であると世帯が考える最小補償額を防災投資の便益とする．本モデルにはいくつかの効用の概念が導入されているため，何に着目するかによって定義の異なる EV を測ることができる．

Zone state contingent EV：ZSCEV

効用水準を地域状態別に捉えた V_i^j とする．

$$V_i^{bj} = \left(V_i^j p_i^{aj}, p_i^{aj'}, \tau_i^{ajj}, \tau_i^{aj'j}, r_i^{aj}, H_i^{aj}, \left(\Omega_i^{qj} + ZSCEV_i^j\right), \bar{z}_i^{ajj}, \bar{z}_i^{aj'j}, \bar{a}_i^{aj}\right)$$

(42)

どのような状態とどの地域で防災投資の効果が大きいかを知ることができる．

Zone contingent EV：ZCEV

効用水準を地域ごとの期待効用水準として捉える．

$$E^{bj}\left(V_i^{bj}\right) = E^{aj}\left(V_i^j\left(p_i^{aj}, p_i^{aj'}, \tau_i^{ajj}, \tau_i^{aj'j}, r_i^{aj}, H_i^{aj}, \left(\Omega_i^{qj} + ZCEV_i^j\right), \bar{z}_i^{ajj}, \bar{z}_i^{aj'j}, \bar{a}_i^{aj}\right)\right)$$

(43)

地域別に定義されるので，事業実施に際して受益に見合った費用負担を各地域が行う場合の情報となりうる．

Non contingent EV：NCEV

効用水準を世帯が地域選択を行った結果として実現される代表的世帯の効用水準とする．

$$S^b = \sum_{j \in J} \left(P^{aj} E^{aj}\left(V_i^j\left(p_i^{aj}, p_i^{aj'}, \tau_i^{ajj}, \tau_i^{aj'j}, r_i^{aj}, H_i^{aj}, \left(\Omega_i^{qj} + ZCEV\right), \bar{z}_i^{ajj}, \bar{z}_i^{aj'j}, \bar{a}_i^{aj}\right)\right) - \frac{1}{\theta} P^{aj}\left(\ln P^{aj}\right)\right)$$

(44)

地域・状態にかかわらず同じ便益であり，防災投資から直接影響を受けない地域であっても，家計の立地変更のメカニズムを通して間接的に便益が波及していることを意味している．

Zone-contingent fair bet EV：ZCFBEV

立地している地域は限定されているもとで，投資無の場合に家計がどの状態にあるかに応じて追加的所得を給付する．その際に投資有と同じ期待効用水準は保持するという条件のもとで家計への給付額を最小するものとする．それをもって立地地域を限定したうえでの当該地域の家計の便益とする．これは以下のように定義される．

$$ZCFBEV^j = \min_{zscev_i^j} \sum_{i \in I} \phi_i zscev_i^j$$

$$s.t. \quad E^{bj}\left(V_i^{bj}\right) = E^{aj}\left(V_i^j\left(p_i^{aj}, p_i^{aj'}, \tau_i^{ajj}, \tau_i^{aj'j}, r_i^{aj}, H_i^{aj}, \left(\Omega_i^{qj} + zscev_i^j\right), \bar{z}_i^{ajj}, \bar{z}_i^{aj'j}, \bar{a}_i^{aj}\right)\right)$$

(45)

Social fair bet EV：SFBEV

投資無の場合に家計がどの地域に立地しているか，どの状態にあるかに応じて追加的所得を給付する．その際に投資有と等しい代表的世帯の効用水準は保持するという条件のもとで家計への給付額を最小するものとする．それをもって経済社会システムに存在している代表的な家計の便益とする．これは以下のように定義される．

$$SFBEV = \min_{zscev_i^j} \sum_{i \in I} P^{aj} \phi_i zscev_i^j$$

$$s.t. \quad S^b = \sum_{j \in J}\left(P^{aj} E^{aj}\left(V_i^j\left(p_i^{aj}, p_i^{aj'}, \tau_i^{ajj}, \tau_i^{aj'j}, r_i^{aj}, H_i^{aj}, \left(\Omega_j^{aj} + zscev_i^j\right), \bar{z}_i^{ajj}, \bar{z}_i^{aj'j}, \bar{a}_i^{aj}\right)\right) - \frac{1}{\theta} P^{aj}\left(\ln P^{aj}\right)\right)$$

(46)

Option value：OV

ある便益定義の EV と，下位レベルの EV の期待値との差として定義される．今回のような防災投資によるものは，便益を定義する際の家計の置かれている状態と立地している地域についての情報の差がそれに反映されている．OV に関する従来の研究は，OV の符号が常に正であるとは限らないという点では一応の合意された見解に達している．それは OV をオプション価格に対応する EV から期待 EV（多くの場合は CV または CS で議論している）を差し引いたものとして定義していることに起因してい

る．そこで，本稿では上田ら（1997a）において提案されている fair bet の概念にしたがった OV の概念を採用する．

Zone contingent OV type-1：ZCOVT1

立地地域を特定したうえで，ZSCEV の期待値（zone contingent expected EV：ZCEEV）から ZCFBEV を差し引いたものとする．これは定義から常に正である．

$$ZCOVT1^j = \sum_{i \in I} \phi_i ZSCEV_i^j - ZCFBEV^j \quad (47)$$

ZSCEV の期待値は投資有と無のいずれの場合にもこの地域に立地した家計が置かれてる状態について特定化したうえでの便益の合計値である．ZCFBEV は投資有の場合については期待効用だけが知られており，投資無の場合には家計が置かれている状態について特定化したうえでの便益の最小合計額である．したがって，両者の差は投資有の場合に家計が置かれている状態が特定化できる場合とできない場合の情報の相違を便益のタームで表したものであると解釈できる．

Zone contingent OV type-2：ZCOVT 2

同様に立地地域を特定したうえで，ZCEV から ZCFBEV を差し引いたものとする．これも定義から正である．

$$ZCOVT2^j = ZCEV^j - ZCFBEV^j \quad (48)$$

ZCEV は投資有の場合には期待効用だけが知られており，無の場合にもこの地域に立地した家計が置かれてる状態については特定化しないという条件のもとでの便益である．ZCFBEV は投資有の場合については期待効用だけが知られており，投資無の場合には家計が置かれている状態について特定化したうえでの便益の最小合計額である．したがって，投資有の場合には期待効用だけが知られている点は共通であるため，両者の差は投資無の場合に家計が置かれている状態が特定化できる場合とできない場合の情報の相違を便益のタームで表したものであると解釈できる．

Social OV type-1：SOVT1

社会経済システム全体についても同様に fair bet 概念に基づく OV が定義できる．

$$SOVT1 = \sum_{j \in J} P^{aj} \sum_{i \in I} \phi_i ZSCEV_i^j - SFBEV \quad (49)$$

この定義の OV の解釈は，家計の置かれている状態に加えて立地地域についての情報の相違を反映しているとすれば明らかである．

Social OV type-2：SOVT2

Type-2 の OV を用いて以下が定義できる．

$$SOVT2 = NCEV - SFBEV \quad (50)$$

この定義の OV の解釈も明らかである．

Location choice quasi OV tyep-1：LCQOVT1

SOVT1 は次のように分解できる．

$$\begin{aligned}
SOVT1 &= \sum_{j \in J} P^{aj} \sum_{i \in I} \phi_i ZSCEV_i^j - SFBEV \\
&= \sum_{j \in J} P^{aj} \left(\sum_{i \in I} \phi_i ZSCEV_i^j - ZCFBEV^j \right) \\
&\quad + \sum_{j \in J} P^{aj} ZCFBEV^j - SFBEV \\
&= \sum_{j \in J} P^{aj} ZCOVT1 \\
&\quad + \left(\sum_{j \in J} P^{aj} ZCFBEV^j - SFBEV \right)
\end{aligned} \quad (51)$$

上式の最下列における第 1 項は地域別 OV を意味する ZCOVT1 の総和である．ZCFBEV にはその定義から投資無の場合に家計が置かれている状態を特定化するという情報と投資有の場合の地域別の期待効用についての情報が含まれている．それを立地選択確率で重み付けて総和をとることでさらに投資無の場合に家計が立地している地域を特定するという情報も反映されてる．この総和には，すべての地域について投資有の場合の期待効用が反映されているが，それらが情報として得られていれば，投資有の場合におけるすべての地域への立地選択確率は前提となっているロジットモデルから直ちに計算できる．

一方，SFBEV には投資無の場合に家計が置かれている状態や立地している地域については特定化してその情報が反映されているが，投資有の場合については地域ごとの期待効用またはそれから直ちに得られるべき各地域の立地選択確率が情報として反映されていない．したがって，ZCFBEV の総和と SFBEV が反映している情報で異なっているのは，投資有の場合の各地域の立地選択についての情報である．このことから，式(50)の最下段のかっこ内は投資有の場合の立地選択確率についての情報の差を反映している．これは，家計が自由に立地選択を行えることに起因して生じているため，立地選択によ

る準オプション価値であると呼ぶものとし，以下のように表す．

$$LCQOVT1 = \sum_{j \in J} P^{aj} ZCFBEV^j - SFBEV \quad (52)$$

ただし，LCQOVT1の正負は一般的には確定しない．

▶ 1.3.5 不均衡経済状態の表現

a. 災害時に一般均衡状態が実現する場合（Case1）

一般均衡状態は，均衡価格において，それぞれの経済主体が望むだけの需要，供給ができる状態である．これまで構築してきた不均衡経済状態を考慮したモデルの中では，災害時においても需給割り当ての外生的上限値を大きくし，制約が取引に何ら影響を及ぼさない状態として表現される．直観的には図1.13のような状況である．

b. 災害時に不均衡状態が実現する場合（Case2）

災害の規模によっては，交通機能，企業の生産性の低下とは別に，生産財の破壊，破損によって供給量の数量的制約が生じる．そのうえ，市場ではその需要量，供給量の調整や，価格の調整が平常時と同様には行われない場合が考えられる．災害時には個々の経済主体は平常時とは需給量が異なるという事実は知り得ても，price maker となれるだけの情報を取得することが困難である．すなわち，市場において需要量と供給量を一致させるような均衡価格が情報として伝達されない．このような情報伝達の困難さについてはいくつかのタイプのモデルによって表現することが可能であろう．しかし，この見方を極端な場合にまで押し進めると，調整能力はまったくないと考えることができ，その場合には価格は完全に硬直的である．そこで，Case2では，両地域において災害時のすべての価格は平常時のそれらの水準がそのまま維持されているとする．それは，平常時の均衡価格であって災害時においては均衡価格でない．各主体は平常時の価格水準のもとで，しかも平常時と異なった環境水準や社会サービスのもとででも生産，消費を行わなければならないことになる．このときの土地や労働，または合成財市場での需給不均衡は，さらにそれらの市場に波及し不均衡を持続させるといった状況を生じさせる可能性がある．

不均衡経済状態は，ある市場については需要量がまた別の市場については供給量が超過することになる．そのような超過する需要（供給）量はどの市場でも供給（需要）の制約がないときに市場価格のもとで需要（供給）したいと考える量であり，観念的需要（供給）と呼ばれる．そのとき，超過している側（long-side）にとってその観念的な量を実現することは不可能であり，一旦はshort-sideの需要（供給）量がlong-sideに割り当てられる．さらにlong-sideは割り当てられた状態のもとで，効用，利潤が最大になるように新たに需要量，供給量の再決定を

数値シミュレーション case 1

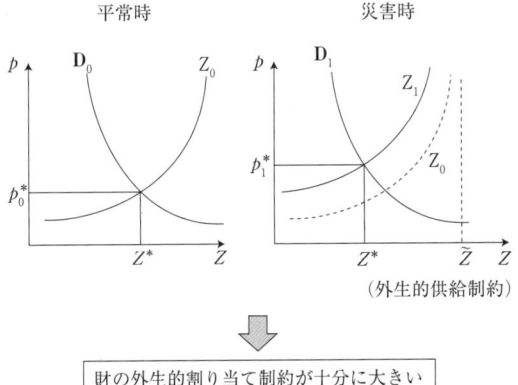

図1.13 Case 1 の状況の直観的表現

数値シミュレーション case 2

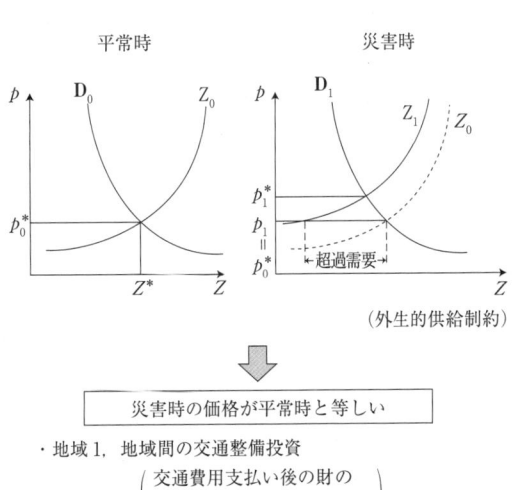

図1.14 Case 2 の状況の直観的表現

行う．こうして需要計画，供給計画を練り直すことで導出された需要量，供給量を，観念的需給量に対して，有効需要（供給）量と呼ぶ．各主体は，本来望んでいる量をあきらめ，期待できる需給量のもとでそれぞれの効用，利潤が最大になるように行動する．このプロセスを本研究ではClowerの再決定過程（例えば，皆川, 1983；根岸, 1980；山下, 1989；小谷, 1987；伊藤, 1985；中込, 1987；駄田井, 1989；Clower, 1965；Bennasy, 1983；Dreze, 1991）として捉える．すなわち，式(36)における価格決定関数を定数（平常時の価格水準）として市場清算条件を解くことになる．

このような不均衡状態は直観的には図1.14のように表すことができる．

▶ **1.3.6 数値例の解説**

数値例は表1.1と表1.2に示したようなパラメータのもとで，図1.15のような非常に複雑な計算のもとに描写したものである．

a. Case1について

表1.1と表1.2はCase1についての設定したパラメータと均衡解を投資有と無のそれぞれについて示したものである．防災投資は災害時の交通機能の低下を防止するために行われるものとし，それは投資有の場合である表1.2における財の輸送後の残存率が高くなっていることで表現されている．平常時と災害時のいずれでも地域1で生産される合成財（合成財1）をニュメレール（価格尺度）としてその価格を1に設定している．したがって，数値例に登場する価格変数の値はすべて合成財1に対する相対値で表されている．

投資によって合成財2の価格については低下が見られ，特に災害時については投資有の場合に価格が大きく低下している．賃金については地域2の平常時を除いては投資によって低下している．これは，地域2から地域1へ人口移動が生じているため，地域1では労働供給が増大し，地域2では逆に減少していることが主な理由であると考えられる．居住地の地代は投資によりいずれも低下しているが，地域1では業務地の地代が上昇を示している．投資が生産された財を輸送するための交通基盤の機能を改善

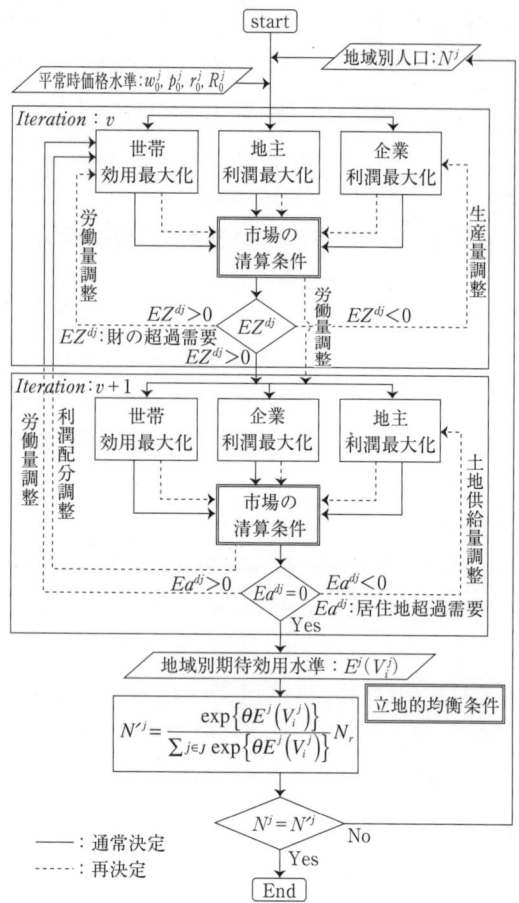

図1.15 数値シミュレーションのフローチャート

するものであるため，その便益は地域1の業務地の土地地代に主に帰着している．しかし，家計については賃金所得の変化を介した間接的なものであり，特に投資有の場合には投資目的のための税が徴収されているため，家計の可処分所得は必ずしも増加していない．そのため，居住地地代は低下したと考えられる．

地域2の平常時を除いて，投資によって家計の効用は向上している．地域2の平常時において効用が低下しているのは，人口分布が期待効用によって決定されて地域1への人口移動が生じているため，地域2では労働力が減少して生産量が低下していることによると考えられる．この点は，ほかの価格変数の変化に対しても大きく影響を及ぼしている．本稿のモデルでは，立地選択行動が期待効用にしたがっており，一旦決定されている地域の人口規模は状態

表1.1 防災投資無の各出力結果（Case 1）

	地域1		地域2			地域1		地域2	
	平常時	災害時	平常時	災害時		平常時	災害時	平常時	災害時
α_1 消費パラメータ	0.33	0.33	0.33	0.33	人口	55.56		44.44	
α_2 消費パラメータ	0.33	0.33	0.33	0.33	期待効用	7.03		6.95	
α_3 消費パラメータ	0.33	0.33	0.33	0.33	効用	7.04	6.77	6.97	6.69
β_1 生産パラメータ	0.40	0.40	0.45	0.45	各地域が特化している財の供給量	28156.62	28156.62	22221.52	22221.52
β_2 生産パラメータ	0.40	0.40	0.35	0.35	合成財1価格	1.00	1.00	1.00	1.00
γ 代替性パラメータ	0.70		0.70		合成財2価格	1.06	1.06	1.06	1.06
$f(H)$ 世帯環境質	10	10	9	9	賃金率	25.34	25.34	29.85	29.77
$Q(H)$ 企業環境質	10	10	9	9	居住地代	6.05	7.34	6.14	7.47
k 居住地面積	60	60	50	50	業務地代	1877.11	1877.11	1650.72	1646.45
K 業務地面積	6	6	5	5	世帯所得	512.86	513.88	538.11	538.70
C 企業資本	120	120	100	100	合成財1需要量	307.01	253.08	144.98	90.79
g 税金	30%	30%	30%	30%	合成財2需要量	108.97	68.22	274.86	230.62
l 労働時間	8	8	8	8	土地需要量	1.08	1.08	1.13	1.13
N_T 総人口	100				企業資本配分	103.48	103.35	103.48	103.35
τ_{11}, τ_{22} 地域内交通費用支払い後残存率	0.90	0.70	0.90	0.70	地主利潤配分	201.86	203.09	201.86	203.09
$\tau_{12}=\tau_{21}$ 地域内交通費用支払い後残存率	0.70	0.50	0.70	0.50					
θ ロジットパラメータ	3.00								
ϕ 発生確率	0.95	0.05	0.95	0.05					

表1.2 防災投資有の各出力結果（Case 1）

	地域1		地域2			地域1		地域2	
	平常時	災害時	平常時	災害時		平常時	災害時	平常時	災害時
α_1 消費パラメータ	0.33	0.33	0.33	0.33	人口	57.33		42.67	
α_2 消費パラメータ	0.33	0.33	0.33	0.33	期待効用	7.04		6.94	
α_3 消費パラメータ	0.33	0.33	0.33	0.33	効用	7.04	6.98	6.95	6.80
β_1 生産パラメータ	0.40	0.40	0.45	0.45	各地域が特化している財の供給量	28512.88	28512.88	21817.84	21817.84
β_2 生産パラメータ	0.40	0.40	0.35	0.35	合成財1価格	1.00	1.00	1.00	1.00
γ 代替性パラメータ	0.70		0.70		合成財2価格	1.05	1.00	1.05	1.00
$f(H)$ 世帯環境質	10	10	9	9	賃金率	24.87	24.87	30.15	28.76
$Q(H)$ 企業環境質	10	10	9	9	居住地代	5.74	6.25	5.82	6.63
k 居住地面積	60	60	50	50	業務地代	1900.86	1900.86	1601.00	1527.17
K 業務地面積	6	6	5	5	世帯所得	482.46	501.05	509.95	522.87
C 企業資本	120	120	100	100	合成財1需要量	298.56	273.87	159.17	152.96
g 税金	30%	30%	30%	30%	合成財2需要量	116.03	112.01	249.76	195.85
g' 防災投資用の税金	5%		5%		土地需要量	1.05	1.05	1.17	1.17
l 労働時間	8	8	8	8	企業資本配分	102.77	100.66	102.77	100.66
N_T 総人口	100				地主利潤配分	200.45	197.48	200.45	197.48
τ_{11}, τ_{22} 地域内交通費用支払い後残存率	0.95	0.85	0.90	0.70					
$\tau_{12}=\tau_{21}$ 地域内交通費用支払い後残存率	0.75	0.65	0.75	0.65					
θ ロジットパラメータ	3.00								
ϕ 発生確率	0.95	0.05	0.95	0.05					

に応じては変化しないと仮定している．そのため，すべての地域とすべての状態において投資によって効用が常に改善されるとは限らない．

すでに示した各種の定義にしたがって計測された便益はCase1については表1.5に示されている．地域2の平常時においては投資によって効用が低下しているため，それに対応する便益は負になっている．

また，ZSCEVで見てみると災害時のほうがどの地域でも大きな便益になっている．しかし，ZCFBEVやZCEVなどの値は状態の発生確率で重み付けされており，地域2では重みの大きい平常時の便益が負となっているため，その結果としてこれらの定義の便益も負の値を示している．一方，fair betの概念にしたがって定義されたZCFBOV（T1）は

表1.3 各便益計測結果

	地域1		地域2	
	平常時	災害時	平常時	災害時
Zone-state contingent EV	0.996	118.445	−9.729	61.839
Zone fair bet EV	6.274		−6.366	
Zone contingent EV	6.274		−6.366	
Zone contingent expected EV	6.840		−6.151	
Zone contingent option value (T1)	0.566		0.215	
Zone contingent option value (T2)	0.000		0.000	
Social fair bet EV	0.732			
Non contingent EV	0.881			
Social expected EV	1.067			
Social option value (T1)	0.335			
Social option value (T2)	0.149			
Location choice quasi OV (T1)	0.075			

その定義通りどの地域についても正であり，また経済社会システム全体についてのOVであるSFBEVも正の値になっている．なお，ZCFBOV（T2）についてはいずれも0になっている．その理由は家計の効用関数をCES型関数の対数変換としているため，所得の限界効用が所得水準のみに依存することになる．投資無の場合については，平常時と災害時のあいだで世帯所得についてほとんど差がないため，所得の限界効用にも差がない．その結果としてZCEVとZCFBEVがほとんど同じ値になり，ZCFBOV（T1）はその値がきわめて小さいため，表記上は0としている．

b. Case2 について

設定値は基本的にはCase1と同様であるが，次の点でモデルの設定が異なり，それゆえ，表の表記方法も若干の相違がある．それは，第1に，Case2は災害時にも平常時と同じ価格水準が維持されると想定している点，第2に，不均衡状態においては家計の保有する労働力のすべてが雇用されないため，災害時には労働時間の割り当てが行われる点である．

投資による効用の変化についての傾向は基本的にはCase1と同様である．特に注意すべきは，災害時の財の生産量については特に地域1では投資によってその減少がくい止められており，それに伴って，災害時の労働時間の減少も大きく防止されている点である．ここで想定している不均衡経済は，価格の調整能力がまったく発揮されないために各市場に超過需要や超過供給が発生しており，そこで財・生産要素の割り当てが行われるが，そのような制約が投資により緩和されている．この数値例では，パラメータの設定が数値例を決定的に支配していることはいうまでもないが，基本的には不均衡状態を想定した数値例においても価格変数を除いては投資による影響の概略的な傾向はCase1の一般均衡状態の場合と類似している．したがって，ある一定の条件のもとでは一般均衡状態を仮定したモデルを不均衡状態のモデルの近似として活用できる可能性がある．無論，そのような条件を求めることおよび近似の程度を検証することは今後の大きな研究課題の一つである．

便益の計測結果については，表1.3と同様の形式で表1.6に示されている．Case2においても地域2の平常時については便益が負の値になっている．OVについてはZCFBOV（T1）よりもZCFBOV（T2）のほうが大きく出ている．これは，Case1とは異なり，平時時と災害時のあいだで世帯の所得水準に大きな差があるため，所得の限界効用も大きく異なり，その結果としてZCEVとZCFBEVの差が大きくなったことによると考えられる．また，LCQOVT1は定義からは正負が確定しないことはすでに述べたが，Case2においてはわずかであるが負の値になった．どのような場合にこれが負となるのかという条件について，現在のところ明確な知見は得ていないため，今後の研究課題の一つとしたい．

▶**1.3.7 まとめ**

便益評価論の枠組みにおいて，不均衡経済における数量制約を明示的に論じたものはStarrett（1988）やDinwiddy & Teal（1996）を除けば非常に乏しい．

表 1.4 防災投資無の各出力結果（Case 2）

	地域 1		地域 2			地域 1		地域 2	
	平常時	災害時	平常時	災害時		平常時	災害時	平常時	災害時
α_1 消費パラメータ	0.33	0.33	0.33	0.33	人口	55.57		44.43	
α_2 消費パラメータ	0.33	0.33	0.33	0.33	期待効用	7.00		6.92	
α_3 消費パラメータ	0.33	0.33	0.33	0.33	効用	7.04	6.13	6.97	6.04
β_1 生産パラメータ	0.40	0.40	0.45	0.45	各地域が特化している財の供給量	28158.13	14651.31	22219.85	11460.53
β_2 生産パラメータ	0.40	0.40	0.35	0.35					
γ 代替性パラメータ	0.70		0.70		合成財1価格	1.00			
$f(H)$ 世帯環境質	10	10	9	9	合成財2価格	1.06			
$Q(H)$ 企業環境質	10	10	9	9	賃金率	25.34		29.85	
k 居住地面積	60	59.48	50	50.00	居住地代	6.05		6.14	
K 業務地面積	6	3.12	5	2.58	業務地代	1877.21		1650.63	
C 企業資本	120	120	100	100	世帯所得	512.85	269.30	538.13	281.69
g 税金	30%	30%	30%	30%	合成財1需要量	307.01	131.69	144.99	47.23
l 労働時間	8	4.16	8	4.13	合成財2需要量	108.97	35.19	274.86	118.94
N_T 総人口	100				土地需要量	1.08	1.07	1.13	1.13
τ_{11}, τ_{22} 地域内交通費用支払い後残存率	0.90	0.70	0.90	0.70	企業資本配分	103.48	53.63	103.48	53.63
$\tau_{12}=\tau_{21}$ 地域内交通費用支払い後残存率	0.70	0.50	0.70	0.50	地主利潤配分	201.86	107.84	201.86	107.84
θ ロジットパラメータ	3.00								
ϕ 発生確率	0.95	0.05	0.95	0.05					

表 1.5 防災投資有の各出力結果（Case 2）

	地域 1		地域 2			地域 1		地域 2	
	平常時	災害時	平常時	災害時		平常時	災害時	平常時	災害時
α_1 消費パラメータ	0.33	0.33	0.33	0.33	人口	57.43		42.57	
α_2 消費パラメータ	0.33	0.33	0.33	0.33	期待効用	7.02		6.92	
α_3 消費パラメータ	0.33	0.33	0.33	0.33	効用	7.04	6.51	6.95	6.29
β_1 生産パラメータ	0.40	0.40	0.45	0.45	各地域が特化している財の供給量	28532.56	18606.29	21795.05	12110.27
β_2 生産パラメータ	0.40	0.40	0.35	0.35					
γ 代替性パラメータ	0.70		0.70		合成財1価格	1.00			
$f(H)$ 世帯環境質	10	10	9	9	合成財2価格	1.05			
$Q(H)$ 企業環境質	10	10	9	9	賃金率	24.84		30.20	
k 居住地面積	60	52.28	50	50.00	居住地代	5.74		5.82	
K 業務地面積	6	3.91	5	2.78	業務地代	1902.17		1599.76	
C 企業資本	120	120	100	100	世帯所得	482.34	317.57	510.21	320.83
g 税金	30%	30%	30%	30%	合成財1需要量	298.56	179.54	159.30	98.87
g' 防災投資用の税金	5%		5%		合成財2需要量	115.92	62.68	249.75	108.07
l 労働時間	8	5.22	8	4.45	土地需要量	1.04	0.91	1.17	1.17
N_T 総人口	100				企業資本配分	102.77	62.61	102.77	62.61
τ_{11}, τ_{22} 地域内交通費用支払い後残存率	0.95	0.85	0.90	0.70	地主利潤配分	200.47	124.78	200.47	124.78
$\tau_{12}=\tau_{21}$ 地域内交通費用支払い後残存率	0.75	0.65	0.75	0.65					
θ ロジットパラメータ	3.00								
ϕ 発生確率	0.95	0.05	0.95	0.05					

本稿は不均衡と不確実性の両方を考慮した空間経済モデルによって防災投資の便益を評価しようとしたものであり，モデルは必ずしも単純ではないため，数値例に基づき知見を積み重ねていくほかはない．しかし，モデルをある程度まで単純化していけば，解析的なアプローチによっても上記の両研究のような知見を得られる可能性もある．また，わが国においてもすでに阪神大震災以後には災害保険への需要が大きく現れているため，本節のモデルにも保険機構を導入したうえで分析を行う必要もある．

本節のモデル分析は，理論的フレームを提案したり，定性的な知見を得るという目的にとどまっており，計量モデルとして発展させていくには今後も多大な時間を要すると考えられる．しかし，理論的な

表 1.6　各便益計測結果

	地域1		地域2	
	平常時	災害時	平常時	災害時
Zone-state contingent EV	0.808	124.524	−9.550	77.868
Zone fair bet EV	6.207		−6.814	
Zone contingent EV	10.165		−2.468	
Zone contingent expected EV	6.993		−5.179	
Zone contingent option value (T1)	0.786		1.635	
Zone contingent option value (T2)	3.958		4.346	
Social fair bet EV		0.510		
Non contingent EV		4.779		
Social expected EV		1.585		
Social option value (T1)		1.075		
Social option value (T2)		4.269		
Location choice quasi OV (T1)		−0.089		

フレーム無しに計量モデルを開発したとすれば，その正当性を議論するうえでの足掛かりはなく，不毛であることは明らかである．また，震災の惨事の記憶を呼び起こせば，本節のようなモデル分析は現実的には無力であるとの印象を持つ方々も多いかもしれない．しかし，そのような惨事を繰り返さないためには，感情論に流されることなく，経済社会システムに関する科学的な知識基盤のもとに今後の防災投資論議を展開する必要があり，形式論理として成立しうる防災投資論を目指さなくてはならない．

なお，本節の基礎になっている初期のモデルについて，その開発と数値例の作成には松井直幸氏（当時岐阜大学工学部）から多大な協力を得た．また，本稿をとりまとめるにあたっては，浅野貴志氏（当時岐阜大学大学院）に協力頂いた．ここに記して感謝する次第である．

1.4　防災投資の便益帰着

▶1.4.1　問題意識

都市化の進展した地域，あるいは既存の密集市街地など住宅地域で災害に対して脆弱な地域が存在していることは事実である．それらの地域での災害時の安全性を目的とした住環境改善が必要であり，その妥当性を確認するために防災投資の費用便益分析の必要性が強く認識されている．すでに災害リスクを対象として，不確実性下での便益定義については，多々納（1993），多々納（1998），上田（1997b），上田ら（1997b）でいくつかの研究が試みられており，

また，横松・小林（1999）などでは生命保険に着目した便益定義なども提案されている．それらは期待効用水準の変化を所得換算または資産換算するアプローチであり，その便益が経済システム全体の中で生じる様々な変化とどのような関係にあるかを包括的に把握する，いわゆる便益の帰着構造の分析までには至っていない．

便益の帰着構造の把握は，森杉編（1997）を代表とする便益帰着構成表のアプローチで行われてきた．しかし，不確実性下での便益の帰着構造については，いまだ十分に明解な分析が試みられていない．上田・高木（1997）は防災投資事業が2地域からなる空間経済の一般均衡を例として便益帰着構成表を示しているが，厳密にモデルを定式化して表を導出しているわけではなく，それまでの知見に基づいて構造を概略的に表現しているにすぎない．特に，市場で顕在化する便益項目に関して，需要側と供給側の両者の便益が相殺しあうというキャンセルアウト特性について厳密には検討していない．

通常の便益帰着分析と同様に防災投資事業のそれにおいても，キャンセルアウト特性は社会的純便益の計測に際して計測する必要のない項目を明らかにし，便益の二重計算を回避するうえで重要である．また，社会的純便益を各便益項目の積み上げで計測する場合には，便益帰着分析が各項目の特性や計測する際に着目すべき経済変数を明らかにするという役割を持つ．したがって，防災投資の費用便益分析についての関心が高まり，また，その便益の計測が試みられ始めた現在において，防災投資事業について厳密な便益帰着分析を行っておく意義は十分にあ

るといえる.

▶1.4.2 分析におけるアプローチ

本節では,まず,防災投資の便益帰着分析のためのフレームとして住宅立地,土地市場,保険市場を明示した多ゾーン(地域)からなる空間経済の均衡モデルを定式化する.そこでは,上田ら(1997b)で示されている保険市場の相違にしたがって,保険市場が競争的・効率的である場合と独占的である場合の2種類のモデルを作成する.次に,不確実性下での便益定義として,option price型の定義とfair bet型の定義(上田,1997b)を採用し,それらによって表された社会的純便益を各便益/費用項目に分解する.分解された項目を地域間便益帰着構成表に整理して,便益の帰着構造を明らかにする.それに基づいて,第1に,通常の便益帰着構成表で成り立つ市場的キャンセルアウトの特性(小森ら,1998)が防災投資事業の場合は一般には成立しないことを示す.そのため,特定の財への需要関数に着目したショートカット法が一般には適用できないことを主張する.第2に,もし,近似的あるいは厳密にキャンセルアウト特性が成立するための強い追加的仮定を複数提示する.第3に,その仮定の一つとして,所得の限界効用一定の仮定を採用すると不確実性下での便益の特徴の一つであるオプション価値が発生しないため,社会的純便益の計測を簡略化することとオプション価値の計測が両立しないことを主張する.以上は,そのまま実際の計測においてキャンセルアウトを仮定する際の留意点として重要性を持つ.そこで,最後にそれらに留意した場合の実際的な計測方法についてまとめる.

▶1.4.3 モデル

a. 定式化に際しての前提

ここでのモデルは,高木(1996),および高木ら(1996)で示された立地均衡モデルを発展させたものであり,次のような主な前提に基づいている.

①空間は離散的にゾーンに分割され,各ゾーンは$j \in \mathbf{J}$でラベル付けされる.各ゾーンは自然の変化に応じていくつかの状態に置かれる.各状態は$i \in \mathbf{I}$でラベル付けされる.

②ゾーンと状態の組合せ別の状態の生起確率は外生的に与えられ,P_i^jで表される.無論,$\sum_{i \in \mathbf{I}} P_i^j = 1$である.

③環境水準がゾーン・状態別に外生的に定義され,Q_i^jで表される.所得水準も,ゾーン・状態別に外生的に定義され,Y_i^jで表される.

④家計は自由な立地選択を行い,その結果としてゾーン別に立地世帯数N_i^jが実現する.

⑤空間経済には代表的な保険会社が存在しており,保険市場は競争的な場合と独占的な場合の二つの場合があるとする.

⑥ゾーン別には不在地主が存在して,地代収入を得ているとする.その地代収入はスキームに応じて家計に分配される.

なお,ここでの表記法として,ベクトルは$\mathbf{X}^j = (X_i^j)_{i \in \mathbf{I}}$の表記にしたがう.

b. 世 帯

家計の行動は立地ゾーンを選んで立地したとして行われる最適消費選択と,その結果として各ゾーンでの間接期待効用に基づいて立地ゾーンを選択する立地選択行動の2段階に分けてモデル化する.

(1) 消費選択行動

保険市場が競争的な場合の定式化:家計はゾーン・状態別の合成財消費量z_i^j,状態によらないゾーン別の土地消費量q^j,ゾーン・状態別の環境水準に依存した直接効用関数$u(z_i^j, q^j, Q_i^j)$を持つとする.家計は,ゾーン・状態別の予算制約に直面しているとし,ゾーン・状態別の合成財消費支出z_i^j,ゾーン別の土地価格R^jのもとでの土地支出$R^j q^j$,ゾーン別の保険料h^jを支出している.一方,ゾーン・状態別の所得Y_i^jおよびゾーン・状態別の保険金H_i^jを受け取る.この予算制約に加えて,家計は保険市場が効率的であることを知っており,保険料は状態の生起確率で重み付けられた保険金の期待値よりも大きいという条件が課されるものとする.以上の制約条件のもとで,直接効用関数を状態の生起確率で重み付けた期待値を最大にするように消費選択を行う.この行動はゾーンjを例として次の最大化問題として定式化される.

$$V^j(\mathbf{P}^j, \mathbf{Y}^j, R^j, \mathbf{Q}^j) = \max_{(z_i^j)_{i \in \mathbf{I}}, q^j, h^j, (H_i^j)_{i \in \mathbf{I}}} \sum_{i \in \mathbf{I}} P_i^j u(z_i^j, q^j, Q_i^j)$$

(53.a)

$$s.t. \quad R^j q^j + z_i^j + h^j \leq Y_i^j + H_i^j \quad \text{for each} \quad i \in \mathbf{I} \quad (53.b)$$

$$\sum_{i \in \mathbf{I}} P_i^j H_i^j - h^j \leq 0 \quad (53.c)$$

ラグランジュ関数を次のように作成することができる.

$$L = \sum_{i \in \mathbf{I}} P_i^j u(z_i^j, q^j, Q_i^j)$$
$$- \sum_{i \in \mathbf{I}} \lambda_i^j \{ R^j q^j + z_i^j + h^j - (Y_i^j + H_i^j) \}$$
$$- \mu^j \left(\sum_{i \in \mathbf{I}} P_i^j H_i^j - h^j \right) \quad (54)$$

一階条件は次のようになる.

$$z_i^j \left(\lambda_i^j - P_i^j \frac{\partial u_i^j}{\partial z_i^j} \right) = 0 \quad (55.a)$$

$$\lambda_i^j - P_i^j \frac{\partial u_i^j}{\partial z_i^j} \geq 0 \quad (55.b)$$

$$z_i^j \geq 0 \quad (55.c)$$

$$q^j \left\{ \sum_{i \in \mathbf{I}} \left(\lambda_i^j R^j - P_i^j \frac{\partial u_i^j}{\partial q^j} \right) \right\} = 0 \quad (56.a)$$

$$\sum_{i \in \mathbf{I}} \left(\lambda_i^j R^j - P_i^j \frac{\partial u_i^j}{\partial q^j} \right) \geq 0 \quad (56.b)$$

$$q^j \geq 0 \quad (56.c)$$

$$h^j \left(\sum_{i \in \mathbf{I}} \lambda_i^j - \mu^j \right) = 0 \quad (57.a)$$

$$\sum_{i \in \mathbf{I}} \lambda_i^j - \mu^j \geq 0 \quad (57.b)$$

$$h^j \geq 0 \quad (57.c)$$

$$H_i^j (\mu^j - \lambda_i^j) = 0 \quad (58.a)$$

$$\mu^j - \lambda_i^j \geq 0 \quad (58.b)$$

$$H_i^j \geq 0 \quad (58.c)$$

$$\lambda_i^j \{ Y_i^j + H_i^j - (R^j q^j + z_i^j + h^j) \} = 0 \quad (59.a)$$

$$Y_i^j + H_i^j - (R^j q^j + z_i^j + h^j) \geq 0 \quad (59.b)$$

$$\lambda_i^j \geq 0 \quad (59.c)$$

$$\mu^j \left(h^j - \sum_{i \in \mathbf{I}} P_i^j H_i^j \right) = 0 \quad (60.a)$$

$$h^j - \sum_{i \in \mathbf{I}} P_i^j H_i^j \geq 0 \quad (60.b)$$

$$\mu^j \geq 0 \quad (60.c)$$

保険市場が独占的な場合の定式化：保険市場が独占的な場合には，個々の家計は保険料と保険金は保険会社から提示された額を受け入れるものとする．無論，保険に加入しない場合の間接期待効用が加入した場合のそれよりも高い場合には，保険へ加入しない．ただし，ここでは事業無の場合であっても保険に加入した方が常に間接期待効用が高いという状況が成り立っているものとして，保険加入の参加条件（個人合理性条件）は明示的には考慮しないものとする．

この想定のもとでは，先ほどと同様の変数と関数を用いて，効用最大化行動は次のように定式化される．

$$V^j (\mathbf{P}^j, \mathbf{Y}^j - h^j \mathbf{e} + \mathbf{H}^j, R^j, \mathbf{Q}^j) = \max_{(z_i^j)_{i \in \mathbf{I}}, q^j} \sum_{i \in \mathbf{I}} P_i^j u(z_i^j, q^j, Q_i^j) \quad (61.a)$$

$$s.t. \quad R^j q^j + z_i^j + h^j \leq Y_i^j + H_i^j \quad \text{for each} \quad i \in \mathbf{I} \quad (61.b)$$

ただし，$\mathbf{e} = (1, \cdots, 1)$：1を要素とするベクトルである．

ラグランジュ関数を作成して，

$$L = \sum_{i \in \mathbf{I}} P_i^j u(z_i^j, q^j, Q_i^j)$$
$$- \sum_{i \in \mathbf{I}} \eta_i^j \{ R^j q^j + z_i^j + h^j - (Y_i^j + H_i^j) \} \quad (62)$$

一階条件は次のようになる.

$$z_i^j \left(\eta_i^j - P_i^j \frac{\partial u_i^j}{\partial z_i^j} \right) = 0 \quad (63.a)$$

$$\eta_i^j - P_i^j \frac{\partial u_i^j}{\partial z_i^j} \geq 0 \quad (63.b)$$

$$z_i^j \geq 0 \quad (63.c)$$

$$q^j \left\{ \sum_{i \in \mathbf{I}} \left(\eta_i^j R^j - P_i^j \frac{\partial u_i^j}{\partial q^j} \right) \right\} = 0 \quad (64.a)$$

$$\sum_{i \in \mathbf{I}} \left(\eta_i^j R^j - P_i^j \frac{\partial u_i^j}{\partial q^j} \right) \geq 0 \quad (64.b)$$

$$q^j \geq 0 \quad (64.c)$$

$$\eta_i^j \{ Y_i^j + H_i^j - (R^j q^j + z_i^j + h^j) \} = 0 \quad (65.a)$$

$$Y_i^j + H_i^j - (R^j q^j + z_i^j + h^j) \geq 0 \quad (65.b)$$

$$\eta_i^j \geq 0 \quad (65.c)$$

(2) 立地選択行動

消費選択行動の結果として達成される間接期待効用が各ゾーンについて得られているとして，家計はそれが最も高い地域へ立地しようとする．

$$V^* = \max_j \{ \cdots, V_j, \cdots \} \quad (66)$$

c. 地　主

ゾーン別に不在地主が存在するものとし，住宅と

代替的な用途の土地価格（機会費用）$\bar{R}^j$と土地賦存量（供給上限）$\bar{L}^j$，土地税率τが与えられたもと，利潤π^iを最大にするように住宅地の供給量$\bar{L}^j$を選択する．これはゾーンjを例として次のような最大化問題として定式化される．

$$\pi^j = \max_{L^j}(1-\tau)(R^j - \bar{R}^j)L^j \quad (67.a)$$

$$L^j - \bar{L}^j \leq 0 \quad (67.b)$$

一階条件は次のようになる．

$$L^j(R^j - \bar{R}^j - \phi^j) = 0 \quad (68.a)$$

$$R^j - \bar{R}^j - \phi^j \geq 0 \quad (68.b)$$

$$L^j \geq 0 \quad (68.c)$$

$$\phi^j(\bar{L}^j - L^j) = 0 \quad (69.a)$$

$$\bar{L}^j - L^j \geq 0 \quad (69.b)$$

$$\phi^j \geq 0 \quad (69.c)$$

ただし，ϕ^jは制約(67.b)に対するラグランジュ乗数である．

d．保険会社

保険市場が競争的な場合の定式化：保険会社は，ゾーン別の保険契約家計数M^jから保険料h^jを徴収し，状態の生起に応じて保険金H_i^jを支払う．その利潤π^Iは次のような最大化問題によって定式化される．

$$\pi^I = \max_{(M^j)_{j \in \mathbf{J}}} \sum_{j \in \mathbf{J}} M^j\left(h^j - \sum_{i \in \mathbf{I}} P_i^j H_i^j\right) \quad (70)$$

一階の条件は次のようになる．

$$M^j\left(\sum_{i \in \mathbf{I}} P_i^j H_i^j - h^j\right) = 0 \quad (71.a)$$

$$\sum_{i \in \mathbf{I}} P_i^j H_i^j - h^j \geq 0 \quad (72.b)$$

$$M^j \geq 0 \quad \text{for each } j \in \mathbf{J} \quad (71.c)$$

保険市場が独占的な場合の定式化：保険会社は，ゾーン別の保険契約家計数M^jを所与として，ある一定の間接期待効用水準$\bar{V}$を家計に保証するという条件のもとで保険料h^jを徴収し，状態の生起に応じて保険金H_i^jを支払う．その保険料と保険金を利潤π^Iを最大化するように選択する．これは次のような最大化問題によって定式化される．

$$\pi^I = \max_{(h^j)_{j \in \mathbf{J}},(H_i^j)_{i \in \mathbf{I}, j \in \mathbf{J}}} \sum_{j \in \mathbf{J}} M^j\left(h^j - \sum_{i \in \mathbf{I}} P_i^j H_i^j\right) \quad (72.a)$$

$$\text{s.t. } V^j(\mathbf{P}^j, Y^j - h^j \mathbf{e} + \phi \cdot \mathbf{H}^j, R^j, Q^j) \geq \bar{V}$$
$$\text{for each } j \in \mathbf{J} \quad (72.b)$$

ラグランジュ関数を次のよう作成する．

$$L^I = \sum_{j \in \mathbf{J}} M^j\left(h^j - \sum_i P_i^j H_i^j\right)$$
$$- \sum_{j \in \mathbf{J}} \rho^j\{\bar{V} - V^j(\mathbf{P}^j, \mathbf{Y}^j - h^j \mathbf{e} + \phi \cdot \mathbf{H}^j, R^j, Q^j)\} \quad (73)$$

一階の条件は次のようになる．

$$h^j\left(-\rho^j \frac{\partial V^j}{\partial h^j} - M^j\right) = 0 \quad (74.a)$$

$$-\rho^j \frac{\partial V^j}{\partial h^j} - M^j \geq 0 \quad (74.b)$$

$$h^j \geq 0 \quad \text{for each } j \in \mathbf{J} \quad (74.c)$$

$$H_i^j\left(M^j P_i^j - \rho^j \frac{\partial V^j}{\partial H_i^j}\right) = 0 \quad (75.a)$$

$$M^j P_i^j - \rho^j \frac{\partial V^j}{\partial H_i^j} \geq 0 \quad (75.b)$$

$$H_i^j \geq 0 \quad \text{for each } i \in \mathbf{J} \ j \in \mathbf{J} \quad (75.c)$$

$$\rho^j\{\bar{V} - V^j(\mathbf{P}^j, \mathbf{Y}^j - h^j \mathbf{e} + \phi \cdot \mathbf{H}^j, R^j, Q^j)\} = 0 \quad (76.a)$$

$$\bar{V} - V^j(\mathbf{P}^j, \mathbf{Y}^j - h^j \mathbf{e} + \phi \cdot \mathbf{H}^j, R^j, Q^j) \geq 0 \quad (76.b)$$

$$\rho^j \geq 0 \quad \text{for each } j \in \mathbf{J} \quad (76.c)$$

e．政府

政府はインフラ整備の費用Iを支出し，そして，土地税率τのもとで各ゾーンの不在地主から土地税を徴収し，その結果として財政余剰π^gを実現している．財政余剰は次のように表される．

$$\pi^g = \sum_{j \in \mathbf{J}} \tau\{(R^j - \bar{R}^j)L^j + \bar{R}^j \bar{L}^j\} - I \quad (77)$$

f．均衡

本節でモデル化している空間経済の均衡は，以上の各主体の行動モデルから導出される最適化の一階条件に加えて，ゾーン別に定義された土地市場の清算条件，同じくゾーン別に定義された保険市場の清算条件，効率的保険市場の条件，そして，家計の立地均衡条件によって定義される．

(1) ゾーン別土地市場清算条件

$$R^j(L^j - N^j q^j) = 0 \quad (78.a)$$

$$L^j - N^j q^j \geq 0 \quad (78.b)$$

$$R^j \geq \bar{R}^j \quad \text{for each } j \in \mathbf{J} \quad (78.c)$$

(2) 保険市場

$$h^j(M^j - N^j) = 0 \quad (79.a)$$

$$M^j - N^j \geq 0 \quad (79.b)$$

$$h^j \geq 0 \quad \text{for each } j \in \mathbf{J} \quad (79.c)$$

(3) 立地均衡

立地が均衡した状況での均衡間接期待効用を V^* で表すと，次のような相補性条件で立地均衡が定式化される．

$$N^j\left(V^* - V^j(\cdot)\right) = 0 \quad (80.a)$$
$$V^* - V^j(\cdot) \geq 0 \quad (80.b)$$
$$N^j \geq 0 \quad \text{for each} \quad j \in \mathbf{J} \quad (80.c)$$

式(78)，(79)，(80)の条件式は保険市場が競争的と独占的のいずれの場合でも均衡条件の一部をなす．競争的と独占的の相違に応じて均衡条件として以下のそれぞれが加わる．

保険市場が競争的な場合：保険会社が競争的で保険市場が効率的であれば，保険会社の利潤は均衡において 0 になる．

$$\pi^I = 0 \quad (81)$$

保険市場が独占的な場合：保険会社はすべての家計に一定の間接期待効用水準を保証する．

$$V^* \geq \bar{V} \quad (82)$$

▶1.4.4 便益定義

a. 既往研究における便益定義

不確実性下での便益定義については，すでに多数の先行研究があり，それは大きくは非空間経済での定義と空間経済での定義に分けられる．非空間経済での定義は立地変化を考慮しない場合の便益定義であり，Schmalensee(1972)，Cook & Graham(1977)，Graham (1981)，Graham (1984)，Mendelsohn & Strange (1984)，Laffont (1989)，Meier & Randall (1991)，Freeman (1991)，多々納 (1997) で精緻な分析がすでに展開されている．一方，空間経済での便益定義は，上田 (1997b)，高木 (1996) で展開されており，また，上田ら (1997b) では fair bet 型の便益定義が保険会社の競争条件に対応して解釈できることを示している．

本節では，ゾーン別に option price 型の定義と fair bet 型の 2 種類の等価な偏差 EV の概念を用いる．前者を上田 (1997b) にしたがって ZCEV (zone contingent EV)，後者を ZCFBEV (zone contingent fair bet EV) と呼ぶ．家計の便益をこれらの定義にしたがって表現し，それに不在地主と保険会社の利潤変化，および政府の財政余剰の変化を加えたものを社会的純便益とする．

なお，事業無の場合の均衡状態から有の場合での均衡状態へ移行する経路を考えて便益を表現する際には，その経路において内生変数が不連続に変化したり，微分不可能な箇所が発生する可能性がある．しかし，ここでは，そのような経路であってもそれを滑らかに近似する経路があるものとして，以下では，その経路についての線積分として便益を定義する．

b. ZCEV を用いた社会的便益

当該ゾーンに立地している家計に対して，どの状態においても同一額だけ所得を補償して事業有の均衡での間接期待効用の水準を実現させるという条件を考える．この場合の補償額を ZCEV と定義し，次のように定式化される．

保険市場が競争的な場合の定式化：
$$V^j\left(\mathbf{P}^{aj}, \mathbf{Y}^{aj} + ZCEV^j \mathbf{e}, R^{aj}, \mathbf{Q}^{aj}\right) = V^{bj}\left(= V^{b*}\right) \quad (83)$$
ただし，ここで，$\mathbf{e} = (\cdots, 1, \cdots) \in R^I$ で，1 を要素として並べたベクトルである．

保険市場が独占的な場合の定式化：
$$V^j\left(\mathbf{P}^{aj}, \mathbf{Y}^{aj} + ZCEV^{aj}\mathbf{e} - h^{aj}\mathbf{e} + \mathbf{H}^{aj}, R^{aj}, \mathbf{Q}^{aj}\right)$$
$$= V^{bj}\left(= V^{b*}\right) \quad (84)$$

本節では，立地均衡を間接期待効用の均等化を含む相補性条件で定義しているので，均衡において正の立地家計数が実現しているゾーンのあいだでは間接期待効用が均等化している．したがって，事業有の間接期待効用はそれらのゾーンで同一の水準になっている．

社会的純便益は ZCEV の微小変化分 $dZCEV^j$ を用いて次のように表す．

$$SNB = \int_{\sigma:0\to1}\left[\sum_{j\in\mathbf{J}}\left\{N^j(\sigma)dZCEV^j(\sigma) + d\pi^j(\sigma)\right\} + d\pi^I(\sigma) + d\pi^g(\sigma)\right] \quad (85)$$

ここで，σ は均衡が変化する経路で空間経済が存在している位置を表すダミー変数であり，$\sigma=0$ が事業無の均衡，$\sigma=1$ が事業有の均衡を表す．積分記号内の第 1 項は ZCEV の微小変化分に立地家計数を乗じたものである．線積分を実行する際には，その積分経路に沿って各ゾーンの立地家計数が変化することに注意が必要である．第 2 項，第 3 項，第 4 項はそれぞれゾーン別の不在地主の利潤変化の総

和，保険会社の利潤変化，政府の財政余剰の変化である．

c. ZCFBEV を用いた社会的便益

当該ゾーンにおいて事業無の条件に置かれている立地家計に対して状態ごとに異なる所得を補償して，事業有の均衡での間接期待効用水準を実現させる．そのとき，状態別の補償額 ev_i^j を事業無の場合の状態の生起確率で重み付けた期待値 $\sum_{i \in I} P_i^{aj} ev_i^j$ が最小になるように状態別の補償額を決定する．その最適値が ZCFBEV であり，以下のような最小化問題で表される．

保険市場が競争的な場合の定式化：

$$ZCFBEV^j = \min_{\{ev_i^j\}_{i \in I}} \sum_{i \in I} P_i^{aj} ev_i^j \quad (86.\text{a})$$

$$V^j\left(\mathbf{P}^{aj}, \mathbf{Y}^{aj} + \mathbf{ev}^j, R^{aj}, \mathbf{Q}^{aj}\right) - V^{b*} \geq 0 \quad (86.\text{b})$$

保険市場が独占的な場合の定式化：

$$ZCFBEV^j = \min_{\{ev_i^j\}_{i \in I}} \sum_{i \in I} P_i^{aj} ev_i^j \quad (87.\text{a})$$

$$V^j\left(\mathbf{P}^{aj}, \mathbf{Y}^{aj} + \mathbf{ev}^j - h^{aj}\mathbf{e} + \mathbf{H}^{aj}, R^{aj}, \mathbf{Q}^{aj}\right) - V^{b*} \geq 0$$
$$(87.\text{b})$$

線積分で表した社会的純便益は，ZCEV と同様の形式で次のようになる．

$$SNB = \int_{\sigma:0 \to 1} \left[\sum_{j \in J} \left\{ N^j(\sigma) dZCFBEV^j(\sigma) + d\pi^j(\sigma) \right\} \right.$$
$$\left. + d\pi^I(\sigma) + d\pi^g(\sigma) \right] \quad (88)$$

▶ **1.4.5 便益帰着構成表**

a. 間接効用変化の分解

4.3 で定義した線積分の形式に含まれる各世帯の便益の微小変化分は，事業有の場合の間接期待効用水準の微小変化分 dV^{b*} を用いて表される．そして，dV^{b*} は間接期待効用関数に包絡線定理を適用して，この全微分の形式を次のように構成要素に分解することができる．ただし，すでに示したように保険市場が競争的な場合と独占的な場合で家計の効用最大化問題において家計にとって所与となる変数は異なる．そのため，間接期待効用の変化分を分解する場合もそれらの二つの想定にしたがって，それぞれについて分解する．

保険市場が競争的な場合：

$$dV^{b*}(\sigma) = \sum_{i \in I} \frac{\partial V^j(\sigma)}{\partial Y_i^j} dY_i^j(\sigma) + \sum_{i \in I} \frac{\partial V^j(\sigma)}{\partial Q_i^j} dQ_i^j(\sigma)$$
$$+ \frac{\partial V^j(\sigma)}{\partial R^j} dR^j(\sigma) + \sum_{i \in I} u_i^j(\sigma) dP_i^j(\sigma)$$
$$+ \sum_{i \in I} \mu^j(\sigma) H_i^j(\sigma) dP_i^j(\sigma) \quad (89)$$

(a) ZCEV を用いた場合

$$dZCEV^j$$
$$= dV^{b*} \bigg/ \left\{ \frac{\partial V^j\left(\mathbf{Y}^{aj} + ZCEV^j \cdot \mathbf{I}; \mathbf{P}^{aj}, R^{aj}, \mathbf{Q}^{aj}\right)}{\partial ZCEV^j} \right\} \quad (90)$$

(b) ZCFBEV を用いた場合

$$dZCFBEV^j = \varphi^j dV^{b*} \quad (91)$$

保険市場が独占的な場合：

$$dV^{b*}(\sigma) = \sum_{i \in I} \frac{\partial V^j(\sigma)}{\partial Y_i^j} \left\{ dY_i^j(\sigma) - dh^j(\sigma) + dH_i^j(\sigma) \right\}$$
$$+ \sum_{i \in I} \frac{\partial V^j(\sigma)}{\partial Q_i^j} dQ_i^j(\sigma) + \frac{\partial V^j(\sigma)}{\partial R^j} dR^j(\sigma)$$
$$+ \sum_{i \in I} u_i^j(\sigma) dP_i^j(\sigma) \quad (92)$$

dV^{b*} と各世帯の便益の微小変化分は次のように表される．

(a) ZCEV を用いた場合

$$dZCEV^j$$
$$= dV^{b*} \bigg/ \left\{ \frac{\partial V^j\left(\mathbf{Y}^{aj} + ZCEV^j \cdot \mathbf{e} - h^{aj} + \mathbf{H}_i^{aj}; \mathbf{P}^{aj}, R^{aj}, \mathbf{Q}^{aj}\right)}{\partial ZCEV^j} \right\}$$
$$(93)$$

(b) ZCFBEV を用いた場合

$$dZCFBEV^j = \varsigma^j dV^{b*} \quad (94)$$

ただし，ϕ^j，ς^j は ZCFBEV を定義した最小化問題の制約(86.b)，(87.b)に対するラグランジュ乗数であり，その問題の最適値関数である ZCFBEV に対して包絡線定理を適用することで式(91)，(94)が導かれる．式(90)と(91)，(93)と(94)はいずれも効用ターム dV^{b*} に乗数をかけて貨幣タームとしての便益に換算する形式になっている．そこで，この乗数を便益換算乗数と呼ぶものとして $\psi^j(\sigma)$ で表す．通常のミクロ経済学の教科書に登場する通常の効用最大化問題での所得の限界効用の逆数に対応するものである．しかし，本章の効用最大化問題では所得の限界効用はゾーン・状態別に定義され，それはす

でにラグランジュ乗数λ_i^jで表されている．そこで，それと区別する意味でこのような呼び方を採用し，次のように定義することになる．

保険市場が競争的な場合：

(a) ZCEV の場合

$$\psi^j(\sigma) = \frac{1}{\left\{\partial V^j\left(\mathbf{Y}^{aj} + ZCEV^j \cdot \mathbf{I}; \mathbf{P}^{aj}, R^{aj}, \mathbf{Q}^{aj}\right)/\partial ZCEV^j\right\}} \quad (95)$$

(b) ZCFBEV の場合
$$\psi^j(\sigma) = \varphi^j(\sigma) \quad (96)$$

保険市場が独占的な場合：

(a) ZCEV の場合

$$\psi^j(\sigma) = \frac{1}{\left\{\partial V^j\left(\mathbf{Y}^{aj} + ZCEV^j \cdot \mathbf{e} - h^{aj} + \mathbf{H}_i^{aj}; \mathbf{P}^{aj}, R^{aj}, \mathbf{Q}^{aj}\right)/\partial ZCEV^j\right\}} \quad (97)$$

(b) ZCFBEV の場合
$$\psi^j(\sigma) = \varsigma^j(\sigma) \quad (98)$$

b. 保険市場が競争的な場合の便益帰着構成表

便益帰着構成表の構造は，家計の便益についていずれの定義を用いたとして，便益便益換算係数が先のように異なることを除けばまったく同じであり，表 1.7 のようになる．

表 1.7 では，関係する経済主体として事業地域の家計と土地所有者，非事業地域の家計と土地所有者，保険会社，そして，事業主体としての政府を考慮している．表中の各セルに記載される便益／費用を表す計算式とそれが持つ経済学的な意味は以下の通りである．

<1> ＝ 事業費：$-dI$

<2> ＝ 住環境水準の改善による立地世帯の便益：
$$N^j(\sigma)\psi^j(\sigma)\sum_{i\in I}\frac{\partial V^j(\sigma)}{\partial Q_i^j}dQ_i^j(\sigma)$$

<3> ＝ 状態生起確率の変化による事業地域での立地世帯の便益：
$$N^j(\sigma)\psi^j(\sigma)\left\{\sum_{i\in I}u_i^j(\sigma)dP_i^j(\sigma)\right\}$$

<4> ＝ 状態別の所得水準の変化による事業地域での立地世帯の便益：
$$N^j(\sigma)\psi^j(\sigma)\sum_{i\in I}\frac{\partial V^j(\sigma)}{\partial Y_i^j}dY_i^j(\sigma)$$

<5> ＝ 土地価格変化による事業地域での立地世帯の便益：
$$N^j(\sigma)\psi^j(\sigma)\frac{\partial V^j(\sigma)}{\partial R^j}dR^j(\sigma)$$

<6> ＝ 土地価格変化による事業地域での土地所有者の便益：
$$L^j dR^j(\sigma)$$

<7> ＝ 土地価格変化による非事業地域での立地世帯の便益：
$$N^{j'}(\sigma)\psi^{j'}(\sigma)\frac{\partial V^{j'}(\sigma)}{\partial R^{j'}}dR^{j'}(\sigma)$$

<8> ＝ 土地価格変化による非事業地域での土地所有者の便益：
$$L^{j'} dR^{j'}(\sigma)$$

<9> ＝ 状態生起確率の変化に伴う事業地域の立地世帯の保険料節減便益：

表1.7 便益帰着構成表（保険市場が競争的な場合）

	整備地区		非整備地区		保険会社	政府	計
	家計 j	地主 j	家計 j'	地主 j'			
事業費						<1>	<1>
環境質変化	<2>						<2>
生起確率変化	<3>						<3>
所得変化	<4>						<4>
土地価格変化	<5>	<6>	<7>	<8>			<5>+<6>+<7>+<8>
保険料/保険金	<9>				<10>		<9>+<10>=<9>
土地税		<11>		<12>		<13>	<11>+<12>+<13>=0
計	<2>+<3>+<4>+<5>+<9>	<6>+<11>	<7>	<8>+<12>	<10>=0	<1>+<13>	<14>

表 1.8 便益帰着構成表（保険市場が独占的な場合）

	整備地区		非整備地区		保険会社	政府	計
	家計 j	地主 j	家計 j'	地主 j'			
事業費						<15>	<15>
環境質変化	<16>						<16>
生起確率変化	<17>						<17>
所得変化	<18>						<18>
土地価格変化	<19>	<20>	<21>	<22>			<19>+<20>+<21>+<22>
保険料/保険金	<23>		<24>		<25>		<23>+<24>+<25>
土地税		<26>		<27>		<28>	<26>+<27>+<28>=0
計	<16>+<17>+<18>+<19>+<23>	<20>+<26>	<21>+<24>	<22>+<27>	<25>	<15>+<28>	<29>

$$-N^j(\sigma)\psi^j(\sigma)\left\{\mu^j(\sigma)\sum_{i\in I}H_i^j(\sigma)dP_i^j(\sigma)\right\}$$

<10> ＝ 保険会社の利潤変化：

$$\sum_{j\in J}\left(h^j-\sum_{i\in I}P_i^jH_i^j(\sigma)\right)dM^j(\sigma)+\sum_{j\in J}M^j(\sigma)d\left(h^j(\sigma)-\sum_{i\in I}P_i^jH_i^j(\sigma)\right)$$

<11> ＝ 事業地域での土地所有者の土地税支払の変化額：

$$-\tau L^j dR^j(\sigma)$$

<12> ＝ 非事業地域での土地所有者の土地税支払の変化額：

$$-\tau L^{j'} dR^{j'}(\sigma)$$

<13> ＝ 政府の土地税収の変化額：

$$\sum_{j\in J}\tau L^j dR^j$$

<14> ＝ 社会的純便益：

$$\sum_{j\in J}\left\{N^j(\sigma)\psi^j(\sigma)dV^{b*}(\sigma)+d\pi^j(\sigma)+d\pi^l(\sigma)+d\pi^g(\sigma)\right\}$$

c. 保険市場が独占的な場合の便益帰着構成表

保険市場が独占的な場合の便益帰着構成表は表1.8のようになり，保険市場に関する部分では表1.7の場合と大きな相違がある．

表中の各項は次のようになり，ここでは表1.7と同じ表現であっても間接期待効用関数に含まれる変数が異なることに注意が必要である．

<15> ＝ 事業費：$-dI$

<16> ＝ 住環境水準の改善による立地世帯の便益：

$$N^j(\sigma)\psi^j(\sigma)\sum_{i\in I}\frac{\partial V^j(\sigma)}{\partial Q_i^j}dQ_i^j(\sigma)$$

<17> ＝ 状態生起確率の変化による事業地域での立地世帯の便益：

$$N^j(\sigma)\psi^j(\sigma)\left\{\sum_{i\in I}u_i^j(\sigma)dP_i^j(\sigma)\right\}$$

<18> ＝ 状態別の所得水準の変化による事業地域での立地世帯の便益：

$$N^j(\sigma)\psi^j(\sigma)\sum_{i\in I}\frac{\partial V^j(\sigma)}{\partial Y_i^j}dY_i^j(\sigma)$$

$$=N^j(\sigma)\psi^j(\sigma)\sum_{i\in I}\eta_i^j(\sigma)dY_i^j(\sigma)$$

<19> ＝ 土地価格変化による事業地域での立地世帯の便益：

$$N^j(\sigma)\psi^j(\sigma)\frac{\partial V^j(\sigma)}{\partial R^j}dR^j(\sigma)$$

$$=-N^j(\sigma)\psi^j(\sigma)\left(\sum_{i\in I}\eta_i^j(\sigma)\right)q^j(\sigma)dR^j(\sigma)$$

<20> ＝ 土地価格変化による事業地域での土地所有者の便益：

$$L^j dR^j(\sigma)$$

<21> ＝ 土地価格変化による非事業地域での立地世帯の便益：

$$N^{j'}(\sigma)\psi^{j'}(\sigma)\frac{\partial V^{j'}(\sigma)}{\partial R^{j'}}dR^{j'}(\sigma)$$

$$=-N^{j'}(\sigma)\psi^{j'}(\sigma)\left(\sum_{i\in I}\eta_i^{j'}(\sigma)\right)q^{j'}(\sigma)dR^{j'}(\sigma)$$

<22> ＝ 土地価格変化による非事業地域での土地所有者の便益：

$$L^{j'} dR^{j'}(\sigma)$$

<23> ＝ 事業地域の立地世帯の保険料/保険金変化による便益：

$$N^j(\sigma)\psi^j(\sigma)-\left\{\left(\sum_{i\in I}\eta_i^j(\sigma)\right)dh^j(\sigma)+\sum_{i\in I}\eta_i^j(\sigma)dH_i^j(\sigma)\right\}$$

<24> ＝ 非事業地域の立地世帯の保険料/保険金

変化による便益：

$$N^{j'}(\sigma)\psi^{j'}(\sigma)\left\{-\left(\sum_{i\in I}\eta_i^{j'}(\sigma)\right)dh^{j'}(\sigma)\right.$$
$$\left.+\sum_{i\in I}\eta_i^{j'}(\sigma)dH_i^{j'}(\sigma)\right\}$$

<25> = 保険会社の利潤変化：

$$\sum_{j\in J}\left\{h^j(\sigma)-\sum_{i\in I}P_i^j H_i^j(\sigma)\right\}dM^j(\sigma)$$
$$-\sum_{j\in J}M^j(\sigma)\left\{\sum_{i\in I}H_i^j(\sigma)dP_i^j(\sigma)\right\}$$
$$+\sum_{j\in J}M^j(\sigma)dh^j(\sigma)$$
$$-\sum_{j\in J}M^j(\sigma)\sum_{i\in I}P_i^j(\sigma)dH_i^j(\sigma)$$
$$+\left(\sum_{j\in J}\rho^j(\sigma)\right)\left(d\bar{V}(\sigma)-dV^{b^*}(\sigma)\right)$$

<26> = 事業地域での土地所有者の土地税支払の変化額：

$$-\tau L^j dR^j(\sigma)$$

<27> = 非事業地域での土地所有者の土地税支払の変化額：

$$-\tau L^{j'} dR^{j'}(\sigma)$$

<28> = 政府の土地税収の変化額：

$$\sum_{j\in J}\tau L^j dR^j$$

<29> = 社会的純便益：

$$\sum_{j\in J}\left\{N^j(\sigma)\psi^j(\sigma)dV^{b^*}(\sigma)+d\pi^j(\sigma)+d\pi^l(\sigma)\right.$$
$$\left.+d\pi^g(\sigma)\right\}$$

ただし，ここで<25>については，保険会社の利潤最大化問題の最適値関数（間接期待利潤）を包絡線定理を利用して全微分し，それに世帯の間接期待効用の全微分を代入して書き改めている．誘導については章末の付録に示す．

▶1.4.6 便益帰着構成表からの含意

a. 土地市場のキャンセルアウトについて

(1) 一般的な不成立

作成された便益帰着構成表の持つ含意として，まず第1に重要なのは，通常の便益帰着構成表が持つ大きな特徴の一つである土地市場に関する市場的キャンセルアウト特性が一般的には成立しないことである．ただし，本項の枠組みでも税についての制度的キャンセルアウトは成立していることに注意が必要である．ここでは，土地市場に関する市場的キャンセルアウトだけを問題にする．なお，ここでの説明は保険市場が競争的な場合も独占的な場合のいずれでも成り立つものであるため，競争的な場合での定式化に基づいて説明する．

仮に，同一の選好を有する家計からなる場合であっても，ゾーン・状態別での所得の限界効用が異なるため，本稿で定義したような便益換算係数を定数として扱うことはできない．ここでは，土地市場を考慮しているので，そこについてキャンセルアウトが一般的には成立しないことを見てみる．土地価格の変化による家計の便益は，ゾーン別には表1.7の<5>，<6>のようになり，また土地所有者のほうは<7>，<8>となる．これらの合計 NLB は次のように表せる．

$$NLB = \sum_{j\in J}\left\{N^j(\sigma)\psi^j(\sigma)\frac{\partial V^j(\sigma)}{\partial R^j}dR^j(\sigma)+L^j dR^j(\sigma)\right\}$$
$$+\sum_{j'(\neq j)\in J}\left\{N^{j'}(\sigma)\psi^{j'}(\sigma)\frac{\partial V^{j'}(\sigma)}{\partial R^{j'}}dR^{j'}(\sigma)+L^{j'}dR^{j'}(\sigma)\right\}$$
(99)

このようにまとめられた土地関連の便益項目は，一般的にはキャンセルアウト，すなわち，$NLB=0$ とはならない．

(2) キャンセルアウトの成立するケース①

$\sigma=0$ において，すなわち，事業の実施を意味する外生変数の変化が十分に小さく，構成表に表れるすべての微分係数が事業無の均衡における係数であるとできる場合は，次の性質が成り立つ．

$$\psi^j(0)\frac{\partial V^j(0)}{\partial R^j}=1 \qquad (100.a)$$

$$\psi^j(0)\frac{\partial V^j(0)}{\partial R^{j'}}=-q^j(0)dR^j(0) \text{ for all } j\in \mathbf{J} \quad (100.b)$$

$$NLB(0)=\sum_{j\in J}\left\{-N^j(0)q^j(0)dR^j(0)+L^j(0)dR^j(0)\right\}$$
$$+\sum_{j'(\neq j)\in J}\left\{N^{j'}(0)q^{j'}(0)dR^{j'}(0)+L^{j'}dR^{j'}(0)\right\}$$
$$=\sum_{j\in J}\left\{L^j(0)-N^j(0)q^j(0)\right\}dR^j(0)$$
$$+\sum_{j'(\neq j)\in J}\left\{L^{j'}-N^{j'}(0)q^{j'}(0)\right\}dR^{j'}(0)$$
$$=0 \qquad (101)$$

$$\therefore L^j - N^j(0)q^j(0)=0 \text{ if } R^j > \bar{R}^j \text{ all for } j\in \mathbf{J}$$
(102)

(3) キャンセルアウトの成立するケース②

家計の所得の限界効用がゾーンと状態によらず一定とみなせれば，それを一般性を失うことなく1とみなすことができる．このような場合は，式(53.a)で用いた家計の直接効用関数が合成財について線形であると特定化することに対応する．そこで，式(53.a)と式(53.b)で表された効用最大化問題を次のように書き改める．

$$V^j(\mathbf{P}^j, \mathbf{Y}^j, R^j, \mathbf{Q}^j) = \max_{(z_i^j)_{i \in \mathbf{I}}, q^j, h, (H_i^j)_{i \in \mathbf{I}}} \sum_{i \in \mathbf{I}} P_i^j \{\tilde{u}(q^j, Q_i^j) + z_i^j\} \quad (103.a)$$

$$s.t. \quad R^j q_i^j + z_i^j + h^j \leq Y_i^j + H_i^j \quad \text{for each } i \in \mathbf{I} \quad (103.b)$$

$$\sum_{i \in \mathbf{I}} P_i^j H_i^j - h^j \leq 0 \quad (103.c)$$

この問題での制約式(103.b)に対するラグランジュ乗数を $\tilde{\lambda}_i^j$，式(103.c)に対するそれを $\tilde{\mu}_i^j$ とすれば，$\tilde{\lambda}_i^j = P_i^j$ for each $i \in \mathbf{I}$ であり，さらに，$\sum_{i \in \mathbf{I}} \tilde{\lambda}_i^j = \tilde{\mu}^j = 1$ が成立する．これを考慮して間接期待効用関数を書き改めれば，次のようになる．

$$V^j(\mathbf{P}^j, \mathbf{Y}^j, R^j, \mathbf{Q}^j) = \sum_{i \in \mathbf{I}} P_i^j \{\tilde{v}(R^j, Q_i^j) + Y_i^j\} \quad (104)$$

このとき，ZCEVの定義に戻れば，

$$V^j(\mathbf{P}^{aj}, \mathbf{Y}^{aj} + ZCEV^j \cdot \mathbf{e}, R^{aj}, \mathbf{Q}^{aj})$$
$$= \sum_{i \in \mathbf{I}} P_i^{aj} \{\tilde{v}(R^{aj}, Q_i^{aj}) + Y_i^{aj}\} + ZCEV^j$$
$$= V^{aj} + ZCEV^j = V^{*b} \quad (105)$$

したがって，$dZCEV^j = dV^{*b}$，すなわち，$\varphi^j = 1$ for all $j \in \mathbf{J}$ となる．また，包絡線定理を用いれば，

$$\frac{\partial V^j}{\partial R^j} = -q^j \sum_{i \in \mathbf{I}} \tilde{\lambda}_i^j = -q^j$$

が得られる．これらを用いて，家計の土地支出変化に関する便益をゾーン j について書き改めると次のようになる．

$$N^j(\sigma) \psi^j(\sigma) \frac{\partial V^j(\sigma)}{\partial R^j} dR^j(\sigma)$$
$$= -N^j(\sigma) q^j(\sigma) dR^j(\sigma) \quad (106)$$

したがって，家計が立地しているゾーンについては，土地市場の清算条件から，$L^j - N^j q^j = 0$ if $R^j > \bar{R}^j$ 成り立ち，それを考慮すれば次のようになる．

NLB
$$= \sum_{j \in \mathbf{J}} \{-N^j(\sigma) q^j(\sigma) dR^j(\sigma) + L^j(\sigma) dR^j(\sigma)\}$$
$$+ \sum_{j'(\neq j) \in \mathbf{J}} \{-N^{j'}(\sigma) q^{j'}(\sigma) dR^{j'}(\sigma) + L^{j'}(\sigma) dR^{j'}(\sigma)\}$$
$$= \sum_{j \in \mathbf{J}} \{-N^j(\sigma) q^j(\sigma) + L^j(\sigma)\} dR^j(\sigma)$$
$$+ \sum_{j'(\neq j) \in \mathbf{J}} \{-N^{j'}(\sigma) q^{j'}(\sigma) + L^{j'}(\sigma)\} dR^{j'}(\sigma)$$
$$= 0 \quad (107)$$

また，ZCFBEV を用いた場合には，

$$V^j(\mathbf{P}^{aj}, \mathbf{Y}^{aj} + \mathbf{ev}, R^{aj}, \mathbf{Q}^{aj})$$
$$= \sum_{i \in \mathbf{I}} P_i^{aj} \{\tilde{v}(R^{aj}, Q_i^{aj}) + Y_i^{aj}\} + \sum_{i \in \mathbf{I}} P_i^{aj} ev_i^j$$
$$= V^{aj} + ZCFBEV^j = V^{*b} \quad (108)$$

となり，ZCEV の場合と同様にキャンセルアウトが成り立つ．

直接効用関数を準線形効用関数とすることは，キャンセルアウトの特性を成り立たせるためには十分条件の一つであるが，同時に次のような結果を伴う．

第1に，式(106)と式(108)を比較すれば，$ZCEV^j = ZCFBEV^j$ となることが明らかである．

第2に，式(108)から $ZCFBEV^j = V^{*b} - V^{aj}$ となって ZCFBEV の値自体は確定するが，それを構成する $(ev_i^j)_{i \in \mathbf{I}}$ の要素は不定になる．そして，この場合には，事業無での均衡効用水準に着目すれば，$V^{aj} = V^{*a}$ for each $j \in \mathbf{J}$ となり，本来はゾーン別に定義された便益である ZCEV と ZCFBEV について $ZCEV^j = ZCFBEV^j = V^{*b} - V^{*a}$ となり，どのゾーンでも便益は同一額になる．

第3に，状態の生起確率に変化がないとすれば，不確実性下の便益の特徴の一つであるオプション価値(option value：OV)が常に0となってしまう．ゾーン別のOV（zone contingent OV）は ZCEV または ZCFBEV からゾーン・状態別のEV（zone state contingent EV：ZSCEV）の期待値を差し引いたものとして次のように定義される．

$$ZCOV^j = ZCEV^j - \sum_{i \in \mathbf{I}} P_i^{aj} ZSCEV_i^j \quad (109)$$

$ZSCEV_i^j$ は式(85)右辺に登場したゾーン・状態別の間接効用関数を用いて，次のように定義される．

$$\tilde{v}(R^{aj}, Q_i^{aj}) + Y_i^{aj} + ZSCEV_i^j = \tilde{v}(R^{bj}, Q_i^{bj}) + Y_i^{bj} \quad (110)$$

$P_i^{aj} = P_i^{bj}$ for all $i \in \mathbf{I}$ and $j \in \mathbf{J}$ として式(110)を用いると，

$$\sum_{i \in \mathbf{I}} P_i^{aj} ZSCEV_i^j$$
$$= \sum_{i \in \mathbf{I}} P_i^{aj} \{\tilde{v}(R^{bj}, Q_i^{bj}) + Y_i^{bj} - (\tilde{v}(R^{aj}, Q_i^{aj}) + Y_i^{aj})\}$$
$$= V^{bj} - V^{aj} = ZCEV^j \quad (111)$$

したがって，式(109)の定義から $ZCOV^j=0$ となる．

（4）キャンセルアウトの成立するケース③

ゾーンごとに不在地主の利潤が立地家計に対して均等に配当所得として配分されているときには，ゾーン別に土地価格変化に関する便益についてキャンセルアウトが成立する．これは都市経済学のモデルにおいてしばしば想定される public landownership の仮定がゾーンごとに成立する場合である．もし，対象とする空間経済において住宅の多数がいわゆる持ち家である場合には，どの家計も自らに帰属地代を支払っている．ここでのモデルでは各ゾーンの中での土地資質の差異は考慮していないので，その場合には上の仮定が満たされている場合と一致する．

ゾーン・状態別の所得の変化分 dY_i^j を土地所有者が住宅供給から得た地代収入を家計に均等分配する配当所得の変化分 $L^j dR^j/N^j$ とそれ以外の外生的所得の変化分 dY_i^j に分解する．また，それに伴って土地税は家計が負担するとして，家計には税引き前の地代収入を配分するとする．外生的所得の変化による家計の便益は次のように書き改められる．

$$<4> = N^j(\sigma)\psi^j(\sigma)\sum_{i\in I}\frac{\partial V^j(\sigma)}{\partial Y_i^j}dY_i^j(\sigma)$$

$$= N^j(\sigma)\psi^j(\sigma)\sum_{i\in I}\lambda_i^j(\sigma)\left\{dy_i^j(\sigma)+\frac{d\pi^j(\sigma)}{N^j}\right\}$$

$$= N^j(\sigma)\psi^j(\sigma)\sum_{i\in I}\lambda_i^j(\sigma)dy_i^j(\sigma)$$
$$+ \psi^j(\sigma)\sum_{i\in I}\lambda_i^j(\sigma)L^j(\sigma)dR^j(\sigma)$$

$$= <4'> + <4''> \qquad (112)$$

$$<4'> = N^j(\sigma)\psi^j(\sigma)\sum_{i\in I}\lambda_i^j(\sigma)\,dy_i^j(\sigma) \qquad (113.a)$$

$$<4''> = \psi^j(\sigma)\sum_{i\in I}\lambda_i^j(\sigma)L^j(\sigma)dR^j(\sigma) \qquad (113.b)$$

$$<5> = \psi^j(\sigma)\left\{-\sum_{i\in I}\lambda_i^j(\sigma)N^j(\sigma)q^j(\sigma)\,dR^j(\sigma)\right\} \qquad (113.c)$$

したがって，

$$<4''> + <5>$$
$$= \psi^j(\sigma)\left[\sum_{i\in I}\lambda_i^j(\sigma)\left\{L^j(\sigma)-N^j(\sigma)q^j(\sigma)\right\}dR^j(\sigma)\right]$$
$$= 0 \qquad (114.a)$$
$$\therefore\quad L^j - N^j q^j = 0 \quad \text{if} \quad R^j > \overline{R}^j \qquad (114.b)$$

この場合には，前節で説明した①のときと異なり，効用関数が準線形効用関数であるという仮定は設けていないことに注意が必要である．

b. 保険料／保険金の変化に伴う便益について

保険料と保険金については，保険市場が競争的で，かつ，生起確率が変化する場合には，期待保険金額の変化分が家計の便益 <9> として計上される．しかし，この便益はゾーン・状態別の生起確率に変化がない，すなわち，$dP_i^j = 0$ for all $i \in I$ and $j \in J$ であれば <9> = 0 となり発生しない．もし，状態が自然状態に対応して定義されていれば，基本的にはその生起確率は不変とみなすことになり，この便益項目は表れない．

保険市場が競争的であれば，均衡では $\sum_{i\in I}P_i^j H_i^j - h^j = 0$ が立地家計が保険に加入しているゾーンについて成り立つ．すなわち，期待保険金額と保険料が一致して保険会社は超過利潤を得ることはできない．したがって，この条件が成り立つ限り，立地家計数，保険金額および保険料がどのように変化しても，それに伴って保険会社が享受する便益は 0 となり，<10> = 0 になる．

保険市場が独占的な場合は，生起確率が変化する場合でもしない場合でも，保険料／保険金の変化が生じ，家計に保険料の変化と保険金の変化による便益である <23> および <24> が計上される．注意すべきは，非事業地域でも空間経済の中での土地価格変化や立地変化を介して間接期待効用水準が変化するため，この便益が <24> として表れることである．一方，保険会社のほうは，立地家計が保険に加入しているゾーンについて期待保険金額と保険料が一般には一致していない，すなわち，$\sum_{i\in I}P_i^j H_i^j - h^j \neq 0$ であるため，保険会社の独占利潤は変化して便益を享受する．<25>の第1項は立地家計数が変化したゾーンについて，保険に加入する家計数が変化することから受ける便益である．第2項は生起確率が変化したことによる期待保険金額の変化であり，言うまでもなく，これは上に説明したのと同様に生起確率が変化しないとする場合には表れない．第3項と第4項はそれぞれ保険料と保険金額が変化したことに伴う便益である．この第3項と第4項は土地市場について市場的キャンセルアウトが成り立つ①，②，③の条件のもとでは，家計についての保険料と保険金額が変化したことに伴う便

益<23>と<24>とキャンセルされる．したがって，そのような条件のもとでは右端項目別合計欄において，次の項が残ることになる．

$$
\begin{aligned}
&<23>+<24>+<25> \\
&= \sum_{j \in J} \left\{ h^j(\sigma) - \sum_{i \in I} P_i^j H_i^j(\sigma) \right\} dM^j(\sigma \\
&\quad - \sum_{j \in J} M^j(\sigma) \left\{ \sum_{i \in I} H_i^j(\sigma) dP_i^j(\sigma) \right\}
\end{aligned} \quad (115)
$$

c．経済主体間での最終帰着便益の分布について

便益帰着構成表では行方向での合計で生じるキャンセルアウトが意義を持つだけでなく，列方向に，すなわち各経済主体ごとに便益を合計することにより，主体別の最終的な帰着便益を知ることに意義がある．前節で説明したように，保険市場が競争的である場合は保険会社が得る最終帰着便益は0である．一方，独占的である場合は家計が保証される間接期待効用水準は事業無において保険加入と非保険加入が無差別になる水準（厳密には加入したときのほうが無限小だけ大きい）であると考えることができる．事業有の場合にも間接期待効用水準がその水準に保証されているとすれば，最終的に家計が達成できる間接期待効用水準は変化しない．したがって，家計の最終帰着便益は0になる．以上の点を明示的に考慮して，競争的な場合の社会的純便益<14>と独占的な場合のそれである<29>を書き改めると次のように表される．

$$
<14> = \sum_{j \in J} \left\{ N^j(\sigma) \psi^j(\sigma) dV^{b*}(\sigma) + d\pi^j(\sigma) \right\} + d\pi^g(\sigma) \quad (116.\text{a})
$$

$$
<29> = \sum_{j \in J} d\pi^j(\sigma) + d\pi^l(\sigma) + d\pi^g(\sigma) \quad (116.\text{b})
$$

したがって，いずれの場合も事業を行う主体である政府と地主の便益が社会的純便益の構成要素として含まれ，それに競争的な場合は家計の便益，反対に独占的な場合は保険会社の便益が加わることになる．

d．キャンセルアウトを用いた実務的計測法について

社会的純便益を式(116)のように表した形式に基づいて，土地市場に関する市場的キャンセルアウト，保険金と保険料に関するキャンセルアウト，土地税に関する制度的キャンセルアウト，さらにはヘドニックアプローチの場合に前提とされるsmall-openの仮定を適宜組み合わせて用いると，社会的純便益を計測して事業の効率性を検討するという目的に対しては，次のように集約された形式を活用できる．

保険市場が競争的な場合：まず，保険市場が競争的な場合について考える．土地市場に関する市場的キャンセルアウトと土地税に関する制度的キャンセルアウトが成り立つとすれば，式(116.a)は次のようになる．

$$
\begin{aligned}
<14> = \sum_{j \in J} & \left[N^j(\sigma) \psi^j(\sigma) \left\{ \sum_{i \in I} \frac{\partial V^j(\sigma)}{\partial Y_i^j} dY_i^j(\sigma) \right. \right. \\
& + \sum_{i \in I} \frac{\partial V^j(\sigma)}{\partial Q_i^j} \cdot dQ_i^j(\sigma) + \sum_{i \in I} u_i^j(\sigma) dP_i^j(\sigma) \\
& \left. \left. + \sum_{i \in I} \mu^j(\sigma) H_i^j(\sigma) dP_i^j(\sigma) \right\} \right] - dI(\sigma)
\end{aligned} \quad (117)
$$

土地市場に関する市場的キャンセルアウトが成立する場合の一つのケースとして，$\sigma=0$で示される事業無の均衡の近傍で事業の影響が生じる場合に限定してみる．事業による外生的所得の変化dY_i^jや環境水準の変化dQ_i^j，そして生起確率の変化dP_i^jが予測またはシナリオとして与えられていれば，効用関数を特定化する作業と保険金額を現況観察または推定する作業を行えば式(116.a)から社会的純便益を算出することができる．効用関数の推定は土地や保険への支出を明示したCVM（contingent valuation method）を適用することで実行可能であろう．

保険市場が競争的である場合にsmall-openの仮定を用いると，事業有の均衡での間接期待効用水準は事業無のそれと同じであるとみなすことができるため，家計が享受する便益は最終的には0となる．そのため，土地税に関する制度的キャンセルアウトが成り立つとすれば，式(116.a)は次のように書き改められる．

$$
<14> = \sum_{j \in J} L^j(\sigma) dR^j(\sigma) - dI \quad (118)
$$

これは事業による社会的便益を土地支出の変化分で計測してそれから事業費を差し引いて純便益とすることにほかならず，実際的にはヘドニックアプローチを用いて実行することができる．$\sigma=0$のケースであれば，先と同様に事業無の近傍であるとみなし，現況観察による情報を活用して推定された地価関数を用いて比較的容易に便益を推定することが可能であろう．

$\sigma=0$ 以外のケースでキャンセルアウトを仮定した場合は，仮に効用関数や地価関数が推定できていたとしてもその中には本来は均衡解として推定されるべき内生変数がいくつか含まれてるため，それを事業無である現況の観測値などで代用することはできない．そのため，森杉ら(1986)，林山・波多野(1997)のように σ で表される変化のパスについて何らかの仮定を追加して，線積分を外生変数だけを用いた第1次または第2次近似式に書き改めて推定するという作業が必要になる．その詳細についてはそれらの既往研究にゆずる．

保険市場が独占的な場合：保険市場が独占的な場合に，土地市場に関する市場的キャンセルアウト，保険金と保険料に関するキャンセルアウト，土地税に関する制度的キャンセルアウト，そして，家計に保証される間接期待効用水準が事業の有無で変化しないという想定を用いると(116.b)は次のように書き改められる．

$$<29>=\sum_{j\in J} L^j(\sigma)dR^j(\sigma)$$
$$+\sum_{j\in J}\left\{h^j(\sigma)-\sum_{i\in I}P_i^j H_i^j(\sigma)\right\}dN^j(\sigma)$$
$$-\sum_{j\in J}N^j(\sigma)\left\{\sum_{i\in I}H_i^j(\sigma)dP_i^j(\sigma)\right\}-dI(\sigma)$$
$$(119)$$

この場合には，土地支出額の変化分と保険会社会社の利潤変化によって社会的純便益を計測して，それから事業費を差し引いて純便益を知ることができる．$\sigma=0$ のケースであれば，地価関数を用いたり，保険料／保険金の現況観察によって第1項と第3項を算出できるが，第2項については家計の立地変化についての予測値 dN^j が必要になる．そのため，dN^j を外生変数だけから近似的かつ簡便に推定する必要がある．保険会社が1家計あたりから得ている利潤 $h^j-\sum_{i\in I}P_i^j H_i^j$ がゾーンによらずほぼ同一の水準とみなせるような場合であれば，第2項は空間経済全体について集計したものであるため立地家計数の変化がキャンセルされて第2項は無視できる．その場合に，先と同様に簡便な方法で(119)を用いて社会的純便益を推定することができる．

なお，ここでは家計に保証される間接期待効用水準が事業の有無で変化しないという想定を用いているため，理論的な意味は異なるものの，small-openと同様の想定をしていることになっている．また，$\sigma=0$ 以外のケースについては先と同様の近似計算法が必要になる．

▶1.4.7 まとめ

本節では，災害脆弱地区での防災性能向上を目的とした住環境改善の便益帰着分析を示し，通常のリスクの存在しない経済均衡モデルで成立する市場的キャンセルアウトの特性が一般には成立しないことを示した．そして，キャンセルアウトが成立する特殊な場合の前提条件を示し，それを実際に市場的キャンセルアウトを前提として社会的純便益を計測する場合の留意点とした．そのまとめとして，土地市場についてキャンセルアウトを仮定して計測できるかどうか，保険市場を競争的と見るか独占的と見るか，という点が特に重要である．

最後に，今後の研究として取り組むべき課題について整理しておく．立地均衡をロジットモデルで表し，それに対応して，上田(1997b)で提案されているゾーン状態によらない補償所得として定義される NCEV（non-contingent EV）または空間経済全体での期待補償額の最小値である SOFBEV（social fair bet EV））の形式で便益を定義した場合は，ゾーン別の期待間接効用をゾーン別期間間接効用のログサム関数で置き換えることで同様の議論が展開できる．さらに，その場合に空間経済全体で地代からの収入が全家計に均等に分配される（uniform national dividend scheme：UNDS）とすれば，土地価格変化に関する便益は空間経済全体でキャンセルアウトする．このことは容易に確かめられるが，上田ら(1997b)が指摘するようにログサム関数の性質から SOFBEV について一般に一意性が保証されていない．一意性を保証する条件が得られたとしたら，その条件が空間経済の構造に対して強い限定条件となって最終的な便益帰着の構造に対しても何らかの含意をもたらすことが予想される．その点について検討しなければならない．

本節では保険市場を静学的な枠組みで取り扱い，また，住宅地市場も同様である．高尾(1998)が保険は金融先物取り引きにおけるプットオプションと1対1に対応することを示しており，また，cat bond（例えば八田，2000；高尾，1998）を典型として，保険が金融派生商品の市場で取り扱われつつある．そのため時間視野を明示して保険市場の構造を分析しなければならない段階にきている．土地／建物などの不動産市場を対象とした動学分析の必要性もいうまでもない．いずれの観点からも時間視野を明示することが課題である．

なお，本節は高木朗義教授（岐阜大学）と共同論文としてまとめていたものを書き改めたものである．それを提供して頂いた同氏にここに記して感謝する．

1章付録

$$d\pi^I(\sigma) = \sum_{j\in J}\left\{h^j(\sigma) - \sum_{i\in I}P_i^j H_i^j(\sigma)\right\}dM^j(\sigma)$$
$$- \sum_{j\in J}M^j(\sigma)\left\{\sum_{i\in I}H_i^j(\sigma)dP_i^j(\sigma)\right\}$$
$$- \sum_{j\in J}\rho^j(\sigma)\left\{d\bar{V}(\sigma) - \sum_{i\in I}\frac{\partial V^j(\sigma)}{\partial Y_i^j}dY_i^j(\sigma)\right.$$
$$\left. - \sum_{i\in I}\frac{\partial V^j(\sigma)}{\partial Q_i^j}dQ_i^j(\sigma) - \frac{\partial V^j(\sigma)}{\partial R^j}dR^j(\sigma)\right.$$
$$\left. - \sum_{i\in I}u_i^j(\sigma)dP_i^j(\sigma)\right\}$$

$$d\pi^I(\sigma) = \sum_{j\in J}\left\{h^j(\sigma) - \sum_{i\in I}P_i^j H_i^j(\sigma)\right\}dM^j(\sigma)$$
$$- \sum_{j\in J}M^j(\sigma)\left\{\sum_{i\in I}H_i^j(\sigma)dP_i^j(\sigma)\right\}$$
$$- \sum_{j\in J}\rho^j(\sigma)\left\{d\bar{V}(\sigma) - dV^{b*}(\sigma)\right.$$
$$\left. - \left(\sum_{i\in I}\eta_i^j(\sigma)\right)dh^j(\sigma) + \sum_{i\in I}\eta_i^j(\sigma)dH_i^j(\sigma)\right\}$$

$$d\pi^I(\sigma) = \sum_{j\in J}\left\{h^j(\sigma) - \sum_{i\in I}P_i^j H_i^j(\sigma)\right\}dM^j(\sigma)$$
$$- \sum_{j\in J}M^j(\sigma)\left\{\sum_{i\in I}H_i^j(\sigma)dP_i^j(\sigma)\right\}$$
$$+ \sum_{j\in J}M^j(\sigma)dh^j(\sigma)$$
$$- \sum_{j\in J}M^j(\sigma)\sum_{i\in I}P_i^j(\sigma)dH_i^j(\sigma)$$
$$+ \left(\sum_{j\in J}\rho^j(\sigma)\right)\left(d\bar{V}(\sigma) - dV^{b*}(\sigma)\right)$$

$$dV^{b*}(\sigma) = \sum_{i\in I}\frac{\partial V^j(\sigma)}{\partial Y_i^j}\left\{dY_i^j(\sigma) - dh^j(\sigma) + dH_i^j(\sigma)\right\}$$
$$+ \sum_{i\in I}\frac{\partial V^j(\sigma)}{\partial Q_i^j}dQ_i^j(\sigma) + \frac{\partial V^j(\sigma)}{\partial R^j}dR^j(\sigma)$$
$$+ \sum_{i\in I}u_i^j(\sigma)dP_i^j(\sigma)$$

費用便益分析の入門ガイド

費用便益分析については入門レベルから実際にその業務に携わる専門家レベルの先端的なものまでがある．

自主学習するならば，以下に示したような文献で学びながら適宜習熟度に応じて高度な段階へと進んでいくことを薦める．

[Classical Works]

Little, I.M.D. & Mirrlees, J.A.：Project Appraisal and Planning for Developing Countries, Basic Books, 1974.

UNIDO, Guidelines for Project Evaluation, United Nations, 1972.

[Practical Textbook]

Boardman, A., Greenberg, D.H., Vining, A.R. & Weimer, D.L.：Cost-Benefit Analysis, Concepts and Practice, Prentice Hall, 1996.

Boardman, A., Greenberg, D.H., Vining, A.R. & Weimer, D.L.：Cost-Benefit Analysis, Concepts and Practice（2nd Ed.）, Prentice Hall, 2001.

Brent, R.J.：Applied Cost-Benefit Analysis, Edward Elgar, 1996.

Brent, R.J.：Cost-Benefit Analysis for Developing Countries, Edward Elgar, 2000.

Fuguitt, D. & Wilcox, S.J.：Cost-Benefit Analysis for Public Sector Decision Makers, Quorum Books, 1999.

Gramlich, E.M.：A Guide to Benefit-Cost Analysis（2nd Ed.）, Waveland Press, 1990.

Hanley, N. & Spash, C.L.：Cost-Benefit Analysis and the Environment, Edward Elgar, 1993.

Londero, E.：Benefits and beneficiaries（2nd Ed.）, Inter-American Development Bank, 1996.

Nas, T.F.：Cost-Benefit Analysis：Theory and Application, Sage, 1996.

Perkins, F.：Practical Cost Benefit Analysis, Basic Concepts and Applications, Macmillan Education Australia, 1994.

Ray, A.：Cost-Benefit Analysis, Johns-Hopkins, 1984.

Sugden, R. & Williams, A.：The Principles of Practical Cost-Benefit Analysis, Oxford University Press, 1978.

[Theoretical Textbook]

Dinwiddy, C. & Teal, F.：Principles of Cost-Benefit

Analysis for Developing Countries, Cambridge University Press, 1996.

Dreze, J. & Stern, N. : Theory of cost-benefit analysis, in Auerbach, A.J. & Feldstein, M. (Eds.), Handbook of Public Economics, Vol.II, Elsevier Science Publishers B.V. (North-Holland), pp.909-989, 1987.

Johansson, P.-O. : Cost-Benefit Analysis of Environmental Change, Cambridge University Press, 1993.

Squire, L. : Project evaluation in theory practice, in Chenery, H. & Srinivasan, T.N. (Eds.), Handbook of Development Economics, Vol.II, Elsevier Science Publishers B.V., pp.1093-1137, 1989.

[Advanced Topics]

Adler, M.D. & Posner, E.A. (Eds.) : Cost-Benefit Analysis : Legal, Economic, and Philosophical Perspectives, Chicago University Press, 2000.

Brent, R.J. : Cost-Benefit Analysis and Health Care Evaluations, Edward Elgar, 2003.

Dahiya, S.B. (Ed.) : Project Evaluation, Theoretical Foundations of Development Planning. Vol.5, Concept, 1991.

Johansson, P.-O. : Evaluating Health Risks, An Economic Approach, Cambridge University Press, 1995.

Kirkpatrick, C. & Weiss, J. (Eds.) : Cost-Benefit Analysis and Project Appraisal in Developing Countries, Edward Elgar, 1996.

Layard, R. & Glaister, S. (Eds.) : Cost-Benefit Analysis (2nd Ed.), Cambridge University Press, 1994.

Portney, P.R. & Weyant, J.P. (Eds.) : Discounting and Intergenerational Equity, RFF, 1999.

Puttaswamaiah, K. (Eds.) : Cost-Benefit Analysis, Environmental & Ecological Perspectives, Transaction, 2002.

太田和博：集計の経済学，文眞堂，1995.

貝山道博：社会資本整備評価の理論，社会評論社，1993.

川瀬雄也：公共部門と経済的厚生，新評論，1996.

常木 淳：費用便益分析の基礎，東京大学出版会，2000.

中村英夫（編），道路投資評価研究会（著）：道路投資の社会経済評価，東洋経済新報社，1997.

森杉壽芳（編著）：社会資本整備の便益評価——一般均衡理論によるアプローチ——，勁草書房，1997.

森杉壽芳・宮城俊彦（編著）：都市交通プロジェクトの評価，コロナ社，1996.

参考文献

Bennasy, J.P. : The Economics of Market Diseauilibrium, Academic Press, 1983.

Clower, R.W. : The Keynesian counter-revolution : A Theoretical appraisal, *In* : Brechhling, F. and Hahn, F.(Eds.) : The Theory of Interest Rates, Macmillan, pp.103-125, 1965.

Cook, P.J. & Graham, D. A. : The demand for insurance and protection : The case of irreplaceable commodities, *Quarterly Journal of Economics*, **91**(1), 143-156, 1997.

Dinwiddy, C. & Teal, F. : Principles of Cost-Benefit Analysis for Developing Countries, Cambridge University Press, 1996.

Dreze, J.H. : Underemployment Equilibria, Cambridge University Press, 1991.

Freeman, A.M. : Welfare measurement and the cost-benefit analysis of projects affecting risks, *Southern Economic Journal*, **58**(1), 65-76, 1991.

Graham, D.A. : Cost-benefit analysis under uncertainty, *The American Economic Review*, **71**(4), 715-725, 1981.

Graham, D.A. : Cost-benefit analysis under uncertainty : reply, *The American Economic Review*, **74**(4), 1100-1102, 1984.

Laffont, J.J. : The Economics of Uncertainty & Information, The MIT Press, 1989.

Meier, C.E. & Randall, A. : Use value under uncertainty : Is there a "correct" measure?, *Land Economics*, **67**(4), 379-389, 1991.

Mendelsohn, R. & Strange, W.J. : Cost-benefit analysis under uncertainty : comment, *The American Economic Review*, **74**(4), 1096-1099, 1984.

Miyagi,T. & Morisugi, H. : A direct measure of the value of choice-freedom, *Regional Science International*, **75**, 19-32, 1996.

Schmalensee, R. : Option demand and consumer's surplus : Valuing price changes under uncertainty, *The American Economic Review*, **62**(5), 813-824, 1972.

Starrett, D. : Foundation of public economics, Cambridge University Press, 1988.

伊藤隆敏：不均衡の経済分析，東洋経済新報社，1985.

上田孝行：道路投資の主な効果とその分類，*In*：中村英夫（編）：道路投資の社会経済評価，東洋経済新報社，1997a.

上田孝行：防災投資の便益評価—不確実性と不均衡の概念を念頭に置いて—．土木計画学研究・論文集，**14**，17-34，土木学会，1997b.

上田孝行，高木朗義：防災事業の便益計測法—治水事業を例として—．In：森杉壽芳（編著）：社会資本整備の便益評価——一般均衡理論によるアプローチ—，勁草書房，91-126，1997．

上田孝行，高木朗義，長谷川俊英，森杉壽芳：防災投資評価のための不均衡経済モデル．土木計画学研究委員会阪神・淡路大震災調査研究論文集，土木学会，31-38，1997．

上田孝行，宮城俊彦，森杉壽芳：公共投資評価手法の基礎的な考え方と適用可能性．運輸と経済，**58**(5)，59-70，1998．

上田孝行，森杉壽芳，高木朗義：防災投資の経済評価の考え方．阪神・淡路大震災に関する学術講演会論文集，619-629，1996．

上田孝行，森杉壽芳，高木朗義，浅野貴志：不確実性下のプロジェクト便益に関する考察．1997年度応用地域科学会（ARSC）年次大会報告資料，1997b．

小谷　清：不均衡理論，東京大学出版会，1987．

小森俊文，上田孝行，宮城俊彦，森杉壽芳：規模の経済性を持つ交通ネットワークの便益帰着分析．土木計画学研究・論文集，**15**，205-215，1998．

島田千秋：公共財供給の経済分析，多賀出版，1998．

高尾　厚：保険とオプション—デリバティブの一原型—，千倉書房，1998．

高木朗義：防災投資の便益評価手法に関する研究．岐阜大学学位論文，1996．

高木朗義，上田孝行，森杉壽芳，西川幸雄，佐藤　尚：立地均衡モデルを用いた治水投資の便益評価手法に関する研究．土木計画学研究・論文集，**13**，339-348，1996．

駄田井　正：経済学説史のモデル分析，九州大学出版会，84-124，1989．

多々納裕一：渇水リスクの経済的評価法に関する研究—渇水対策プロジェクトに着目して—．土木学会論文集，**464**/IV-19，73-82，1993．

多々納裕一：不確実性下のプロジェクト評価：課題と展望．土木計画学研究・論文集，**15**，19-30，土木学会，1998．

土木学会（編）：土木工学における逆問題入門，土木学会，2000．

中込正樹：不均衡理論と経済政策，創文社，1987．

根岸　隆：ケインズ経済学のミクロ理論，日本経済新聞社，1980．

八田達夫：デリバティブ保険のメリット．経済セミナー，**540**，2000．

林山泰久，波多野正史：ADD指標による交通関連社会資本整備の厚生損失の計測精度．土木学会論文集，**555**，71-81，1997．

皆川　正：不均衡過程の経済理論，創文社，1983．

森杉壽芳（編著）：社会資本整備の便益評価——一般均衡理論によるアプローチ—，勁草書房，1997．

森杉壽芳，林山泰久，小島信二，交通プロジェクトにおける時間便益評価—簡便化手法の実用化と精度の検討—，土木計画学研究・論文集，**4**，149-156，土木学会，1986．

森杉壽芳，宮路俊彦（編著）：都市交通プロジェクトの評価，コロナ社，1996．

山下章夫：不均衡理論と情報．In：安部大佳（編）：情報のニューフロンティア，31-49，中央経済社，1989．

横松宗太，小林潔司：防災投資による非不可逆リスクの軽減効果の経済便益評価．土木計画学研究・論文集，**16**，393-402，土木学会，1999．

2 構造物の耐震設計戦略

「天災は忘れた時分にやってくる」の言葉で有名な寺田寅彦は，日本の稲作に適した気候「五風十雨」，つまり5日に一度風が吹き，10日に一度雨が降るように大地震が頻繁に起こるなら，そのたびに壊れた家を直すのは大変であり，日本では雨漏りする建物がほとんどないのと同じように，大地震を受けても壊れない建物を誰もがつくるはずといっている．

日本人の平均寿命はおおよそ80年，わが国の建築物の平均的な使用期間は40年ほどである．これに対して，大地震は100年から1000年の単位でしか生じない．楽観的な人々は自分が生きているうちに大地震は来ないと考える．それゆえに人々は大地震にも耐えうる強固なビルを建立することについて，主に経済性の観点から直感的に二の足を踏むのである．

しかし，これからの建築のあり方として建物単体で捉えるのではなく，都市の一構成要素として建物を意識するようにしていかなくてはならない．都市の機能は環境に対する負荷や経済成長の観点から1000年，もしくはそれ以上の期間，継続使用可能でなくてはならない．つまり水道やガスや電気といったライフラインと並んで個々の建物の長寿命化までを視野に入れたビジョンが必要である．

本章では，産業革命以降現代に至るまでの耐震構造の変遷，震災の事例，建築構造技術を支える材料についてまとめる．そのうえで建築物の長寿命化のための最先端技術について設計例も含めて紹介する．ここで示す最先端技術こそ，都市計画からの視点に立った耐震設計戦略である．

2.1 産業革命から現代へ

18世紀に英国で始まった産業革命以後，石炭や石油により産出されるエネルギーを基盤として成り立つ社会システム，近代科学技術文明は人間の欲望を満たしつつ地球上を覆いつくしてきた．わが国においては明治維新以降，これらの科学技術文明を欧米の先進国から導入し，これを追い求めることを善として進んできた．第2次世界大戦後の1950年代は最も米国が強かった時代であり，この蓄積の上に1960年代は宇宙開発競争，電子計算機の実用化，大型旅客機の開発，原子力発電所建設などが進められた．

世界貿易センタービルが設計され工事が始まったのもこの時期であり，わが国では31 mの高さ制限がはずされ，ホテルニューオータニ（17階建），霞が関ビル（36階建）などが設計・施工されていた．科学技術の進歩により明るい未来が来ると多くの人が信じていた時代でもあり，超高層建築は人々の夢の象徴であった．

日本は太平洋プレート，フィリピン海プレート，ユーラシアプレートおよび北アメリカプレートの境界に位置し，世界でも有数の地震多発地帯にある．今日に至るまで全国各地で多くの大地震に見舞われ，その都度人命や建物をはじめとする多くの財産が失われてきた．

これらの大地震はプレートテクトニクス理論や断層に関する研究成果などから，数百年から1000年あるいはそれ以上の周期で繰り返し起こることが明らかになってきた．例えば1703年元禄関東地震，1923年関東地震などが相模トラフ沿いで繰り返し

図 2.1　倒壊した高速道路（阪神・淡路大震災）

図 2.2　中間層が崩壊した建物（阪神・淡路大震災）

発生し，駿河トラフ，南海トラフのフィリピン海プレートにもエネルギーが蓄積されている．種々の研究成果および，2003 年十勝沖地震，2003 年宮城沖地震，2004 年新潟中越地震，2005 年福岡西方沖地震など地震が多発しているなどの事実は巨大地震の遠くない将来での発生の可能性を示唆している．以下に代表的な大震災の被害状況例をあげる．

濃尾大震災

岐阜県，愛知県周辺において 1891（明治 24）年 10 月 28 日の早朝に発生した地震による災害．死者は 7273 名，倒壊した建物は 1 万 4000 棟に及び，マグニチュードは 8.0 で日本の内陸で発生した地震としては最大級の地震である．日本における耐震構造，耐震工学の展開はこの地震に始まるといわれている．国政レベルでいえば，この地震を機に文部省（現，文部科学省）に震災予防調査会が設置されている．

関東大震災

1923（大正 12）年 9 月 1 日正午の頃に，伊豆大島，相模湾を震源として発生した直下地震により引き起こされた災害．東京都，神奈川県，千葉県，静岡県の南関東各地を中心に，関東地方の広範囲に被害をもたらした．その被害はきわめて甚大なものであり，死者は 14 万 2800 名，倒壊した建物は 12 万 8000 棟に及んでいる．マグニチュードは 7.9．その被害総額は当時の国家予算の 16 カ月分に相当したといわれる．

阪神・淡路大震災

1995（平成 7）年 1 月 17 日の早朝に発生した，淡路島北部を震源とする（大都市）直下型の大地震（兵庫県南部地震）による災害である．淡路島および阪神間（神戸市，芦屋市，西宮市，宝塚市，尼崎市，伊丹市，大阪府豊中市など）を中心に大きな被害をもたらし，特に神戸市中心部は壊滅状態になった（図 2.1，2.2）．死者行方不明者を合わせて 6435 名に及び，約 10 万棟の建物が完全に倒壊した．また淡路島北部において 6000 棟もの建物が消失した．その被害総額は 10 兆円に達するともいわれる．

ノースリッジ地震

日本の阪神・淡路大震災の 1 年前となる 1994 年 1 月 17 日の早朝（太平洋標準時）に発生した，米国カリフォルニア州ロサンゼルス市ノースリッジ地方で発生した地震であり，ロサンゼルス地震とも呼ばれる．マグニチュードは 6.7 であったものの，震源の深さは 14.6 km ときわめて浅い．被害を受けた人は，死者 57 名，負傷者約 5400 人，入院 1467 名にのぼる．また，高速道路が崩壊するなどの被害を受け，米国史上最も経済的損害の大きい地震となった．

以上示してきたように地震およびそれにより引き起こされた震災がわれわれに提起している問題点はきわめて多い．

他方，2001 年 9 月 11 日米国での同時多発テロによる世界貿易センタービルの崩壊，ペンタゴンの被害は甚大であった．これらは天災ではなく人災によっても近代建築が崩壊に至ったという点で，米国のみならず世界中の人々に大きな衝撃を与えた．

わが国にも 60 m を越える超高層建築が 1000 棟以上あり，建築関係者が構造の問題，耐火の問題，避難を含めた建築計画の問題などに着目するきっかけの一つとなった．

2.2 日本における地震への対応

耐震設計を行う技術者は大地震が起きたときの建物の状況を次の3段階に分けて考える．①建築物が地震後も機能を維持し，平常時と変わらず使える，②壁にひびが入るなどの被害は生じるが数カ月以内の再生工事によって建物の使用が可能であり，財産価値は失わない，③中にいる人々の生命は守るが，建物は大きく傾き取り壊さざるを得ない．

建築基準法では数百年を越えて1度起こるような大地震に対して③を守ることとし，初期建設費が高くなり個人の財産権を侵害するという理由で①と②の要求はしていない．このように低い基準のもと，都市機能の集中がますます進み，大都市は非常に危険な状態になっている．人口2.9億人の米国の最大都市ニューヨークの人口は800万人，人口8200万人のドイツの最大都市ベルリンの人口は330万人である．これに比べ，人口1.2億人の日本の首都東京への人口集中は2700万人といわれ，異常な状態であり，まったく誇りうるものではない．経済性・効率性を重視しつつ人々は都市に集まるが，それを支える建築・土木構造は必要な強さを持っていない．わが国の都市を，災害に強く持続させるためには主として以下の二つの対策が考えられる．①人口の一極集中を緩和すること，②過密都市に住む人々の生活の安全，都市事業継続性のために，上に示した三つの耐震要求すべてを満たす高い安全性を持つ建築物で都市を構成すること．

この中で後者を満たす一つの答えとしてあげられるのが，後節で扱う免震構造，制振構造などの最新技術を用いた耐震構造である．この技術は今のところ新規建築物の1%にしか利用されていないが，今後さらに普及させる必要があり，それに伴うコストダウンも必要である．都市レベルでの耐震性をあげるためには，一極集中の解消と高い耐震性を有する建築物の普及に積極的に取り組むことであり，そのことにより災害に強い持続可能な都市が実現されるのである．

2.3 現代の耐震技術を支える材料

▶2.3.1 建築構造材料

建築物に使われる構造材料は，歴史をさかのぼれば土，木材，石材などの自然材料からはじまり，現在の主な構造材料は木質材料，コンクリートおよび鋼である．コンクリートと木材はほぼ同等の圧縮強度を持ち，コンクリートは引張りに弱い．軟鋼はこれらの材料に比べ，強度だけでなくひずみ能力においても，繰り返し荷重を受けた場合に，圧倒的にすぐれた性能を持っている．鋳鉄は圧縮力に対しては軟鋼より強い．

引張強度の面においては鋼が非常に勝っている．剛性（ヤング係数）において鋼は非常に大きい．ただし，比重については，鋼は非常に重たく，木材は非常に軽い．強度を比重で除して求めた比強度を求めると，鋼が最も優位に立ち，コンクリートは小さくなる．

ここまでそれぞれの材料の特性について概観してきたが，本節では木質材料，コンクリートおよび鋼の3種を用いた建築構造物についてその力学的特徴および構造設計上の重要事項を述べ，最後にあらゆる材料において共通して求められる塑性変形能力について述べる．

なお，これらの材料のほか，最近では免震構造や制振構造のために天然ゴム，合成ゴム，粘性体，粘弾性体などが構造材料として使われていることにも触れておく．

▶2.3.2 木質材料を用いた建築構造

木材は奈良・東大寺の大仏殿，法隆寺の金堂，五重塔など（図2.3, 2.4）のわが国の伝統的な建築物に用いられ，美しく，かつ大きな規模の建築が可能であり，数百年から1000年以上の長い時間に耐えて建ち続けた実績があり，きわめて性能の高い構造材料である．これらの伝統木造建築は建てられた時代の高い技術に支えられた特別な建築であり，材料調達の難しさ，施工期間の長さ，高度な伝統技術の必要性などの問題点があり，現在の一般的な建築に用いることはできない．一方で，木質材料が使われ

図 2.3 東大寺大仏殿

図 2.4 法隆寺五重塔

図 2.5 集成木材を用いたドーム建築の施工状況（深谷生涯学習センター）

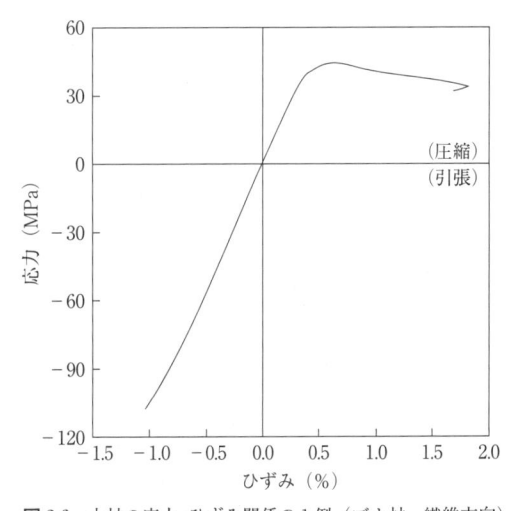

図 2.6 木材の応力-ひずみ関係の1例（ブナ材，繊維方向）

る身近な建築物としては個人住宅があり，わが国に建てられる建築物の数としては最も多い．また木材を層状に張り合わせてつくった集成木材は，出雲ドームなどの大スパン構造にはすでに用いられ（図2.5），最近では数階建ての学校建築，集合住宅への応用が考えられている．

木材はコンクリートや鋼に比べて弱い材料のように思われるが，桧の強度は普通コンクリートの圧縮強度とほぼ同じであり，比重はコンクリートの1/5程度である．大きな空間を必要とする体育館，コンサートホール，レストランなどの建築へ応用範囲の広い構造材料であるといえる．

木材は材軸と平行に繊維が通っており，この繊維方向の力には堅くて強いが，繊維に直交する方向に押しつぶすような力，引きはがすような力には柔らかくて弱い（図2.6）．

実際の木質構造では，繊維に直交する方向に力が作用する部分がどうしてもできてしまうが，構造物全体の変形を求めるときには，この部分に生じる局部的な変形を考慮しなければならない．

乾燥した木材は変形しにくいが，水分を多く含む木材は変形しやすい．木質構造物が荷重を受けたま

2.3 現代の耐震技術を支える材料　39

まの状態で，構成部材の木材が湿潤状態と乾燥状態を繰り返すと，湿潤状態のときに変形が進み，乾燥状態になってもその変形が元に戻らない現象が生じる．その結果，変形は累積して増加してしまう．これはメカノソーティブと呼ばれる現象であり，大スパン構造物をつくる場合には注意が必要である．

　木質構造に限らず，わが国の建築構造物はその建設地に数十年に一度に起こる規模の中小地震から，数百年に一度起こるような大地震を考慮して設計されている．現在の標準的な耐震設計の考え方では，中小地震に対しては構造物をほぼ弾性範囲におさめ地震後もそのまま使えることを目指し，大地震に対しては構造物が大きな変形を受け，場合によっては傾き，再利用できなくなることを覚悟するが，建物の中にいる人々が怪我をしたり亡くなったりしないことを目標としていることは先に示した通りである．次に述べる鉄筋コンクリート構造，鋼構造についてもこの耐震設計の基本的考え方は共通である．大地震を受けたときに構造物に大きな変形が生じることを許容しているため，構造物には塑性変形能力を持たせる必要がある．

　木質構造はいうまでもなく自然の木を製材して部材をつくり，建設地で組み立てることによってつくられる．柱と梁の接合部においてはどちらかの部材に穴をあけることが多い．そのため柱や梁などの部材そのものより接合部の方が弱くなるため，大きな地震を受けるとこれらの接合部に変形が集中する．木材のめり込み，釘の変形，抜け出しなどが原因となり変形は生じるが，これらを考慮して設計し施工すれば大きな問題はない．このとき，過大な変形を起こさせないためには，構造物全体に水平力に対する適切な強さを持たせることが必要である．

　別の方法として接合部に鉄材を用いて木質構造を組み立てることも多い．もし接合部を柱や梁そのものより強くつくった場合，接合部が変形しにくくなり部材そのものが変形しなくてはならなくなる．この変形が過大になると木材の中間部分が折れることになるが，これは割り箸を折ったように脆性的な破壊状態になる．木質構造では，部材そのものより接合部を若干弱くつくり，塑性変形は接合部に生じさせる工法が合理的であり，力学的性質の上でも望ましいといわれている．

▶2.3.3　コンクリート材料および鉄筋コンクリート構造

　コンクリートと鋼の熱膨張率はほぼ同じであり，部材全体が熱によって伸縮するときにコンクリートと鉄筋は同時に伸縮することになり，互いに無理な力を受けることがない．これが鉄筋コンクリート構造の大きな特長の一つである．

　コンクリートは圧縮力に強く引張力に弱い構造材料である（図2.7）．

　面内力としてせん断力のみを受ける場合，主応力は45°方向に引張応力，その90°方向に圧縮応力が生じることになる．これらの引張応力度，圧縮応力度の値はモールの応力円を描いてわかるように面内力のせん断応力度の値と同じになる．このような場合は，斜め45°方向に働く引張応力によりひび割れが生じて破壊するから，そのせん断強度は引張強度と同じ値になる．

　コンクリートの圧縮強度は12 Mpa程度の弱いものから100 Mpaを越える非常に強いものまで色々な段階があるが，引張強度およびせん断強度は圧縮強度の1/10程度であり，高強度コンクリートではこの割合はさらに小さくなる．建築構造物に用いる場合，コンクリートの引張強度およびせん断強度が小さい弱点を補うために鉄筋が用いられる．柱や梁などの部材軸に平行に配置する鉄筋を主筋と呼ぶ．

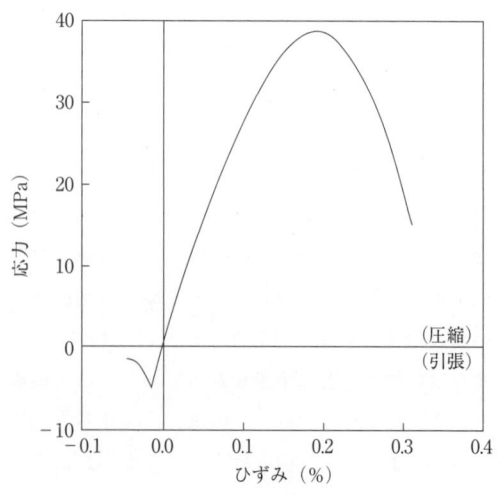

図2.7　コンクリートの応力-ひずみ関係の1例

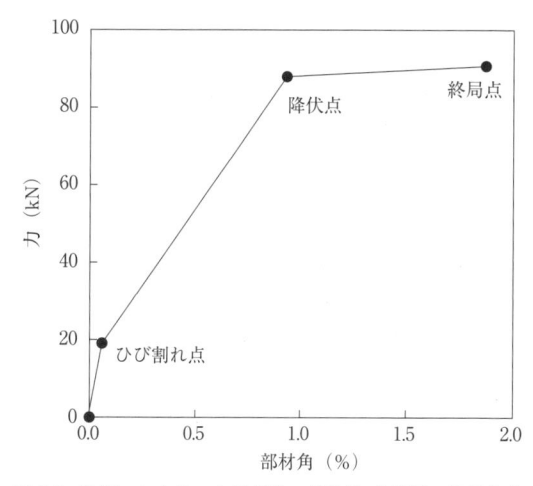

図 2.8 鉄筋コンクリート梁部材の部材角–力関係の骨格曲線の1例

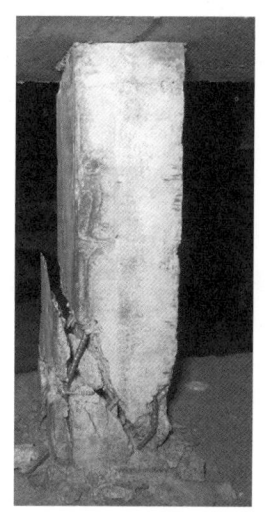

図 2.9 せん断補強筋の少ない鉄筋コンクリート造建物の崩壊実験で柱に生じた脆性破壊

柱の軸に直交する方向に柱断面を囲むように配する鉄筋を帯筋またはフープといい，梁の軸に直交し梁断面を囲むように配する鉄筋をあばら筋またはスターラップと呼ぶ．

鉄筋コンクリート構造物が力を受けるとき，各部に生じる応力度が小さなうちは構造物全体が弾性体のように挙動するが，大きな力を受けるとコンクリートにひび割れが入り，その部分に作用する引張力は鉄筋が受け持つ（図 2.8）．

鉄筋の量が少ない鉄筋コンクリート構造の場合，ひび割れが生じる直前までにコンクリートが受け持っていた引張力をその断面に配された鉄筋の引張強度で負担できないことがある．このようなときは，ひび割れは一気に断面に広がり，脆性的な破壊へとつながってしまう．

適度に鉄筋が入っている場合は，コンクリートの持っていた引張力をひび割れが生じた後鉄筋が受け持つため，ひび割れの進行は止まる．さらに外力を増すと，ひび割れは拡大し，ほかの部分に新しいひび割れが生じていく．この場合に重要なことはコンクリートと鉄筋のあいだで力を授受するための付着力である．この付着力が無いと，コンクリートにひび割れが生じたあと，その一カ所のひび割れ位置において次々に鉄筋の抜け出しが生じてしまい，部材強度は増加せず，はじめに起きたひび割れの幅だけが増大してしまう．付着力がある場合は，ひび割れた部分をよぎる鉄筋の短い部分に局部的な伸びが生

じ，鉄筋の歪硬化により鉄筋の応力が増加する．その結果，別の部分に新しいひび割れが生まれる．この現象が次々と発生し，細かいひび割れが部材の軸方向に分散して生じる．梁に配された主筋は柱の中にも通して配筋されるが，この鉄筋が付着力によって柱のコンクリートと一体化するため，梁と柱のあいだで曲げモーメントの伝達が行われる．鉄筋とコンクリートのあいだに付着力を生じさせるために鉄筋には凸凹がついている．このような鉄筋は異形鉄筋と呼ばれ，現在世界中の鉄筋コンクリート構造に使われている．

繰り返し荷重を与えると，コンクリートは圧縮には抵抗し，引張りには抵抗しないため，構造物に正方向の荷重を与えても，負方向の荷重を与えても，鉄筋には常に引張力しか生じないことがある．例えば，柱や梁の材軸に直交して配筋される帯筋やあばら筋の応力は，部材に作用する力の向きが反対になっても常に引張りが働く．これらの引張力により鉄筋に塑性変形が生じると，鉄筋コンクリート部材は見かけ上膨張する．部材中には無数に細かなひび割れが生じ，これらが元の位置に閉じないまま累積することになる．例えば，柱部材に注目し，その柱の幅に比べ高さが2〜3倍ほどしかない太短い柱が圧縮力を受けた状態で繰り返しのせん断力を受けるとする．この柱に帯筋が十分に入っていない場合の実験を行うと，繰り返しせん断力を受けるにしたが

2.3 現代の耐震技術を支える材料

い，柱には多くの斜めひび割れが生じ柱断面は膨らんでいく．大きな軸圧縮力を受けていることも影響し，この広がりを拘束していた帯筋が降伏すると，斜めひび割れは一気に広がりせん断破壊を起こし，軸力支持能力も同時に失ってしまう（図2.9）．

わが国では1968年に北海道，東北地方の小中学校の校舎に多くの被害を与えた十勝沖地震の際に，これらの建物を支えていた柱に多くのせん断破壊が起こった．当時の鉄筋コンクリート構造の研究者は協力してこの問題に取り組み，1970年には日本建築学会の設計法を改良し帯筋を多く配置することになり，1981年には新耐震設計法として全国に普及した．1995年に起きた兵庫県南部地震の被害統計を見ると，柱への帯筋を多く配筋した1970年以降，さらに1981年以降の鉄筋コンクリート構造の地震被害は，それ以前のものに比べ圧倒的に少ないことが示されている．

▶2.3.4 鋼材料と鋼構造

英国の産業革命の時代から鉄は橋梁や建築構造に使われ始めた．ロンドンの万国博（1851年）のときにつくられた水晶宮，パリの万国博（1889年）につくられたエッフェル塔などが有名である．ニューヨークの自由の女神も鋼構造でありエッフェルが設計している．現在では，超高層建築（図2.10），屋内野球場やサッカースタジアムの屋根構造，製鉄所などの大きな工場，学校の体育館，スーパーマーケット，大型実験施設（図2.11）など多くの建築構造に用いられている．

わが国の建築着工床面積の統計によると，鋼構造建築は木造建築を若干上回り最もよく使われている構造である．鋼構造の利点はコンクリートを用いた構造に比べ軽量であり基礎工事が軽減できること，工場で加工してきた鋼材を現場に搬入し，高力ボルトや溶接によって組み立てるため工期が短いこと，自由な形状の構造物をつくることができることなどの特長がある．力学的には圧縮力，引張力，曲げモーメントなどを伝達する能力が高いこと，力が小さいうちには完全な弾性体として働き，大きな力を受けたときには粘り強く大きな変形に耐えうるなど多くの特長を持っている．弾性限界時の軸ひずみは0.1〜0.2%であるが，最終破断時のひずみは20%を越えるから，鋼素材は弾性限界の100倍の塑性変形能力を有している（図2.12）．

さらに，建築構造物に使われる軟鋼は破断強度の60%から80%の強さの降伏応力度に達したときに2%程度の塑性伸びを起こし，その後再度破断強度に至るまで強度が増加するひずみ硬化という特長を持っている．このきわめてすぐれた性質によって，塑性変形は部材の長さ方向に分布して生じ，部材間で応力再配分が行われるため，鋼構造物全体の塑性変形能力が高められることになる．

次に大雪によって崩壊した体育館や倉庫の被害から得た教訓，鋼構造ビル建築の地震災害から得られる教訓などをもとに，鋼構造物の力学的性質のうち

図 2.10 超高層建築（John Hancock Center）

図 2.11 実験施設（兵庫耐震工学研究センター）

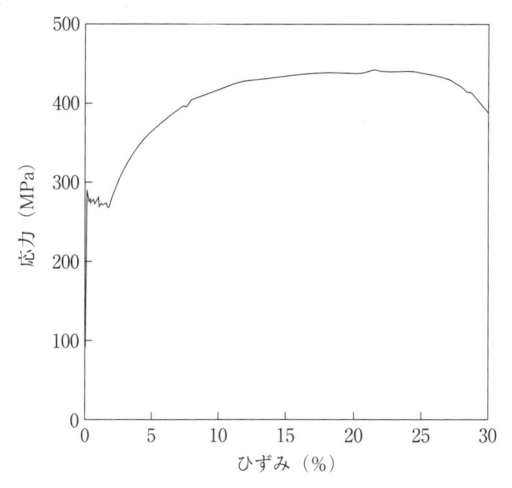

図 2.12 鋼材の応力-ひずみ関係の1例（SS400）

重要な問題について述べる．一般的に体育館や倉庫の屋根の構造は 30 m ほどのスパンを 10 m ほどの間隔で平行に架け渡した山形ラーメンまたは山形トラスによって第 1 に成り立つ．次に，いくつも平行に架けられたこの山形の骨組をつなぐ梁をこれに架け渡す．さらにこれらの梁の上に小規模の梁を架け渡す．このような方法が繰り返されたうえで，最終的に屋根の仕上げ材を載せる．はじめにスパン方向につくられた山形骨組が最も重要な構造であるが，この主骨組にねじれ座屈などが生じないために次に架け渡された部材が協力している．さらには，2次的部材が 3 次的部材に助けられ，3 次的部材は 4 次的部材に助けられ続いていく．すべての部材はそれぞれほかの部材に助けられて成り立ち，全体が構成されている．このような構造体に大雪が積もり，どこかの部材が限界に達して破壊すると，この破壊によって部材間の互助的な関係が崩れ，全体の崩壊にまで進んでしまう．特に，大きな構造物の設計にあたり，軽量化を求め，合理性を追求した場合，一部の破壊が全体の崩壊へと一挙に進展する危険性を内包しているといえる．

鋼構造ビル建築の地震による被害が多く見られたのは，1994 年の米国ノースリッジ地震，その 1 年後の兵庫県南部地震である．鋼構造骨組は柱と梁を剛に接合し，大地震時にはこの梁の端部に塑性ヒンジが生じることにより，骨組が安定した繰り返し塑性変形を生じると考えられていた．しかし，両地震では，梁の端部に破断現象が多く発生し，中には柱にこのひび割れが伝播したものもあり，設計者，研究者に大きな衝撃を与えた．破断したのは梁と柱を溶接した部分であり，部材の中で最も曲げモーメントが大きな場所でもある．最近の研究により，原因は解明されてきたが，推奨されている方法は柱と梁の溶接部分において梁のフランジ幅を広げるようにテーパーを設け，梁に生じる塑性ヒンジを柱との溶接部分から離す方法である．このほか，柱と梁からなる骨組構造に，鉄骨筋違，鉄板耐震壁などを設置し，地震時のエネルギー吸収をこれらに任せ，柱や梁に大きな塑性変形を期待しない方法も使われている．

鋼構造物が大きな荷重を受けて破壊する要因には，部材の座屈，部材を構成している鉄板の局部座屈，上に述べた溶接部の破断，ボルト穴による断面欠損により，部材全体に塑性変形が生じる前に欠損部が早期に破断する場合などである．このほか，鋼構造物が大規模な火災を受ける場合などでは，それを原因とした骨組全体の不安定現象などが確認されている．

特に耐震設計において部材や骨組の塑性変形能力が重要であることは木質構造および鉄筋コンクリート構造のところでも述べたが，鋼構造建築においても同様に重要である．木質構造では，部材そのものではなく接合部に塑性変形を起こさせるほうが望ましいが，鋼構造では，接合部の最大強度を部材の降伏強さより大きくすることにより，接合部の破断を防ぎ，塑性変形は部材そのものに生じるようにしたほうが骨組全体の塑性変形能力を高めるのに有効である．塑性変形は塑性化している部分に生じた塑性ひずみに塑性化部分の長さを乗じて求められるから，接合部などの局部的な部分を塑性化させるとその塑性ひずみが過大になり，部材全体の塑性変形能力も低下してしまう．これに対し，部材そのものを降伏させる場合は，塑性化部分の長さが十分であるため部材そのものに生じる塑性ひずみは過大でなくなり，そのことにより部材全体の塑性変形能力を大きくすることができるのである．

2.3 現代の耐震技術を支える材料

▶2.3.5　鉄骨鉄筋コンクリート構造

米国では，ヨーロッパの伝統的な組石構造の様式を持ち込み，初期の高層建築を建設した．しかし，組石構造だけでは建物重量を支えることは難しく，外見上は組石造であっても，柱や梁などの部材の中心に鋼材を入れる方法が用いられた．1930年代にニューヨークやシカゴに建てられた高層建築はほとんどの力を鋼材に負担させ，レンガやコンクリートは補助的に建物の剛性を高めるため，および，耐火性を上げるために用いられた．わが国でも東京に建てられた初期のビル建築には同様の方法が用いられたが，鋼構造の柱梁を鉄筋コンクリート構造によって包む鉄骨鉄筋コンクリート構造が考案され，1923年5月に竣工した日本興業銀行に初めて用いられた．この建物は1923年9月に起きた関東大震災において，ほとんど被害がなかったことから，わが国では高さが60 mほどまでのビル建築の構造として多く使われるようになった．

この構造法は，鉄筋コンクリート構造と鋼構造がそれぞれ持っている欠点を補い合っていることに特徴がある．鋼構造の持つ欠点は圧縮力を受け座屈すること，特に薄い鋼鈑では局部座屈を生じ耐力を失うことにある．また耐火性にも乏しい．これらは鉄筋コンクリートに囲まれることにより克服できる．鉄筋コンクリート構造の欠点は大きな軸力を受ける柱がせん断変形を受けるとき非常に脆性的な破壊を生じることにあり，この中心に鋼材を入れることにより大きな圧縮抵抗力を持たせることができ，脆性的な破壊を防止することもできる．鉄筋コンクリート構造は部材そのものの重量に比べ耐荷力が相対的に小さいため，梁のスパンを大きくすることが難しい．梁の中に鋼材を入れることにより大きなスパンの建築物をつくることができるようになる．

超高層建築を建設するときにはその下部に地下構造が同時につくられるが，高層部分が鋼構造でつくられる場合にも，地中部分の構造を剛強にするため，地下部分には鉄骨鉄筋コンクリート構造が使われる．横浜みなとみらい21地区にある横浜ランドマークタワー（図2.13）などにもこの構造が用いられている．

具体的な部材の設計法は日本建築学会から発行さ

図2.13　超高層建築（横浜ランドマークタワー）

れている規準書などに詳しく書かれているが，前に述べたように鉄筋コンクリート構造と鋼構造の弱点を補い，利点を重ねた性質を持っているため，累加強度設計法が用いられている．つまり部材に生じる軸力，曲げモーメント，せん断力に対し，鉄筋コンクリート部材と鋼部材の持つ強度をそれぞれの性質を考慮しつつ，場合によっては若干低減率を乗じつつ累加することによって，鉄骨鉄筋コンクリート構造の部材強度を求めることができる．

1990年頃から実用化されてきた鉄骨鉄筋コンクリート構造技術に，円形鋼管または角形鋼管の内部に高強度コンクリートを充填することにより大きな鉛直荷重に抵抗できるようにした部材がある．これはCFT（concrete filled tube）と呼ばれ，最近の超高層建築の柱に多く使われている．断面の大きさは普通の場合角形鋼管では80 cm × 80 cm程度であるが，円形鋼管を用いた例では直径2 mほどのものがあり，特に米国では直径3 mのものも用いられている．

▶2.3.6　塑性変形能力と構造物の強さ

木質構造から鉄骨鉄筋コンクリート構造までの4種類の構造について述べてきたが，どの構造材料についても強度だけでなく塑性変形能力が重要であることを説明してきた．多くの耐震設計にかかわる書

物に地震時のエネルギー吸収のために構造物の塑性変形能力が大きな役割を示すことが書かれている．ここでは建築構造物の成立ちにとって重要なことを直列システムと並列システムの考えを用いて説明する．

建築構造物は多くの部材の組合せによって構築される．このシステムを分析すると，構造部材が直列に繋ぎ合わされたように見える部分と，並列に組み合わされたように見える部分とがあり，さらに直列システムと並列システムが複雑に組み合わされたシステムと考えたほうがよいものも多い．直列システムの場合は構成するどれかの部材が限界に達したときにシステム全体が限界を迎える．一方，並列システムの場合はどれか一つの部材が限界に達したからといって，システム全体が限界に達することはないということが利点である．

この並列システムの構成部材が塑性変形能力を有している場合と，これを有せず脆性的な破壊を示す場合について比較して考える．塑性変形能力を有する部材は粘り強い部材ともいわれ，部材が変形を受けて強度の限界に達した後にもその強度を保持したまま変形できる能力を持っている．このような能力を持つ部材が並列に組み立てられたシステムの総合的な最終強さは，簡単な考察から各部材の限界強度の和になることがわかる．言い換えれば，すべての部材の協力によって外力に抵抗する望ましい構造といえる．

脆性的な破壊をする部材が並列に組まれたシステムでは，上記のような総合力は発揮されない．全体システムが外力を受け変形していくとき，個々の構成部材は異なった変形時に最大強度を発揮し，その後脆性破壊を生じて強度を失う．そのため，システム全体の限界強度は各部材の限界強度の和にはなりえない．この現象は将棋倒し効果，ジッパーフェイル，各個撃破，進行性破壊などといわれ，建築構造物の崩壊の原因になることの多い重要な力学的問題である．

設計時点に考えていなかったような大きな外力を受けたときに，崩壊を防止し構造物の安全性を確保するために，塑性変形能力は大きな効果を発揮する．このような性質を持つ構造物を冗長性の高い構造，リダンダンシーのある構造と呼ぶ．

2.4 建物の耐震から都市の耐震へ

▶ **2.4.1　建築の耐震設計**

建築の耐震構造として，免震構造，パッシブ制振構造，強度抵抗型構造，骨組の靱性に期待する構造など多くの方法が開発・研究され，これらの方法により多くの建築物が建設されている．そのなかで最も高い耐震性を期待できるのが免震構造であり，あとは上に示した順に続くといえる（図2.14）．技術への驕りは避けるべきであろうが，設計用地震動の性質と大きさを決めれば，上記の4種の構造法それぞれの可能な範囲で，望む性能の耐震構造の設計が可能な段階にある．

▶ **2.4.2　個々の建築の耐震性能と都市の耐震性**

地震の発生は自然現象であり，建築構造物の耐震設計上最も大きな問題は，その敷地に将来起こる地震動がどのような大きさでいつ起こるか，われわれには知りようがないことである．発生確率は非常に小さいが起こりうる大地震動を設計上無視することは経済性を前提にした工学的判断としてありうる．しかし，この判断は都市としての賭けともなる．一つ一つの建物の寿命は60年であっても，都市の寿命は数百年，1000年を越えるからである．個々の建築は都市の構成要素であり，一つの建築の寿命と地震の発生頻度の関係だけから個々の建築物の耐震レベルを決めたのでは，都市の耐震性は確保されな

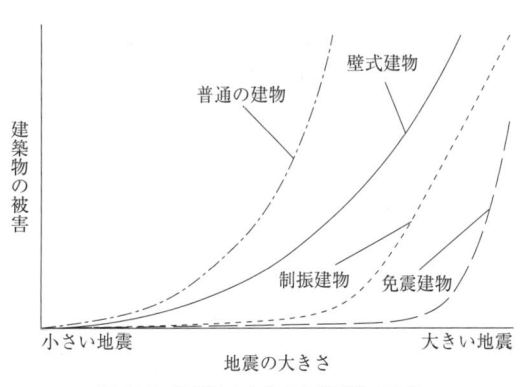

図2.14　地震動の大きさと建築物の被害

いことは明らかである．

▶2.4.3　耐震設計レベルと個人の財産権の侵害

だからといって，起こりうる最大級の地震動に対して個々の建築物を設計し，その建築物が数十年後に取り壊されるまでに大きな地震を受けなかった場合，無駄な構造をつくってしまったと社会からいわれる．高すぎる耐震性を個人や私企業に対し，法的に要求するのは以下に示す日本国憲法第29条「財産権」を侵すといわれている．

第29条：①財産権は，これを侵してはならない．②財産権の内容は，公共の福祉に適合するやうに，法律でこれを定める．③私有財産は，正当な補償の下に，これを公共のために用ひることができる．

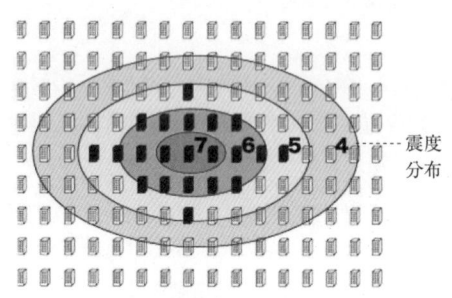

今後は都市の安全性を確保するという視点に立脚した社会的コンセンサスが必須であるものの，現状では難しい問題である．

▶2.4.4　コスト増を伴わない耐震性の飛躍的向上

新しい技術開発を進め，従来からの建築構造に費やしていたものとほぼ同じ費用で飛躍的に高い耐震性を持たせる構造方法の開発が必要である．余計な費用がかからないならば，きわめて稀にしか起こらない地震動に対しても，建築構造物を無損傷にすることの合理性が生まれてくる（図2.15〜2.18）．社会はこの支出を無駄とはいわなくなるはずである．結果として都市の安全性も非常に高まる．都市の寿命を1000年，2000年とすれば，これらに見合った再現期間の地震動を設計に用いることもできるよう

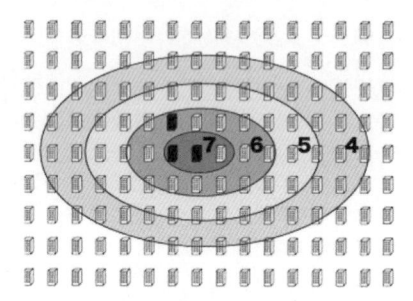

図2.15
すべての建築物が鉄骨純ラーメン構造のような塑性変形志向形の構造で構成された都市の場合，靭性に期待した構造は弾性限強度が小さいため，被害は都市内の多くの地域に広がり，地震時の構造物の変形および残留変形が大きく，建物内外に大きな被害を生じ，都市の機能を維持するのは難しくなる．

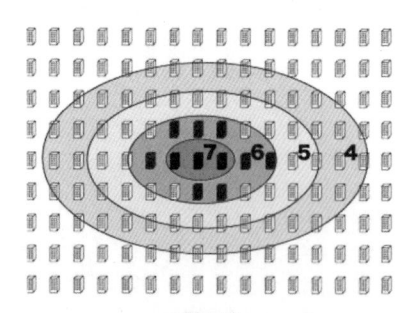

図2.17
すべての建築物がパッシブ制振構造でつくられた都市の場合，震度7の領域の一部の建物に若干の被害が出ることはあるが，大きな被害にはならず，地震後の建築物の安全性確認，修復は容易に行われ，都市の機能はほぼ維持できる．

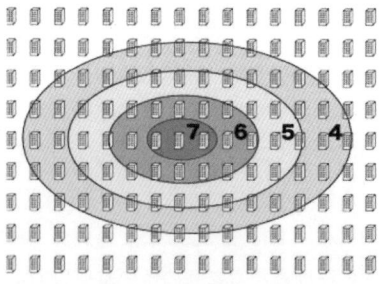

図2.16
すべての建築物が壁式コンクリート構造のような強度志向形の構造で構成された都市の場合，建物内の応答加速度が大きいために生じる被害はあっても，構造的被害を受けるのは震度6以上の領域にある一部の建物であり，都市の機能は一時的・部分的に失われても，復帰は素早く行われる．

図2.18
すべての建築物が免震構造でつくられた都市の場合，大地震を受けても建築物の地震被害はほとんどなく，道路，水道，電気，通信などのライフラインが確保されていれば，都市の活動はほとんど障害を受けない．

になる．

▶2.4.5 都市の耐震性確保

都市の耐震性を確保するための一つの方向性としてあげられるのが飛躍的に高い耐震性の追及にある．大地震後でも建物の継続利用が可能であれば都市としての経済力を強くすることは明らかである（図2.19）．

明治維新以降，ヨーロッパから日本に導入された鉄筋コンクリート構造，鋼構造の建築物は，この100年間に多くの地震被害に遭っている．将来を考えるならば，新しい技術を進歩させ普及させることにより，都市の耐震性の向上に努めなくてはならない．求める耐震性能を固定しコストダウンを図るのでなく，コストをほぼ一定にする範囲でより高い耐震性能を持つ建築構造を開発し，都市に普及させる必要がある．

2.5 最新耐震技術の背景と位置づけ

▶2.5.1 高い耐震性に対する需要

構造物の安全性を確保するために，構造物には塑性変形能力が必要であることは先に述べた．構造物の設計を実際の施工を経て成立させるために必要な塑性変形能力と，地震時のエネルギー吸収のために必要な塑性変形能力に大別できる．イギリスで始まった塑性設計法は荷重に係数を乗じて構造物の終局耐力と比較する方法であるが，実際の荷重の存在下で大きな塑性変形を認めているわけではない．しかし，現在の耐震設計法では，いつか起こる大地動に対して建築構造物に大きな塑性変形を許容している．

大きな塑性変形はそのまま構造部材の大きな損傷に結びつく．地震時に柱，梁，壁などに大きな塑性変形を許容することは，構造物の再利用を難しいものにする．1981年に施行された新耐震設計法の基本方針は，中小地震動に対しては構造物の若干のひび割れは許容するが建物の継続利用を目指し，大地震動に対しては人命を守るため構造物の倒壊を防止するが，建物の継続使用はあきらめ，場合によっては財産価値を失ってもよいという考え方である．

しかし，都市の構成要素である建築物の耐震性を向上しなければ都市の機能は地震後に維持できない．一生に一度の買い物である住宅・集合住宅の財産価値の確保，病院などの緊急時の施設の耐震性向上など，時代の要求は新耐震設計法の基本方針を凌駕するものになっている．大地震後も建築物の継続利用を求め，財産価値を失わない建築構造が望まれるようになってきたのである．

▶2.5.2 骨組の塑性変形

新耐震設計法（1981年）が施行されるまで，一般的な建築構造物の耐震設計は0.2の震度を用いて弾性設計・許容応力度設計が行われていた．1960年代から骨組の塑性変形を考慮した耐震設計が行わ

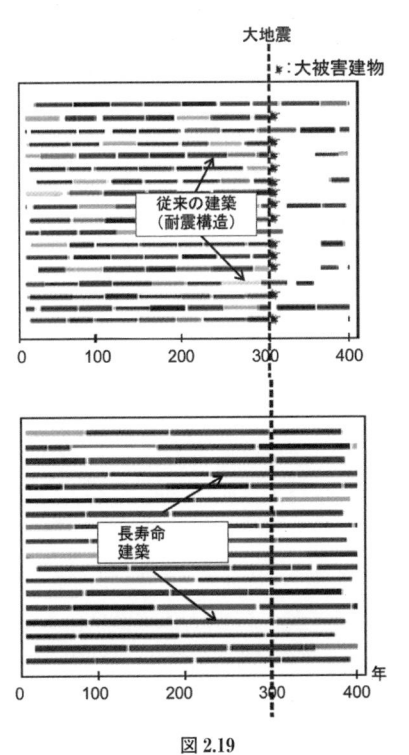

図 2.19
上図：それぞれの建築がその60年の使用期間の経済性に注目して耐震設計され，構造物の塑性変形に期待した構造法でつくられた建築の集合で構成される都市の場合，数百年に一度の大地震を受けるとき，非常に多くの建物に被害が起こり，都市は麻痺する．
下図：それぞれの建築を1000年以上の長寿命都市の一構成要素であると考え，免震構造，制振構造などの最新技術を用いた構造でつくられていれば，数百年に一度の地震を受けても，都市は大きな被害を受けずに存続できる．

れていたのは，高さが45 mを越える超高層建築であった．

当時，超高層建築の構造設計に携わっていた技術者のあいだでは，大地震動に対して骨組の塑性変形に期待する方法は理屈の上ではわかるが，大地震が来て大きく揺れても元の形に戻るのが本当の建築であるはずで，骨組本体の塑性変形を許してしまっては，大地震後に使えなくなってしまう，といわれていた．これが社会の常識であり，人命さえ守れば建物は使えなくなっても構わないという考え方は限られた専門家間の論理だったといえる．

1968年には十勝沖地震，1978年には宮城県沖地震があり，多くの鉄筋コンクリート構造，鉄骨鉄筋コンクリート構造に被害が出た．これを反省して，建築構造の倒壊を防ぐ目的で，建築骨組に十分な塑性変形能力を持たせる研究が盛んになった．日本建築学会においても骨組の変形角が1/10までは耐力低下が起こらないなどの報告がされ，変形能力向上の研究は行きすぎてしまったように思う．

振り返って見ると，長年行われてきた骨組の塑性変形能力向上およびエネルギー吸収能力を高めるための研究は，それなりに意義があった．しかし，構造物が多くのエネルギーを吸収したということは構造部材に損傷が蓄積されたことと同じ意味であり，建築物の財産価値維持，再利用の可能性という観点では負の働きをする．要するに靱性を確保するためには損傷を覚悟する必要があるということである．

▶2.5.3 静的設計および実際の施工に必要な塑性変形能力

構造物が脆弱であることを表すとき，ガラス細工のような構造とよくいわれる．ガラスのヤング係数はアルミニウムと同じで鋼の1/3であり弾性変形追随性は大きいが，塑性変形能力はほとんどなく，ガラス表面の傷などの部分的な欠陥をきっかけに破損してしまう．このような脆性材料で構成される構造物に塑性理論を応用することはできない．鋼構造，鉄筋コンクリート構造などの設計および実際の施工を成り立たせているのは，これらの構造物が適度な塑性変形能力を有しているからである．

ガラス細工で構造物をつくる場合を想像してみる．設計者の意図とは異なる順序で施工した場合，例えば梁の長さとその両側の柱の間隔が合わないとき，柱の弾性変形を利用して無理に梁を接合するなど，構造物の完成後に設計通りの応力が作用していないことがいたるところでありうる．別の言葉でいえば，過大な内部釣合応力が多くの部材に生じていることになる．ガラスのように塑性変形能力がない場合，この構造物の実際の安全率はガラスの破断強さと比べて，各部分に実際に生じている応力の比率の最も大きな値で決まってしまい，設計者の意図通りの安全率は発揮されない．非常に危険である．このような構造物が地震動を受ける場合には各個撃破現象，ドミノ倒し現象，ジッパーフェイル現象が生じやすくなるといえる．部材に塑性変形能力がある場合，応力は再配分され，外力に対して，すべての構造部材が協力して抵抗するので，実際の安全率は設計者のほぼ思い通りになるといえる．

ここでいう塑性理論とは，下界の定理，上界の定理，解の唯一性定理の3定理を示す．下界の定理は「もし，ある任意の荷重係数λにおいて，外荷重に釣り合い，構造物中のどの部分でも降伏条件を満足している曲げモーメント分布が求められれば，その荷重係数λは真の崩壊時の荷重係数λpに等しいか小さい」，上界の定理は「もし，ある想定した崩壊メカニズムにおいて，正の荷重係数λを持つ荷重によりなされた外部仕事が，塑性ヒンジでなされる内部仕事に等しい場合，その荷重係数λは真の崩壊時の荷重係数λpに等しいか大きい」，解の唯一性定理は「もし，ある荷重係数λにおいて，釣り合い，メカニズム形成および降伏条件の三つの条件を満足する曲げモーメント分布を求めることができれば，その荷重係数は真の崩壊時の荷重係数である」として説明される．

下界の定理は「構造物を弾性と仮定し，与えられた外荷重による応力分布を求め，この応力分布に比較して，材料安全率（1/2, 2/3など）を考慮して決めた部材強度が上回るように設計する弾性許容応力度設計の体系」を下支えしている．塑性設計の体系もこの3定理に支えられて成立するが，これを満たすために必要な塑性変形能力は，構造物が整然とした形状であり，施工精度も十分高い場合には，各

部材の持っている弾性変形量とほぼ同じ量と考えられ，それほど大きなものではない．

▶2.5.4 耐震設計に必要な塑性変形能力

新耐震設計法においても，2000年6月に施行された限界耐力計算法においても，構造物に大きな塑性変形能力を持たせた場合ほど，構造物の保有水平耐力は小さくてよいことになる．これは弾塑性振動解析を行うことによって証明できる間違いのないものである．しかし，はじめにも述べたように構造物の耐力を小さくし，大きな塑性変形に期待することは，建築構造物に大きな損傷を認めることと同じであり，建築物の継続使用，再利用を難しいものにし，財産価値を失う可能性も増してくる．大地震後にも継続使用，再利用，財産価値の維持を求めようとするならば，柱，梁などの構造物本体の塑性変形は小さいほどよい．非構造壁などへの損傷を防ぐためには，地震時の変形もある程度小さいほうがよい．

免震構造は上部構造に大きな塑性変形を期待しないで設計できるから，上記の要求を満足できるが，基礎固定の建物として，以上の要求を満たす耐震構造が，損傷制御構造，パッシブ制振構造である．柱，梁などの主体構造としては従来の骨組より弾性変形限界の大きな骨組を構築して地震時に弾性域での応答が可能なようにし，地震時のエネルギー吸収を目的とした部材を別に設け，これらに大きな塑性変形を期待する方法である．エネルギー吸収を目的とした部材はダンパーとも呼ばれるが，長年のあいだ，行われてきた構造物の塑性変形能力の向上に関する研究がこのような部材の開発の原動力になったといえる．鋼材の塑性化を利用した代表的なものとして，座屈拘束筋違，鋼板耐震壁，間柱型せん断パネルがあり，これらのダンパーの塑性変形能力は非常に大きく，塑性率として20から30を用いることができ，累積塑性変形倍率として振幅にもよるが1000ほどまでが可能である．粘性体，粘弾性体を利用したオイルダンパー，制振壁なども多く使われている．

柱，梁などの構造物本体の塑性変形を起こしにくくする方法として，鋼材，鉄筋，コンクリートなどに高強度材料を用い，断面を従来の設計より若干細いものにし，弾性限域の変形を大きくする方法が有効である．

▶2.5.5 直列システムと並列システム

水平方向の地震動を受けて振動する多層建築構造は，直列システムと並列システムに分けて考えることができる．新耐震設計法以来推奨されてきた最も代表的な直列システムとしてあげられるのが純ラーメン構造である．柱，梁の骨組の弾性変形を表すバネと，梁の端部にできる塑性ヒンジを表すバネが交互に直列に連なって多層建築構造になる．梁端に塑性ヒンジが生じているときには骨組にも同等の力が生じており，鋼構造骨組の弾性バネの変形量は小さくなく，層間変形角として1/200から1/120程度になる．塑性ヒンジは層間変形がこれを越えるときにしか生じないので，この方法は効率が悪く，応答変位が過大になってしまう．また免震構造もまた直列システムの代表である．比較的剛強な基礎と上部構造に挟まれた免震層にのみ地震時の大きな変形，エネルギー吸収を期待している構造である．ほとんどの変形が免震層に生じることから考察してもわかるように効率のよい直列システムといえる．

一方，代表的な並列システムとして挙げられるのが損傷制御型構造物である．代表的な並列システムである．柱と梁で構成される骨組の弾性バネと，上下の床スラブ間を直接つないでいる鋼材ダンパーや粘性ダンパーなどを表すもう一つのエネルギー吸収用バネが並列に組み込まれ，これが繰り返して多層建築物が構成される．この場合は弾性バネとエネルギー吸収バネに生じる変形は同一であり，それぞれが独立に機能を発揮することになり，非常に効率がよい．弾性バネで表される骨組は極力弾性変形を，エネルギー吸収用バネは効率良く地震エネルギーを吸収することができる．

▶2.5.6 特定層への損傷集中防止と心棒の必要性

前項で述べたように，層の剛性を評価する場合は，梁の端部に塑性ヒンジを許容した靱性設計骨組は直列システムで表され，損傷制御骨組は骨組バネとエネルギー吸収バネの並列システムで表される．どちらの場合も，多層構造物全体を質点とせん断バネの繰返しで表して等価せん断型振動モデルを構成する

と，典型的な直列モデルになる．高さ方向の質量分布，剛性分布，水平耐力分布によってこの直列モデルの性質は決められ，これに地震動が作用するとき，全層にわたって均一に塑性変形が生じる応答を起こすこともあれば，特定の層に塑性変形が集中してしまうこともある．損傷制御骨組の場合，柱梁などの骨組本体が弾性域にあるときは，層の復元力には大きな2次剛性が残っているから，エネルギー吸収バネが降伏しても，その層に変形が集中する可能性は少ない．しかし，骨組の剛性がエネルギー吸収バネの強度に比べて相対的に小さいとき，または骨組が塑性化したあとには，その特定層への変形集中が起こる可能性がある．

1994年のノースリッジ地震で梁の端部の溶接部分に破断が起きた中高層鉄骨建築は150棟ほどあるといわれているが，倒壊したものは一つもない．その理由には色々な解釈があるが，米国の建物の場合，建物の外周に設けられた剛接骨組のほかに鉛直荷重だけを支持するために設けた重厚な柱が効果を発揮したといわれている．鉛直荷重柱は建物の内部に林立しており，梁はこれらの柱にウェブ接合されており，静的な水平力は負担しないとして耐震設計が行われている．しかし，実際の地震動を受け，ある層の剛接骨組に大きな層間変形が生じようとすると，鉛直荷重柱は建物の内部で各床に突き刺さる連梁のような働きをし，特定層の剛性や強度を自動的に高める．これは五重塔の心柱の効果とも似ていて，多層構造物の層崩壊を防止するのに大いに力を発揮する．梁端の塑性ヒンジに地震エネルギーの吸収を期待した従来型の建物の場合，心棒があると全層の梁端が地震エネルギーに協力して抵抗することになり，耐震性が非常に高まる．

損傷制御型の構造物においても，多層建築物を縦に通るせん断破壊しない心棒を配することは，耐震性向上に大きな効果を発揮する．必ずしも建物の中央に1本配置するのではなく，ノースリッジにあった鉄骨構造のように心棒を林立させる必要もある．エネルギー吸収バネのせん断剛性が大きいような場合は，柱状の心棒では剛性，強度が不足するので，鋼板耐震壁，ブレース構造を用いて大きなせん断剛性，曲げ剛性を持つ連層壁状の心棒が有効である．

地震時の特定層への損傷集中を防止することが目的ならば，この連層壁に境界梁や大きな基礎梁を剛接する必要はなく，連層壁の脚部の回転を固定する必要もない．脚部の左右にある柱の脚部でロッキングする方式なども有効であろう．中小地震には壁脚部が固定として働き，大地震時にはロッキングして損傷集中防止の効果を発揮する．

▶2.5.7 鋼材の多様化

損傷制御構造の開発を支えてきた重要な技術として鋼材の多様化がある．高性能鋼として開発されていた高張力鋼を建築に用いる場合，従来の鋼材のように塑性変形に期待するのではなく，弾性変形域を活用したほうが合理的であり，低降伏点鋼はエネルギー吸収を期待したダンパーに適した鋼材である．

材料開発の側から見ると，従来に比べ2倍の強度の鋼材が開発できれば，同じ構造物をつくるために必要な鋼材量は半分になると考えられがちである．構造物の各部材の断面寸法を同じにして，ウェブとフランジの板厚をすべて1/2にしてみる．結果として断面積，断面2次モーメントは1/2になるから，構造物全体の剛性は1/2になる．材料強度が2倍であるため，従来鋼の構造物と高張力鋼の構造物全体は同じ強さを発揮する．しかし，後者の剛性は1/2であるから，生じる変形は2倍になることがわかる．従来の鋼材を用いて降伏時の層間変形角が1/200程度の場合，後者の骨組の降伏時層間変形角は1/100になってしまう．高張力鋼の骨組に従来の骨組と同様の塑性率2程度のエネルギー吸収を期待して塑性変形を起こさせようとすると，1/50を越える過大な層間変形角を許容しなければならなくなる．従来の骨組のように1/200程度の層間変形角で降伏させるためには，初期剛性を高めるために部材のせいを大きくしなければならなくなる．もう一つ考えなければならないことは，材料強度が高い場合，幅厚比の条件が厳しくなることがあり，薄い鋼板を用いて部材のせいを大きくすることに合理性はなく，鋼材量の節約はできなくなる．

以上の考察から高張力鋼は弾性設計に適しており，塑性変形能力はそれほど必要ないことがわかる．弾性範囲のみを利用するのであれば，鋼材の降伏比

の条件を緩和することもでき，破断強度が同じであれば，降伏点は高いほどよいことになる．

▶2.5.8 日本の伝統と自然な発想

鋼とコンクリートを用いて基本的に全体が剛に組み立てられるビルディング形式の構造に関して議論してきたが，古くから地震に耐えてきた日本の木構造の伝統にも制振構造の考え方があったといわれる．五重塔については多くの研究が行われ，南禅寺の山門に見られるように太い柱に貫をさし楔を叩き込んだ構造も制振構造といえる．これは，楔のプレストレス力により緩みが生じにくく，木材の性質で唯一靭性に富むめり込みを利用した構造である．

鈴木有は『コンサイス木材百科』の中で伝統工法はねばり強い耐震機構を持つと，次のように述べている．「中程度の地震には『堅いが脆い土塗り壁』によって揺れを抑えて無被害に止める．大地震にはこの土壁を先に壊してエネルギーを吸収しつつ『立体格子状の木造軸組』で力を分散し，揺れるほどに『木を噛み合わせ堅木を叩き込んで固めた接合部』で，変形とエネルギーを吸収して耐える．そして，想定外の地震動に対しても，『柱直置き基礎』で上部構造を滑らせる一種の免震的工法によって揺れのエネルギーを遮断し，致命的な被害から逃れようという，多段階に備える耐震機構をもっている」．そして「この『自然体型』は材料と構造と工法の絶妙な経験的・口伝的バランスの上に成立し，地域の自然外力条件の下で長年にわたって確かめられてきたものではあるが，普遍化するには至っていない」とまとめている．

寺田寅彦は昭和8年に書かれた随筆『鎖骨』で，耐震設計に人間の身体のしくみ，骨のしくみを取り入れることを提案している．人間の鎖骨は，車のバンパーのように肩の前の部分にあり，転んだときなどにこれが先に折れることによって，肋骨や内臓を守るしくみになっている．鎖骨は折れても普段の生活にはそれほど支障がなく，治りやすい骨である．この考えを建築構造に利用するという考えであり，損傷制御構造の考えを明確に述べたものといえる．

鎖骨だけに限らず，人間の身体，動物の身体，植物の構造などからわれわれのつくる建築構造について取り入れるアイディアは多くある．大きな木の根の構造，高さ方向に滑らかに変化する幹の太さ，幹と枝の接合部などをよく観察すると，建築構造はかなり乱暴なつくり方をしていることがわかる．兵庫県南部地震のあと，鋼構造骨組の梁の端部に水平スチフナーを付けることが一般的になったが，幹と枝の接合部に似た，溶接部を塑性化させないこのような工法は是非普及させるべきである．過去に建設してきた多くの建物の改良が必要になるようにも思う．

▶2.5.9 解析モデル

構造設計へのコンピュータの利用が一般的になり，鉛直荷重時の応力解析にもマトリックス法が使われ，立体解析が行われることもある．この場合，制振部材を組み込んだ立体モデルを用いると制振部材も鉛直荷重を負担してしまい，周辺の柱の軸力が過小評価されてしまう．建物の竣工後，大きな地震を受ける前の応力状態はこの解析結果に近いのであろうが，制振部材は地震時のエネルギー吸収を目的に設置され，鉛直荷重を負担するものではないから，制振部材が鉛直荷重を負担しないような解析を行う必要がある．これには，柱の軸変形を拘束して解く方法が簡単であるが，制振部材をすべて取り除いた立体モデルを用いる方法が確かである．

施工順序により異なるが，実際の工事においても制振部材に鉛直荷重が流れてしまうことがある．これを問題として，制振部材の接合を建物の上層部が完成するまで遅らせる方法が用いられる．これには，竣工後の建物の状態を計算の条件と一致させる意味はあるが，この施工法をとらずに，下から順に施工してしまっても大きな問題はない．この建物が一度大きな地震を受け，制振部材に繰返しの塑性変形が与えられると，制振部材が負担していた鉛直荷重は周辺の骨組に自動的に再配分されるからである．

応答解析モデルをつくる場合にも工夫が必要である．早期に降伏する制振部材の初期剛性を含んだ剛性マトリックスを用いて減衰マトリックスをつくると，制振部材のエネルギー吸収を二重に評価してしまう．減衰マトリックスをつくる場合にも制振部材の初期剛性の寄与は無視したほうが安全側の評価で

ある.

▶ 2.5.10　構造設計は能動的かつ意図的に

建築の設計に限らず，設計活動は能動的かつ意図的に進めなければ面白くない．制振構造においても同じであり，構造設計は能動的，意図的に行う必要がある．想像力をたくましくして，設計している建物が大地震を受けるときの挙動を考え抜き，意図通りに挙動するように設計を進める．制振構造の設計における基本は，

① 制振部材を取り除いた柱，梁による骨組が平面的および高さ方向に釣り合いよく構成され，設計で考えている変形振幅まで弾性的に挙動しうること．
② 設計上考えている変形振幅の範囲内で，制振部材が十分にその力を発揮すること．
③ 各制振部材に入力されるエネルギーがその部材のエネルギー吸収能力に満たないこと．
④ 建物の各階について層せん断力と制振部材の負担する層せん断力の割合が適切であることである．

最後に，建築関係の多くの学生，研究者，設計者に影響を与えた坪井善勝先生の言葉を引用する．1978年宮城県沖地震のあとだったと思うが，「地震災害で人が亡くなったり，怪我をするのは建物に働く水平動のためではなく，重力の影響で傾いた建物が倒れたり，押しつぶされたりするからである．耐震設計というと，応答層せん断力，層間変形など，研究者や設計者は水平方向の力や動きのことを問題にするが，無重力の宇宙船に地震があっても構造体は倒壊しない．地上の建築物はまず重力に対して壊れないことを考えるべきである」といわれた．

損傷制御構造の場合，損傷を受け地震時のエネルギー吸収を担うのは各種のダンパーであり，柱と梁は地震時にも弾性範囲で挙動し，構造物の重量を支持することに専念する．

免震構造の積層ゴムも同様の働きを持ち，地震時に大きく揺れても鉛直荷重支持能力を維持できる．両者は坪井先生の指摘した問題を解決できる構造である．

次節では本節であがった制振構造，免震構造を中心として最新の耐震技術について詳述する．

2.6　最新の耐震技術（免震構造と制振構造）

本節では前節で触れた免震構造と制振構造およびその基本的な概念となる損傷制御設計法について具体的に示していく．

従来の耐震構造（図2.20）は，震度6強，7を受けると被害は大きく，取り壊さざるを得なくなる．つまり人命は守られることが前提となっているものの，財産価値や建物の持つ機能の維持という点では難しい．この構造が最近の新築建物の約97％を占めている．

それに対し図2.21に示す免震構造では積層ゴムなどの免震装置の上に建物を構築し，地震のときに建物はゆっくりと揺れて加速度は耐震構造の1/10にまで低減され，人命が守られることはもちろん，財産価値および機能の維持を図ることが可能となる．建物の下にある地盤から入ってくる"地震外力を免れる"という意味合いが主眼にあることから免震と呼称される．最近の新築建物の約1％に採用されている．

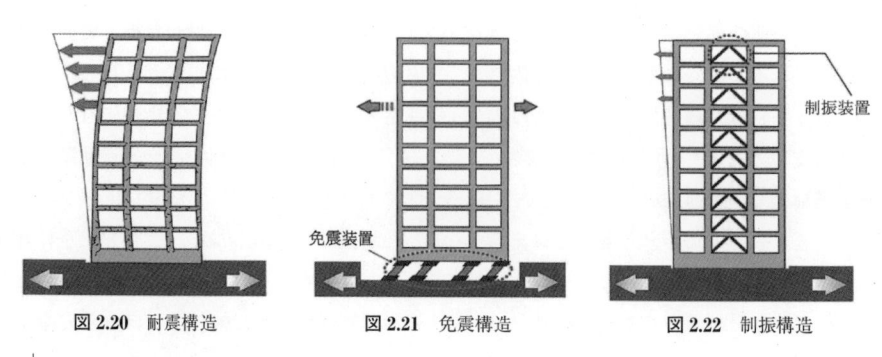

図 2.20　耐震構造　　図 2.21　免震構造　　図 2.22　制振構造

一方図 2.22 に示す制振構造では，常時の鉛直荷重を支えるしなやかな骨組と地震に抵抗する制振要素（図中の制振装置の形式は制振要素の形式の1例）を組み合わせた構造であり，地震後の損傷箇所の特定が用意となるため点検修復が容易で，やはり財産価値や機能の維持が可能となる．地震外力はもとより風外力により生じる振動をも対象として入力されたエネルギーを装置によって制御するところから制振と呼称される．最近の新築建物の約2％に採用されている．

▶2.6.1 免震構造

a. 開発から普及へ

免震構造の考え方は，わが国でも約100年以上前に具体的な提案があった．それ以前にも大きな地震が起きるたびに建物を地面から縁を切ってつくっておけば，こんな被害に遭わなくても済むと考える人々がいたと思われる．関東大震災のあとに多くの免震構造の特許が提出されたことは興味深いが，その中に実現したものは1,2例程度にとどまっていた．

積層ゴムのアイソレータによって建物を鉛直方向にはしっかりと，水平方向には柔らかく支え，各種のダンパーにより地震時のエネルギーを吸収させる免震構造は，日本でも実用化され，それから20年以上の歳月がすぎている．その後，各建設会社によって自社の研究所の建物や社宅の建設に多く応用されたが，免震構造のよさが広く認識されておらず，一般の建物への適用は少なかった．

兵庫県南部地震後の免震構造への対応は，過去の地震災害後の状況と大きく異なる．免震構造に関する研究開発が地震の前から行われていて，実用段階に入っていたからである．こうして一般の建築への免震構造の飛躍的な応用が始まった．免震構造の建設には（財）日本建築センターの評定が義務付けられているが，最近では1月あたり30件に近い申し込みが続いているそうである．地震前には年間でも10件以下であったから，画期的な出来事といえる．この増え方は一時的という人もいるが，免震構造のよさが多くの人に理解されれば，今後さらに増えていくことが想像される．

b. 適用範囲の拡大

免震構造の適用領域は幅広い．病院，学校，市役所，美術館，音楽ホール，住宅，原子力発電所，研究所，計算センター，消防署，警察署など，すべての種類の建築に用いられている．工場や体育館などの鉄骨造の大スパン構造は，地震力よりも風圧力に対する設計が支配的になるので，免震構造が使われない唯一の建築と思われていた．しかし200 mクラスのスパンの大屋根の場合，自重が大きく風よりも地震で構造部材の形状が決まることになり，兵庫県南部地震において大屋根構造にも被害が生じたこともあり，ここにも免震構造が使われようとしている．

このほか，歴史的建築物の耐震性向上のための免震化工法がある．米国では新築の数と同じくらいの数にのぼっている．最も象徴的なのが，ロサンゼルスとサンフランシスコの市庁舎に対して，同時期に免震構造による耐震化工事が進められていることである．日本国内でも，上野の国立西洋美術館，大阪の中之島公会堂が免震構造を用いて耐震化されることが発表されている．

積層ゴムを支承にした免震構造の場合，住宅のように軽量で小規模の建物への適用は難しい．すべりのしくみを応用するなどの新しい方法の開発が望まれている．

c. 設計自由度の拡大

免震構造を採用することにより，大地震時にも上部構造はほとんど弾性範囲の挙動に収めることが可能となるため，上部構造に必要な性能は強度だけであり，塑性変形能力はそれほど必要ない．このほか，上部構造の平面計画の若干の偏心や，階ごとの剛性の若干の不釣り合いがあっても，この影響を考慮して設計が行われていれば，一般の構造のように上部構造のねじれ変形が急増したり，特定層に破壊が集中したりすることはない．これらの免震構造の特徴をよく理解して設計を行えば，設計の自由度はかなり大きくなることが想像できる．

鋼構造の免震構造の場合，筋かいの設計は地震時に発生する軸力より座屈強度を高めておけば，細長比の絶対値を気にしなくてよい．一般の工法では筋かいの座屈による急激な体力低下が耐震性を悪化さ

せるとのことで，筋かいの細長比と水平力分担率に応じて建物の保有水平耐力を割り増さなくてはならないことになっているが，免震構造ではそのような配慮は不要である．

鉄筋コンクリート構造の場合は，耐震壁を有効に活かした設計が行える．日本建築学会の鉄筋コンクリート構造計算基準には，耐震壁のせん断強度の計算式には二つある．一つはコンクリートのせん断強度に期待してひび割れ前の強度を活用する式であり，二つ目は耐震壁内に配筋した鉄筋の強度とその両側の柱のせん断強度を加算する考え方で，先の式よりも大きなせん断変形が生じた場合を考慮している．できれば，上部構造に損傷を与えないという考え方から免震構造には1番目の式が適している．筋かいの場合と同様，耐震壁の水平分担率が100%近くなっても問題はない．

d. 基礎固定建築との比較

免震構造の開発の初期には，一般の基礎固定の建築構造と免震構造の耐震性を直接比較して，互いの優劣を競うのはやめておこうという風潮があった．しかし，兵庫県南部地震の際の一般建築の被害経験を見ると，これからは，両者を明確に比較することが必要と考える．

1981年以降の新耐震設計法に基づいた一般建築がそれ以前の建築に比べて被害が少ないといわれているものの，地震中および地震後の建物内部の状態はとても耐震構造と呼べるものではなかった．梁降伏型の設計により，建物全体の倒壊は免れたものの，地震後の点検費が膨大であり，補修費が新築費の半分となり，取り壊しになった建物もある．

現行の建築基準法の考え方の，震度7クラスの地震動に対しては人命を尊重し，建物の再利用しないという観点からは問題ないが，科学技術の発達した今日において，基準法で示されているレベルの耐震性では満足できないと多くの人が感じていると思う．基礎固定の建物の耐震性レベルを向上するために，設計用層せん断力を割増しする考え方があるが，構造体本体の耐震性は向上しても，建物の揺れや，地震後の状況は改善されない．

e. 上部構造の塑性化

建築構造物に対する耐震性を，入力の大きさに対応した上部構造の状態を表すことにして，免震構造の場合を一般の基礎固定の建築構造と対応させて比較する．$80 \sim 100 \text{ cm/sec}^2$の入力に対して許容応力度状態であること，$400 \sim 500 \text{ cm/sec}^2$程度の入力に対して上部構造に生じる応答が上部構造の塑性変形を期待して計算した保有水平耐力を越えない状態であることの二つを考えることになる．しかし免震構造の設計は，ほとんどの場合，基準法施工令の2次設計に相当する後者の入力に対して，上部構造は許容応力度設計が行われている．この比較によると，5倍の入力に対して上部構造を同じ許容応力度域内に収めているから，免震構造は5倍の安全性を持つことになる．このとき，上部構造を安易に塑性化させないのは，免震構造と名乗るからには，同じ程度の地震を受けた場合に一般の建物より良好な状態にしたいことが第1にある．さらには，免震構造の場合，上部構造への水平力は上部構造の固有周期に比べて非常にゆっくりと作用するため，上部構造に早期から塑性変形を許容すると上部構造に大きな塑性変形が生じてしまうことが二つ目の理由である．

f. 耐震設計の難しさ

コンクリートの固まりのような構造物をつくれば，いかなる大地震が来ても壊れない．しかし，建築の機能，美しさ，経済性を追及する観点から人間の寿命を越える長い間隔で発生する大地震を対象として耐震設計を行わなければならないところに，その難しさがある．

突き詰めると，一般的な基礎固定の建築構造の耐震設計も免震構造の耐震設計も，その難しさの原点は考えるべき地震入力の設定にある．ここを決めてしまえば若干の過信はあるとしても，今の技術があれば，かなり思い通りの構造をつくることができる．しかし，現状では来たるべき地震動が決められないことを原点として考えざるを得ない．

一般の建築構造では，この地震動の不確かさを，構造物に生じる塑性変形量の不確かさに置き換えている．層間変形角が$1/100, 1/50$などと表現するが，発生した地震動が想定の2倍になり，層間変形が考えていた値の2倍を越えたところで壊れてくることには変わりがなく，倒壊さえしなければ大きな違い

はない．ただ問題は，兵庫県南部地震で10棟以上の建物に発生した層倒壊が生じないようにすることである．このためには建物全体に地震時の入力エネルギーを分散させることが重要である．これには構造物の高さ方向の強さ分布が大きく影響するが，地震動の性質がわからないという前提のもと，最適な強さ分布を決めることは難しい．仮にこの分布が決められたとしても，その通りの構造物の実現は容易ではない．

建物内に連層耐震壁を組み込み，建物の心棒として働かせる，柱を梁より強く設計し梁降伏型の建物を造るなどにより，損傷が特定層に集中しないようにする必要がある．しかし，このような建物は建物全体に被害が分散するため，地震後の点検，補修が容易ではない．建物内に地震のエネルギーを吸収するダンパーを組み込み，柱や梁の損傷を減らす方法もあり，免震構造ほどではないが有効である．

g. 免震構造の設計

前に述べたように，一般の建築構造の耐震設計は簡単ではないが，免震構造は，積層ゴムとダンパーで構成される免震層に地震時のエネルギーを集中させることから，ある意味で明快な構造である．一般の建築構造設計に比べ，上部構造の設計の自由度が増し，基礎構造も作用する地震力が減少するため，設計が容易になる．

問題は免震層の設計に集約される．積層ゴムアイソレータを用いる場合，鉛直加重を安定して支持しつつ水平に変形できる限界を見極め，限界内に収めることが重要である．

静的な外力と構造部材の強度の比較によって構造物の安全性を計る一般的な構造物の場合，部材の断面を大きくすればするほど安全性は増す．これと同じように考え，免震構造を安全な構造にするために，建物の重量に比べ，断面積の大きな積層ゴムを数多く配置したほうが安全性が高まると誤解されることがある．このようにしてしまうと免震構造の固有周期が短くなり，免震構造としての効果がなくなってしまう．積層ゴムに作用させる常時の面圧を100 kg/cm^2 以上にし，積層ゴムの剛性と，建物重量で決まる固有周期を4秒以上とする場合に性能の高い免震構造が得られると現在考えられている．

次に免震クリアランスといわれる上部構造とその周辺の動かない部分との隙間の確保が必要である．これには，免震構造が並進運動だけではなく，ねじれ運動を起こすことも考慮しなくてはならないであろう．

さらに適切な量のダンパーの設置によって応答変位を低減させ，上部構造への入力を減らす必要がある．設計入力を，ある大きさに設定したままダンパーの量を増やしていくと，上部構造に生じる加速度は徐々に減ってくるが，ダンパーの量を過多にすると免震効果は薄れ，上部構造に作用する加速度は増加してしまう．設計入力の大きさに対し，上部構造の応答を最も小さくするダンパーの量があることになる．免震層に生じる水平変形はダンパーの量を増やすにしたがい減少する．したがって，ダンパーの設計は上部構造の応答低減と，免震層に生じる水平変形量に注目して行うことになる．応答低減にとって最適なダンパーの量は，設計する入力レベルを程々にした場合には程々になり，過大に設定すると過剰なダンパーを設置する必要が生じる．後者のような設計を行うと，頻度の高い中小地震はもちろん，構造物の寿命中に発生する可能性のある高レベルの地震動に対しても免震効果が薄れてしまう．これはよい免震構造と簡単にはいえない．

免震構造の安全性は積層ゴムとダンパーで決まる．しかし，ここの安全性ばかりに気をとられていては，免震構造が免震構造ではなくなってしまう．被災を避けるべきは上部構造であり，積層ゴムとダンパーには最大限に性能を活用しなくてはいけない．現状では，設計用地震入力の設定に頭を悩まさざるを得ないが，過酷な状況に置かれても安全性を失わない積層ゴムとダンパーの開発，応用が最初に重要である．

h. 実施設計例

ここでは東京工業大学すずかけ台キャンパス構内に建設された高さ90 m級の免震高層研究棟（図2.23, 2.24）の概要を紹介する．

搭状比の高い超高層鋼構造建築物に免震構法を適用しようとする場合，一般的に以下のような点が構造計画上問題となる．

①免震効果を発揮させるために必要な上部架構の

図 2.23　第 2 期完成図

図 2.24　第 1 期完成写真

水平剛性の確保
②地震時の転倒モーメントにより発生する免震支承部の引抜力への対処

　鋼構造の特徴である大きな無柱空間を平面計画上確保した場合，柱梁によるラーメン架構のみでは免震効果を発揮できる十分な水平剛性を確保できない場合が多い．水平剛性確保のためには外周部にメガブレースなどの剛性部材を配することが効果的であるが，このような対処は地震時の水平力を鉛直荷重の小さい外周部に集中させることになり，この部位の支承に引抜力が発生しやすくなる．したがって上記 2 項目の条件を双方ともに満足する設計を行うには工夫が必要となる．この設計例の場合にはその対処方法として，特殊な持ち出し部材を介して外部に露出した構面外のブレースにより適度な上部架構の水平剛性を確保し，かつこれらをデザイン要素として利用しながら構造設計を行っている．また地震時に生じる柱脚部の引抜力に対して，免震支承を浮き上がらせ，ほかの支承部に軸力を再配分するしくみが採用されている．

　免震装置の場合，先に述べたようにほかの種類の制振装置が併設される．図 2.25 に免震層における各種装置の配置図を示す．図にあるようにこの建物ではオイルダンパー，免震 U 字ダンパー，積層ゴム一体型免震 U 型ダンパー，皿ばねワッシャー付き積層ゴムなどが設置されている．それらの装置の写真（図 2.26 〜 2.31）を以下に示す．

　本超高層免震建築物はの高さは 91.35 m である．免震層には，16 個の積層ゴム，および 14 個のスチールダンパー，二つのオイルダンパーが設置されている．建物の 4 隅の積層ゴムの下部プレートはその下の大きな鋼板に掘られた深さ 3 cm の穴に設置されて横移動が拘束され，下部のアンカーボルトは多層のバネワッシャーを通してからナットで締めることにより 2 cm までの浮き上がり変形が柔らかく生じるようにした．免震構造を適用したため，地震時において建築物に作用する力は著しく低減され，本建築物は従来の構造法に比べ圧倒的に少ない 16 本の柱（コンクリート充填角形鋼管）により構成されている．2 期工事部分（平面図右側）は，12 本の柱により構成される．建築物の両側面に大きな X 型の形状で鉛直方向に設置された筋違は，高さ方向の水平剛性を高める効果があり，重ねてデザインとしても高度な建築技術を表現している．

i. 高層免震建物の挙動の実測事例

　この建物には各種測定機器が設置されており，リアルタイムで観測されている．本題から外れるので観測結果などまで含めた詳細には触れないが，その概略を以下に示す．

　測定機器は加速度計，変位計，ひずみ計などがあり，それらからの出力電圧は各階に設置されたデータロガーで A/D 変換され，データサーバーに LAN を用いて転送され，連続記録が収録される．本建物

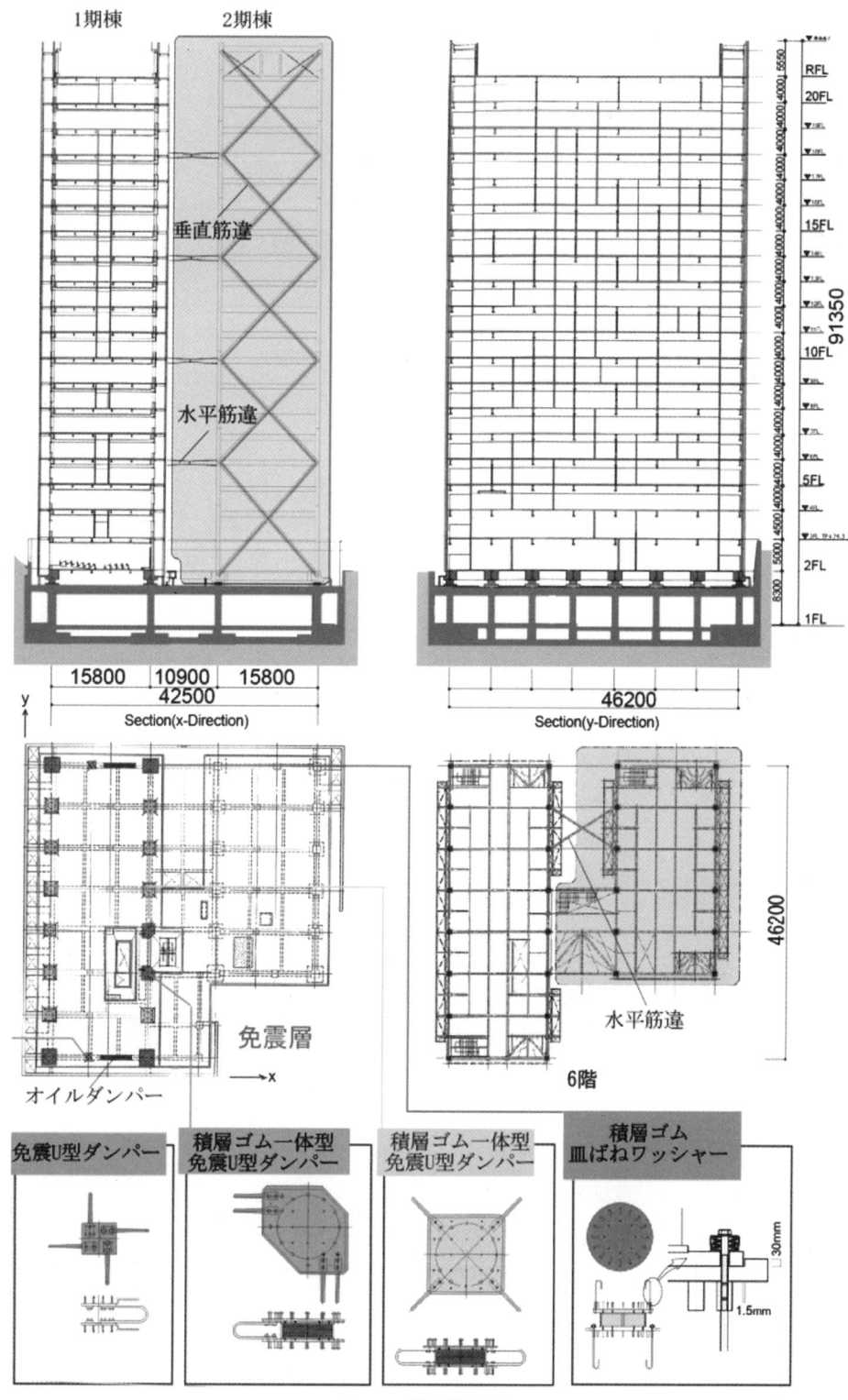

図 2.25 耐震装置配置図

2.6 最新の耐震技術（免震構造と制振構造）

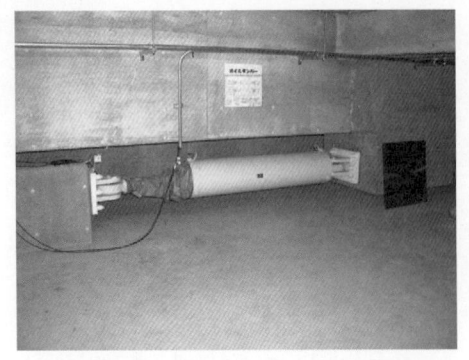

図 2.26 1000KN 級オイルダンパー

図 2.29 1100φ積層ゴム支承と鋼製 U 字ダンパー

図 2.27 皿ワッシャー付き 1200φ積層ゴム支承

図 2.30 基礎部と上部構造の絶縁部（内部）

図 2.28 鋼製 U 字ダンパー

図 2.31 絶縁部（外部）
メガブレース：写真左上．

周辺の建物で収録されたデータも無線 LAN などで転送され，本建物のサーバーに収録される．タイムサーバーは，GPS 信号で時刻校正され，各ロガーのクロックも LAN 経由で校正される．その概念を図 2.32 に示す．

▶2.6.2 制振構造

次に制振構造について論ずる．最初にその基礎的概念として発展した損傷制御設計についてまとめる．

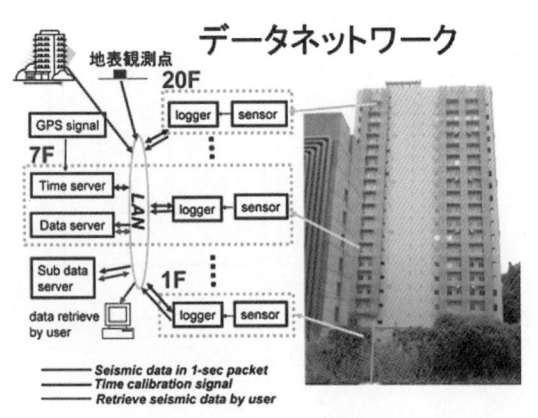

図 2.32 観測システム概念図

a. 損傷制御設計

日本における超高層ビルの耐震設計法は，当初から弾塑性設計法に基づく2段階設計法が採り入れられていただけではない．本来地震のように不確実な自然現象は確率的に扱うべきであり，強度（超過確率としての）と作用荷重の発生確率は安全に対して相関があり，連続量として扱うべきである．2段階の性能指標は境界を示すだけであるから本来連続的確率分布として扱うべきで，2段階の性能指標は境界を示すだけではない．ニューマーク，ペンゼンの考え方に基づいた2段階設計法は，いわゆるレベル1の地震を越えると徐々に主要骨組がどこかで塑性域に入り弾塑性ポテンシャルエネルギー一定の原則によって，降伏限界を極端に低くしない限り一種の変形制御が働くことに期待して，建物は倒壊から免れることに基づいた設計法である．これまでのほとんどの超高層ビルの設計はこの考え方によって設計されてきた．このことはとりもなおさず主要骨組は最大級の地震に対して多大な被害を受けることになり，再び同じレベルの地震を受ければ安全上の支障が想定され，使用限界を越える場合は継続使用が困難な可能性もあることを覚悟している．

損傷制御設計法はこの考え方に対して，①レベル1を越え，レベル2の地震に対しても再来地震後の架構の継続使用を考慮すること，②最大級の地震に対して残留変形が大きくなると補修継続使用の費用負担が大きくなること，以上の2点から，①損傷を塑性化部材に集中させ，継続性を持つ構造部材は弾性設計とし，②一定以上の変形を惹起する地震に遭遇した損傷部の塑性化部品を交換する，の2点に変更することにより，従来の超高層ビルの構造設計のあり方に修正を加えるものである．

30年来の耐震設計に関する研究は，建築物の剛性が高かったこと，材料の強度がそれほど強くなかったこともあり，地震時に骨組構造が塑性化することを認め，塑性変形能力を高めるための研究に大きな力が注がれてきた．その後，限界状態を考慮し，確率・統計論による信頼性設計法や，建築物の耐震極限設計法などが提案されてきている．

1985年頃から，制振技術の研究が盛んに行われ始め，地震や風のエネルギーをデバイスに集中させ

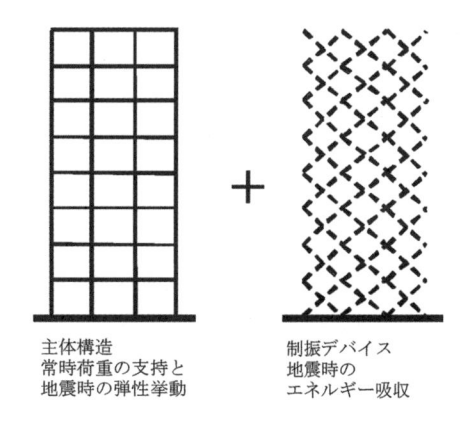

図 2.33 損傷制御構造の構造システム

（主体構造 常時荷重の支持と地震時の弾性挙動 ＋ 制振デバイス 地震時のエネルギー吸収 → 構造物）

るという意味での損傷制御設計という概念が登場した．エネルギー吸収デバイスとして，T.M.D.（tuned mass damper），A.M.D.（active mass damper），T.L.D.（tuned liquid damper），粘性ダンパー，履歴型ダンパーなど多くの方法が確立され，実用化されてきている．しかし，目的が主として居住性の向上であり，制振デバイスに損傷を集中させ，建築物全体の損傷レベルを低減していくという考え方は近年まではなかった．

骨組全体のエネルギー吸収能力を増すための設計法として，従来より梁降伏によるエネルギー吸収の方法がある．しかし，梁は，第1義的には鉛直荷重を支持するためのものであり，鉄骨構造においては，強度面での断面効率を上げると変形能力の確保が困難となる．さらに梁の床との合成効果，建築物の主軸に45°方向の地震入力までを考えると，梁降伏型の設計は現実的には難しい．実際，ノースリッジ地震や兵庫県南部地震における地震被害で，柱・梁接合部の梁端フランジ部に多くの破壊が集中している

ことが，被害調査で明らかになった．

梁端フランジ部は，水平力が建築物に作用するときに生じる梁部材の応力勾配の影響により，塑性ひずみが集中する箇所である．

また角型鋼管柱と梁の接合部では，梁ウェブ部は柱フランジ部が面外に変形するので応力伝達が困難となり，梁フランジ部はより高い応力集中を受け，塑性ひずみが集中する箇所となる．さらに梁フランジ部は溶接部を有し，溶接欠陥や熱影響部の材質劣化などの問題もある．

構造物の損傷制御設計という観点からは，柱・梁を弾性範囲内に抑え，制振デバイスによりエネルギー吸収を図ることが可能なら，損傷を最小限にとどめることができる．このようにして損傷を低減する構造方法が損傷制御構造である．

損傷制御構造は，構造物は柱・梁からなる主体構造と制振デバイスの二つの独立な構造システムから構成されると考える（図 2.33）．

主体構造は常時荷重を支持し，地震時にも弾性挙動をする．制振デバイスは地震時にエネルギー吸収する役割を持つ．これは「一つの設計要求は一つの設計パラメータと一致させるのが合理的である」という Performance based design のコンセプトに支えられている（表 2.1）．

従来の設計法により設計された構造物は，使用限界までは弾性ひずみ内にあり，使用限界を越えると，構造物の主として梁に塑性化を許容する．これに対して損傷制御構造では，主体構造は，使用限界，損傷限界ともに弾性ひずみ内であり，使用限界を越えると，構造物の主として梁に塑性化を許容する．

使用限界を越えると，構造物の主として梁に塑性化を許容する．これに対して，損傷制御構造では，主体構造は，使用限界，損傷限界ともに弾性ひずみ内にあり，制振デバイスは，使用限界，損傷限界ともに塑性化を認める（表 2.2）．地震を受けた損傷制御設計は，地震のあと，主体構造は補修することなく，制振デバイスを損傷レベルに応じて，補修あるいは交換することによって建築物は継続的に使用できる．主体構造に制振ダンパーを付加する方法には直列配置と並列配置の二つの方法がある（図 2.34）．

直列配置は位置は RC 造のように主体構造の剛性が高く靭性のない構造に適している．構造物全体の固有周期を伸ばし，変形能力のあるダンパーに変形を集中させることで，主体構造の破壊を防ぐことができる．しかし，鉄骨構造のように主体構造の剛性が低い場合には，直列配置により全体の剛性がさら

表 2.1 設計要求と設計パラメータ（従来設計（上）と損傷制御設計（下））

設計要求	設計パラメータ	
	主体構造	制振デバイス
常時荷重に対する安全性	◎	—
地震荷重に対する安全性	◎	◎

・地震時に主体構造も塑性化
・設計が複雑

設計要求	設計パラメータ	
	主体構造	制振デバイス
常時荷重に対する安全性	◎	—
地震荷重に対する安全性	弾性設計〇	◎

・地震時でも主体構造は弾性ひずみ内
・地震時に制振デバイスでエネルギー吸収
・主体構造と制振デバイスの設計の独立が可能

表 2.2 水平力―変形関係

従来設計
使用限界：架構 弾性
損傷限界：架構 弾塑性

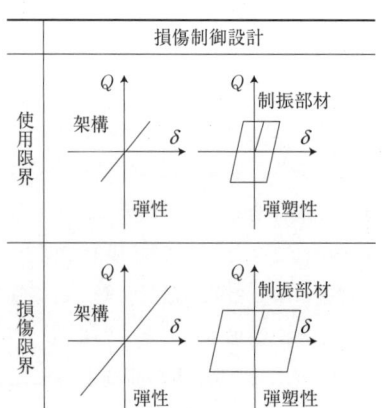

損傷制御設計	
使用限界：架構 弾性	制振部材 弾塑性
損傷限界：架構 弾性	制振部材 弾塑性

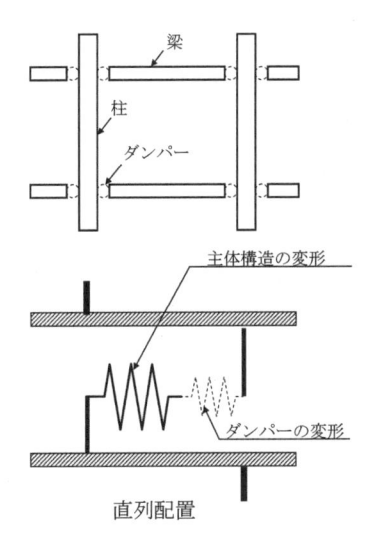

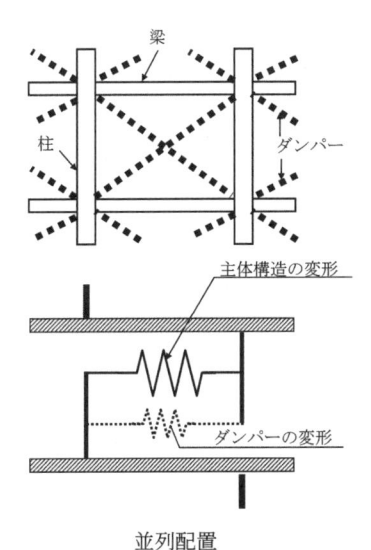

図 2.34　制振ダンパーの付加方法
直列配置（上図）と並列配置（下図）．

図 2.35　制振ダンパーの種類

に低くなってしまうため，直列配置に適さない．

並列配置は主体構造の剛性が低く，弾性変形の領域の大きい場合に適している．損傷制御構造のダンパーは並列配置が適する．並列配置を行うと初期剛性は主体構造とダンパーの剛性の和となり，小変形時の剛性が高まること，ダンパーに構造物の変形が直接伝わるためにダンパーの効果が大きくなるという二つの利点がある．さらに，最も重要な特徴は，大きな地震動を受けてダンパーに塑性変形が生じたあと，ダンパーを取り替えることによって，弾性状態にある主体構造を元の状態に戻すことができることにある．

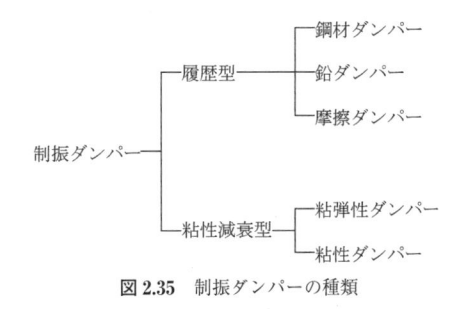

損傷制御構造の設計を成功させるためには，制振ダンパーにいかにエネルギー吸収を集中させる架構形式を設計するかが重要である．ここでは設計にあたってのキーワードを列挙する．

①全層せん断力を最小とする最適値の存在．
②主体構造とエネルギー吸収部材の水平力の分担率．
③エネルギー吸収部材の最適配置．
④層間変形（層間せん断変形）の低減．
⑤全体曲げ変形の低減．
⑥構造骨組の損傷を低減するための
　・エネルギー吸収部材の降伏強度比の影響．
　・エネルギー吸収部材の剛性比の影響．

制振ダンパーは大きく履歴型ダンパーと粘性減衰型ダンパーの2種類に分けられる．その分類についてもう少し具体的に図 2.35 に示す．

履歴型ダンパーは主に鋼材の塑性ひずみエネルギー吸収能力を利用したものが多用される．建築用鋼材として安定した性状を持つ SN400, SN490, 降伏点を低く抑えた低降伏点鋼などがある（図 2.36）．その他に鉛などの金属の塑性ひずみエネルギー吸収能力を利用したものがあり，また履歴特性が似ていることから摩擦力を利用した摩擦ダンパーなどもある．履歴型ダンパーは振幅の大きさによって制振効果が変化するため，対象とする振動レベルに合わせた特性を持つものにしておく必要がある．

粘性減衰型ダンパーは，変形速度に比例する抵抗力を発生させるものである．比較的小さな振幅から減衰力を発揮するが，性能が温度に依存するものが多い．例えば流体の抵抗力を利用したオイルダンパー，シリコンオイルのような粘性流体のせん断抵抗力を利用した粘性ダンパー，高分子系などの粘弾性のせん断変形に対する抵抗力を利用した粘弾性ダ

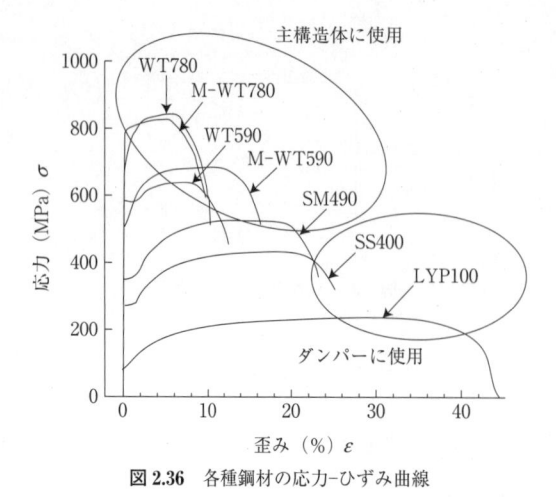

図 2.36 各種鋼材の応力-ひずみ曲線

ンパーがある.

なお,本章の趣旨とは異なるため詳細な記述は省くが,耐風設計と制振構造の関係についても簡単に触れることにする.

現在の耐風設計では,想定される最大級の強風時においても,構造体をほぼ弾性挙動範囲内に留める設計が行われている.このことから,履歴型鋼製ダンパーも弾性挙動範囲内にとどめる部材設計が行われている.そのため耐風設計における制振構造としては粘性減衰型ダンパーが併用されることが多い.

しかし,制振構造の場合,いくつか留意点がある.履歴型鋼製ダンパーにおいて,地震時のエネルギー吸収能力を高めるため,比較的低い振幅レベルから塑性化を開始すると,風外力によっても履歴型鋼製ダンパーが塑性化することが考えられる.この分野の研究は現在進行中であるが,風外力による履歴型鋼製ダンパーの塑性化を恐れることなく,さらには履歴型鋼製ダンパーを風外力により生じる振動の制御にも積極的に利用する工夫が求められる.風外力としては,風力に平均成分を有し,かつ低振動数成分を中心に広い範囲でパワーを有する変動風力を持つ風方向振動と,風力に平均成分がほとんどなく比較的狭い振動数範囲の変動風力である風直角方向振動との両者を考慮するべきである.この場合,平均成分の弾塑性応答に及ぼす影響や累積疲労損傷に対する検討が必要である.さらには構造物が塑性化すると構造物の固有周期が長くなり入力エネルギーが上昇する.このことにより建物の応答が増大するこ

とが考えられる中で,ダンパーによる付加減衰性能がどのように作用するかについても充分に把握して設計する必要がある.

粘性減衰型のダンパーにおいても,風外力は作用する継続時間が長いため,ダンパーの内部温度が上昇することを原因としたダンパーの特性の変化に対する配慮も必要となる.

地震時の降伏せん断力分布が最適になるように制振ダンパーを配置すると,風応答時のせん断力分布は異なる可能性がある.外力の周波数性状,継続時間が異なるとともに,地震外力は地盤からの入力,風外力は構造物に直接作用するからである.風荷重で部材断面が決定されている構造物において,変形やエネルギー吸収の特定層への集中がないかも検討するべきである.

b. 性能設計と損傷制御設計

設計クライテリアとは建物に要求される性能を数値の形で具体化したものである.そのため,設計クライテリアを設定する場合は,当然建物の目標性能を明確にしておかなければならない.建物の目標性能を明確にしようとする動きは近年非常に活発化しており,いくつかの目標性能も提案されてきている.この目標性能の設定に際して,損傷制御構造に用いられる耐震デバイスは調整が容易で多様な性能要求に対応することが可能であり,このような性能型設計の発展にはなくてはならない装置である.

本章では性能設計における要求性能と,それらを実現するための損傷制御構造の設計クライテリアについて言及する.

1995年の阪神・淡路大震災において現行の耐震設計は「人命の保護」には効果を発揮したものの,「機能維持」,「資産保全」の面では問題を残した.主要構造体の耐震性能は,現状の耐震設計で充分満足されるものであったが,その中の備品の器具が大破し,完全にその建物の機能が失われ再使用までにかなりの時間を要した.これまでの非構造部材の耐震性にはあまり関心が払われていなかったのである.

阪神・淡路大震災を待つまでもなく,耐震性能のみならず構造性能一般を明示した性能設計法の開発の必要性については,種々の学会,協会などでも認識されており解説書,指針なども発表されていたが,

表 2.3 目標性能の設定例1（和田ら，1998）

	Cランク 人命の保護	Bランク 人命・建物の保全	Aランク 人命・建物・主要機能の保全	Sランク 人命・建物・機能の保全
建物目標性能	震度6の大地震に人命の安全を脅かす倒壊などの被害を防止	震度6の大地震時に安全な避難が可能．地震後に建物の構造材は修復可能で，仕上材および設備機器，配管は取替えを含めた修復可能	震度6の大地震後に建物の構造体，仕上材，設備機器および配管は補修によって再使用可能	震度6の大地震時に建物の構造体，仕上材，整備機器および配管にほとんど被害を生じさせず継続使用可能
主要構造体	大きな変形や破壊などの被害が発生する可能性がある	変形や破壊などの被害は許容し，補修によって再使用可能	コンクリートのひび割れや部分剥離など補修によって再使用できる構造体に影響の少ない被害は許容	主要構造体にはほとんど被害を生じさせない
非構造部材	内外装材の剥落などの被害が発生する可能性がある	部位によって多少の損傷があるが，仕上材や部品の交換による修復で再使用可能	部位によって軽微な損傷があるが，補修によって再使用可能	ほとんどの部位が損傷なし，また補修を必要としない程度の損傷にとどめる
建築設備	設備は損傷・機能停止の可能性があるが，人命の保護および2次被害を防止する	部位によっては損傷を受ける可能性があるが，機能分散によるリスクを最小限にとどめる	必要最小限の建物機能を最小限日数保持し，一般の機能はライフラインが復旧時にすみやかに回復する	ライフライン損傷時も必要機能を継続して使用可能な状態を保持する

このような考え方が広く一般社会に普及するまでには至っていなかった．しかしながら，阪神・淡路大震災をきっかけとして構造性のみならず建物一般の性能を示した設計体系への変換の必要性が認識され，発注者側とともに建物の構造性能の目標を決定し，それに対して建物全体の安全性を保証しようとする動きがはじまった．

同時期に制振構造や免震構造が実用化に向かい，靭性型や強度型の耐震構造に対して，強風時や大地震時の居住性や機能性を確保した制御構造が採用されるようになった．このような制御構造技術の実用化によって，性能設計は一挙に現実味を帯びることとなった．

このような流れを受け，「建築基準法の一部を改正する法律案要綱」が平成10年3月17日に閣議決定され国会に提出された．この改正案は建築基準法体系の性能規定化に重点がおかれている．それまでの建築基準法が仕様規定型になっていたため，耐震性能のみならずそのほかの性能についても明確になっていない点，性能に応じた建物を選択することが困難である点，新しい材料，工法，設計法の採用の手続きが煩雑でこれらの開発を阻害している点，海外規格の受け入れの当否を判断することが困難である点などを解決する方策として提案されたものである．その骨子を以下に示す．

①性能項目を明示する．

②性能項目について要求される性能基準を明確化する．

③性能基準を満たすことを確認するための検証方法を規定する．

改正後は，設計者は発注者とともに建物の構造性能目標を決定し，建物全体の構造性能を明示する必要がある．その一方で性能を満足していれば，新製品であろうと自由に設計に取り入れられるようになる．

性能仕様型設計を要約すれば，「建物の用途などに応じた特性，重要性，経済性などを考慮して建物ごとに要求する性能を決定し，その性能が発揮できるような設計を行うこと」である．

性能型設計では，設計段階において発注者とともに目標性能を設定する必要がある．目標性能とは，各設計レベルに応じた要求性能を意味し，建物のグレード（その用途，内部機能の重要性，建物の損傷補修と営業停止にかかわる費用などの経済性，歴史的文化遺産としての潜在的な重要性）に応じて決定される．

目標性能は，特定レベルの設計用地震動をはじめとする外力が作用する場合に，建物が受ける損傷の最も望ましい状態を意味する．構造部材，非構造部材はもちろん，電気やガスなどの設備施設も含め配慮されることが要求される．

性能型設計においては建築主の望む建物性能と設

表 2.4 目標性能の設定例 2（和田ら, 1998）

	グレード				I	II	III
	建物の耐震性				特に耐震性の向上を図った建物	耐震性の向上を図った建物	建築基準法に基づく耐震性を持つ建物
	推奨する建物				防災，救援，復旧の拠点となる建物など	被害が社会に大きな影響を与える建物など	一般の建物
想定地震	震度	加速度(gal)	再現期間(年)	50年間超過確率(%)			
	5	250	150	28	軽微または無被害		
	6	400	400	12		継続使用可（小破）	
	7	500	500	10		補強後使用可(中破)	
		600	800	6		補強後使用可（大破）	再使用不可
	建築耐力の割増し				1.5	1.25	1
耐震計画	主体構造				←免震構造→ ←耐震構造→ ←ラーメン・ブレース構造→		
	建築要素				←免震構造→ ←免震展示台→ ←変形追従型カーテンフォール耐震天井→ ←耐震壁→		
	設備要素				←配管系などの二重化→ ←電力引込の二重化→ ←非常電源の設置→		

計者の考える性能が，相互に正確に伝わることが重要である．これを円滑にわかりやすく進める手段として，建物のグレード，設計レベル，目標性能をマトリクスにして表現する手法がよく利用されている．図 2.3, 2.4 に耐震設計における目標性能設定例を 2 例紹介する．

表 2.3 は大地震の地震動レベルを設定し，その地震動レベルに対して目標性能を定めたものである．建物グレードは，グレードの高いものから S, A, B, C と 4 種類にわけ，グレードごとに目標性能を定めている．目標耐震性能は建物としての基本性能を踏まえ，主要構造から非構造部材，建築設備までを総合した耐震性能目標になっている．

表 2.4 はいくつかの地震動レベルを設定し，各々のレベルに対して目標性能を定めたものである．地震動レベルは，地震動の大きさ（震度）によって区分されている．

また建物グレードはその重要性によって 3 種類に分類されている．

損傷制御設計は高度の耐震あるいは耐風性能を実現することができ，性能設計を推し進めるうえできわめて重要な手法である．制振デバイスを調整することによって様々な耐震グレードを達成することが可能となる．以下に損傷制御設計の耐震クライテリアを設計レベル（地震動レベル），建物グレードごとに記載する．またあわせて耐風クライテリアを設計レベル（風力レベル）も示す．

表 2.5 に損傷制御設計の耐震クライテリアを示す．地震動はその大きさ（速度）によって 3 段階に区分し，建物グレードは S, A, B の 3 種類とした．各々の目標耐震性能は前項の内容に対応している．

主体構造の設計クライテリアは，部材応力と層間変形角である．より高いグレードの建物ほど，主体構造の部材応力状態を弾性に保つ地震動レベルが高くなっている．一方層間変形角は，高いグレードの建物ほど同一地震動レベルにおいて小さくしている．

耐震デバイスの設計クライテリアは累積塑性率と

表 2.5 損傷制御構造の耐震設計クライテリア（和田ら，1998）

地震動レベル			レベル1 中地震動レベル	レベル2 大地震動レベル	レベル3 巨大地震動レベル
地盤速度			20〜30 cm/s	30〜60 cm/s	60〜90 cm/s
Sランク	主体構造	応力	弾性域	弾性域	弾性域
		層間変形角	〜1/300	〜1/150	〜1/100
	耐震デバイス	累積塑性率	$\eta \leq 1/2\,\eta\max$	$\eta \leq 3/4\,\eta\max$	$\eta \leq \eta\max$
Aランク	主体構造	応力	弾性域	弾性域	一部降伏
		層間変形角	〜1/250	〜1/125	—
	耐震デバイス	累積塑性率	$\eta \leq 1/2\,\eta\max$	$\eta \leq 3/4\,\eta\max$	$\eta \leq \eta\max$
Bランク	主体構造	応力	弾性域	一部降伏	一部降伏
		層間変形角	〜1/200	〜1/100	—
	耐震デバイス	累積塑性率	$\eta \leq 1/2\,\eta\max$	$\eta \leq 3/4\,\eta\max$	$\eta \leq \eta\max$

表 2.6 損傷制御構造の耐風設計クライテリア（和田ら，1998）

風速レベル		レベル1	レベル2
再現期間		100年	500年
主体構造	応力	弾性域	弾性域
	層間変形角	〜1/200	〜1/100
耐震デバイス	累積塑性率	弾性	$\eta \leq 1/2\,\eta\max$

図 2.37 トリトンスクエア

図 2.38 基準階床伏図

し，建物グレードに関係なく，レベル1の地震動では終局累積塑性率50％以下，レベル2の地震動では終局累積塑性率75％以下，レベル3の地震動では終局累積塑性率以下とした．

一方表2.6に耐風設計のクライテリアを示す．設計レベルは風速により，レベル1とレベル2の2段階としている．それぞれの再現期間は100年，500年に対応している．建物グレードによる区分は行っていない．耐震設計同様，主体構造の設計クライテリアは応力と層間変形角，耐震デバイスの設計クライテリアは累積塑性率としている．主体構造はいずれのレベルでも弾性とし，層間変形角はレベル1で1/200以下，レベル2で1/100以下とした．耐震デバイスの累積塑性率はレベル1では弾性，レベル2では終局累積塑性率の50％としている．

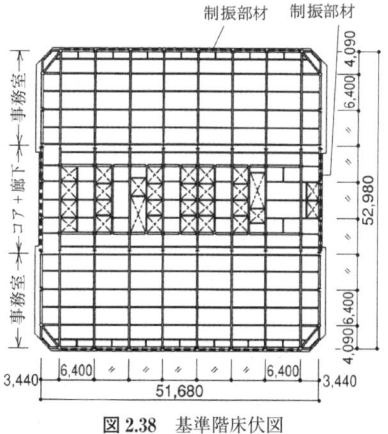

このように現在の耐風設計では想定される最大の風荷重に対して主構造体を弾性にとどめ，耐震デバイスも耐震設計におけるレベル1に収まるように設計することになっている．これは以下にあげる地震荷重と異なる点に起因している．

①継続時間が長い．
②構造物の固有周期より長周期側にパワーのピークを持つ．
③平均成分を有する．

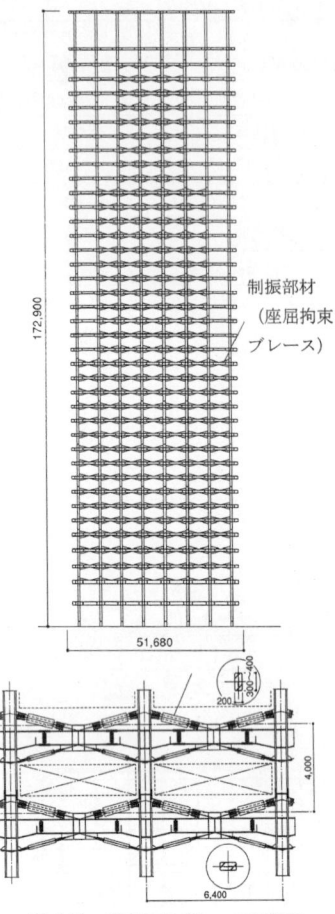

図 2.39 座屈拘束ブレース配置図

図 2.40 トリトンスクエア建設現場

図 2.41 制振装置設置風景

④空力不安定振動発現の可能性がある.

しかし，損傷制御設計において今後風外力に対する耐振（震）デバイスを伴った構造物によるエネルギー吸収能力を積極的に設計に取り込んでいくことは，建物の終局状態を把握の必要性，住人の快適性に対する配慮などの観点と併せて建築物の安全性の向上において重要な位置づけを占める.

例えば制振部材として鋼製履歴型ダンパーのエネルギー吸収能力を有効に活用するためには低い応答レベルからの塑性化が求められるが，上述の点において累積疲労損傷度の増加，塑性化に伴って生じる固有周期の変化による入力エネルギー，および平均変位の増大，空力不安定振動が発生する風速の低下など建築物がより厳しい環境にさらされる方向性にある．また粘弾性ダンパーを活用するためには，その温度依存性ゆえに動的特性の経時変化も考慮に入れる必要がある．このように整理されるべき事象が多く存在しているが，それらに対する有効な知見が現在までに蓄積されつつあり，特定条件下での確率統計理論に基づいた設計方法も提案されてきている.

今後建築物の大規模化がさらに進み，風による影響が支配的となる建物が増加すれば，建物のグレードにより目標耐風性能を変化させる動きも出てくるであろう.

c. 実施設計例

晴海アイランド・トリトンスクエア・オフィス棟（構造設計：日建設計：図 2.37）の概要を示す．この建物は東京の晴海1丁目地区のオフィス，商業，サービス施設，展示施設，コンサートホール，集合住宅などから構成される再開発地区の中にある.

この建物は大地震後も建物の資産価値を保持することを目的として，「損傷制御設計」の概念に基づき制振部材を効果的に用い，大地震時にも柱・梁といった主体構造を損傷させないことを目標に設計された超高層建物である．地下4階，地上39階，塔屋2階で，高さ約173 mで，地上部の用途はすべ

て事務室である．基準階の床伏図，座屈拘束ブレースの配置図を図2.38，2.39に示す．施工時の様子を図2.40，2.41に示す．

設計では大地震後も建物の資産価値を守ることを目標とした．そのため座屈拘束ブレースによる制振部材を用いている．なお再現期間500年の風荷重に対しても降伏させないこととした．

建物外周部に制振部材を配置したことにより，フレキシビリティの高い内部空間を提供でき，かつ平面計画・設備計画上の制約を受けずに，十分な制振部材を配置することが可能となった．

2.7　自然災害と技術のギャップ

技術者は基本的にものを楽観的に考えるようにできている．発注者の依頼がもととなって何かしたいと考えるとき，必ず阻もうとするものが現れるが，これを過大評価したのでは，したいことができなくなる．技術者は在るものを無いとはいわない誠実さとある程度の想像力を持って設計を進めプロジェクトを実施するが，起きていないことを起きるかも知れないとして，実行前に止めてしまうことは少ない．もし技術者全員が新しいことをせずに，踏みとどまっていたら文明の進歩は止まってしまう．理学の研究者は，無論何かをしたいに違いないが，工業製品，建物や橋梁などをつくる使命は持っていないから，阻むものの大きさや性質について自由に考え，主張することができる．建築物をつくろうとする技術者と，将来起こる地震動を考える理学の研究者の関係がここにある．明治維新以降の地震災害を振り返るだけで，構造技術者が楽観的すぎたことは明白である．しかし，この年月の間に地震学の研究者らの指摘がどこまで適切なものだったかを調べる必要もある．この未確定なことの多い年月の中で，阻むものを恐れ140年踏み止まっていて，今の繁栄する日本がつくられたとはいえない．非常に難しい問題である．21世紀の今，自然現象と技術の間のギャップをなくすことが最も重要であり，われわれ技術者は建築物の耐震技術のさらなる高度化に取り組まねばならない．

2.8　おわりに

建築は人々が1日のほとんどの時間を暮らす場である．わが国のような地震国では，建築の耐震性確保は重要である．一般の工業製品の場合，その性能は購入後すぐに発揮されるが，建築の耐震性は普段には表に現れず，大地震が起こるまでわからない．いつ起こるかもしれない大地震に備えて，建築の構造設計・施工に携わるほとんどの技術者は真剣に取り組んでいる．

それに対して現行の建築基準法はあくまで最低基準である．建築基準法では100年を越えてしか起こらない大地震に対して「中にいる人々の生命は守るが，建物は大きく傾き取り壊さざるを得ない」とし，初期建設費が高くなり個人の財産権を侵害するという理由で「建築物が地震後も機能を維持し，平常時と変わらず使えること」，「壁にひびが入るなどの被害は生じるが数カ月以内の再生工事によって建物の使用が可能であり，財産価値は失わないこと」に対する要求はしていない．

しかしながらこれからの建築のあり方を考えるとき，そのもの単体と捉えるのではなく，都市の1要素として捉える必要がある．つまり都市機能の欠落を防ぐ観点からガス・水道といったライフライン同様に建築を消耗品ではなくストックとして捉えるのである．

このことが大地震による都市機能の麻痺の予防になることと同時に環境負荷への配慮になることも忘れてはならない．わが国は，米国，中国，ロシアに次ぐ世界第4位のCO_2排出国であり，そのレベルを国民一人あたりに換算すると世界平均の2倍である．このような生活を未来の世代も享受し続けうることは難しいと考えるのが自然である．その中で，住宅および業務ビル用の資機材製造・建設・改修・運用まで含めた建設関連のCO_2排出量は日本において全体の1/3を占めるという統計もある．地球温暖化をはじめとする環境影響を軽減するうえで，建築の環境負荷削減努力は不可欠なのである．

これらの背景に基づいて考えたとき，建築に求められるのはより高い耐震性である．さらにいうなら

ば，今後求められるのは上述したように「建築としての」耐震性ではなく，「都市としての」耐震性からの視点から生まれてくる需要である．それを満たす技術を追求するうえで，もし従来の耐震構造と同レベルのコストで高い耐震性を有する建築が実現できるのならば，それは社会から受け入れられやすくなり，結果として都市の安全性も高くなるであろう．

その需要を満たす構造として免震構造，制振構造について実例を含めて紹介した．双方の構造はともに現在の最新耐震技術の範囲での実現が可能であり，かつ施工例における観測結果などからその有効性が確かめられてきている．まだ「都市の1要素としての建築」という概念は一般に浸透していないものの，近年ではこれらの技術を組み込んだ一般住宅の普及が進んでおり，技術は身近なものになりつつある．

今後これら技術の更なる発展は大いに期待できるものであり，今後の耐震設計戦略において重要な位置を占め続けるであろう．

参考文献

Connor, J.J. & Klink, B.S.A.：Introduction to Motion Based Design, Computational Mechanics, 1996.

黄　一華，和田　章：Preliminary seismic design of damage tolerant tall buildimg structures. シンポジウム「耐震設計の一つの新しい方向」, 1995.

Mori, N. & Wada, A.：Seismic design for sustainable city. The 12th U.S.-Japan Workshop on the Improvement of Structural Design and Construction Practices, 2007.

Wada, A., Connor, J.J., Kawai, H., Iwata, M. & Watanabe, A.：Damage tolerant structure. Proceedings of The 5th U.S.-Japan Workshop on the Improvement of Building Structural Design and Construction Practices, 1992.

Wada, A.：Seismic design：From buildings to cities. The 1st International Conference on Urban Earthquake Engineering, 2004.

Wada, A.：Damage controlled structures for extreme loading. Structures and Extreme Events, IABSE Lisbon, 2005.

Wada, A.：Next step is to select good structures by people. The 4th International Conference on Earthquake Engineering, 2006a.

Wada, A.：Damage controlled structures for extreme loading. The 26th Sino-Japanese Modern Engineering and Technology Symposium, 2006b.

Wada, A., Huang, Y. & Bertero, V.V.：Innovative Strategies in Earthquake Engineering. CRC Press, 2004.

Wada, A., Kani, N., Hirano, S., Kamikouchi, H. & Kimura, M.：Seismic isolated structures applied to from detached houses to high-rise apartments in Japan. International Symposium on Seismic Risk Reduction at Bucharest, 2007.

秋田県立大学木材高度加工研究所（編）：コンサイス木材百科，(財) 秋田県木材加工推進機構，1998.

大木洋司，笠井和彦，和田　章，緑川光正，横山重和，岩崎啓介：軽量鉄骨住宅の制振：架構動的実験，振動台実験および解析的検証．パッシブ制振構造シンポジウム2004，2004.

岡田　玲：強風下における履歴型ダンパーを有する高層建築物の風応答挙動に関する研究．東京工業大学学位論文，2001.

笠井和彦，和田　章，坂田弘安，大木洋司，宮下　健：木造住宅の制振その1―制震架構および各接合部の挙動と設計．パッシブ制振構造シンポジウム2004，2004.

金田勝徳，関松太郎，田村和夫，野路利幸，和田　章：建築の耐震・耐風入門―地震と風を考える―，彰国社，1995.

菊地岳史，竹内　徹，藤森　智，和田　章：メガブレースを用いた超高層免震鋼構造建築物の設計．日本建築学会技術報告集，22, 217-222, 2005.

倉本　洋，飯場正紀，和田　章：エネルギー吸収デバイスにより補強された既RC造建築物の耐震診断法．パッシブ制振構造シンポジウム2001，2001.

坂田弘安，笠井和彦，和田　章，緑川光正，大木洋司，中川　徹：木造住宅の制振―振動台実験による検証および従来構造との比較．パッシブ制振構造シンポジウム2004，2004.

佐藤大樹：粘弾性ダンパーを有する高層制振建物の風外力に対する動的特性と応答性状に関する研究．東京工業大学学位論文，2006.

多賀謙蔵，加登美喜子，徳田幸弘，鶴田　潤，和田　章：ダンパー効率を高めたパッシブ制振構造における構造計画上の留意点と実用性．パッシブ制振構造シンポジウム2004，2004.

辻田　修：高層建築物の強風下における弾塑性応答性状に関する研究．東京工業大学学位論文，1998.

日本建築学会：建築物荷重指針・同解説，2004.

日本建築学会構造委員会鋼構造運営委員会：鋼構造制震技術の現状と設計指針への期待―鋼構造における制振のこれから―．2006年度日本建築学会大会構造部門（鋼構造）パネルディスカッション資料，

2006.

日本免震構造協会:パッシブ制振構造設計・施工マニュアル2005年版,2005.

吉江慶祐:エネルギーの釣合に基づく弾塑性構造物の確率統計的風応答予測手法.東京工業大学学位論文,2007.

和田　章:免震構造の可能性.建築技術,**559**,1996.

和田　章:性能設計と免震・制振技術の将来.第10回日本地震工学シンポジウムパネルディスカッション資料集,1998.

和田　章:日本におけるパッシブ制振構造の背景.パッシブ制振構造シンポジウム2000,2000.

和田　章(分担執筆):構造工学ハンドブック,丸善,2004.

和田　章:免震・制振構造の利点―被災直後でも生活可能.読売新聞サイエンス欄(2005.12.14),2005a.

和田　章:身近になったパッシブ制振構造.建築技術,**667**,2005b.

和田　章:残す意味のある建築と都市.建築とまちづくり,**343**,2006.

和田　章:建築の耐震から都市の耐震へ.建築技術,**690**,2007.

和田　章,岩田　衛,清水敬三,安部重孝,川合廣樹:建築物の損傷制御設計,丸善,1998.

3 リアルタイム地震防災情報システム

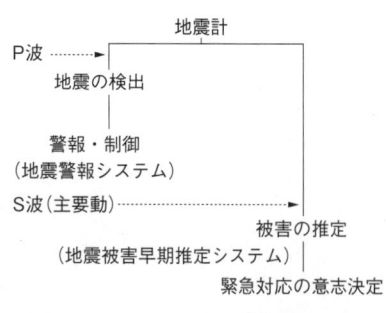

3.1 リアルタイム地震防災情報システムとは

　兵庫県南部地震では国や自治体の初動体制が遅れ，問題となった．例えば，国の非常災害対策本部が設置されたのは午前5時47分の地震発生から5時間以上たった午前11時15分のことだった．大きな原因の一つは，地震直後に被害の情報がほとんど得られず迅速な判断ができなかったためである．この地震を契機に，迅速かつ適切な災害対応を行うためにリアルタイムで地震による影響を判断するシステム，すなわちリアルタイム地震防災情報システムが注目を集めるようになった．

　このリアルタイム地震防災情報システムには図3.1に示すように大きく2種類ある．一つは，大きな揺れが来る前に大地震の発生を検知し，警報を出して，直前の防災対応に活かそうとするもの（地震警報システム）である．もう一つは，観測された揺れの大きさに基づいて地震後即座に被害を推定し，地震直後の防災対応に活かそうとするもの（地震被害早期推定システム）である．

　地震警報システムは，図3.2に示すように，震源に近い場所での地震計の情報により，迅速に震源の位置と規模を推定し，大きな揺れ（S波）が来る前に対象地点への影響を判断して緊急措置を行おうとするものである（中村，1992）．例えば，駿河湾に大地震が発生した場合，大きな揺れが東京に到達するまでには1分程度かかる．そこで，駿河湾に地震計を設置しておけば，理想的には大きな揺れが到達する1分程度前に警報を出すことができる．

　このようなアイデアは19世紀後半にすでに提案されていた．1868年10月にサンフランシスコ地域を地震が襲い，死者や建物被害を生じた．この地震から約1カ月後の当地の夕刊紙に，地震予知に代わるものとして，揺れより早く地震発生を知る構想が提案されている（中村，1996）．これは，地震の発生しそうな場所に感震器を置いておき，大きな揺れを感じた場合にサンフランシスコに電信して市内の

図3.1　リアルタイム地震防災情報システム

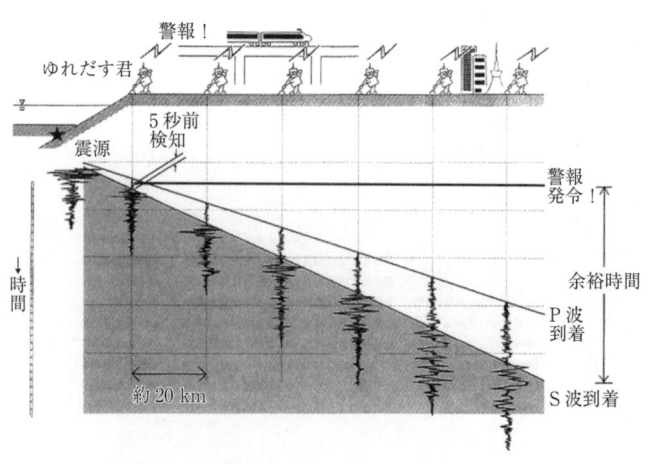

図3.2　地震警報システムのイメージ（中村，1992）

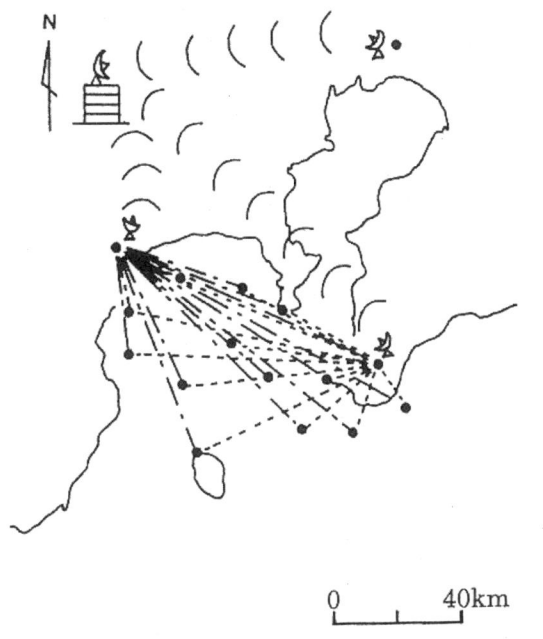

図 3.3 10秒前大地震警報システム (Earthquake Alarm Group, 1973)

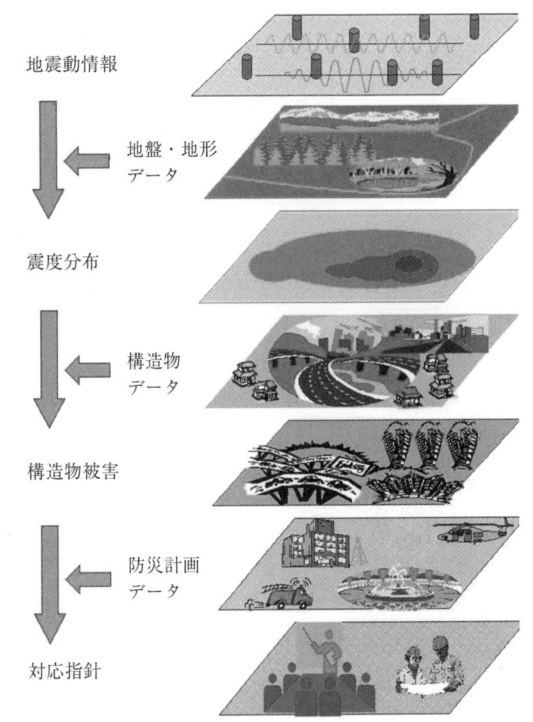

図 3.4 地震被害早期推定システムのイメージ

タワーに設置された大きなベルを鳴らして，揺れが到着する前に大地震の発生を市民に伝えるというものである．

しかし，当時はこの構想を支える技術がなく，実現可能な状況になかった．これに続くリアルタイムシステムの構想は，1970年代はじめの伯野らによる「10秒前大地震警報システム」(Earthquake Alarm Group, 1973) まで見当たらない．このシステムの原理は前述のものと同様である．図3.3に示すように，大地震の発生する恐れのある相模湾の海域や沿岸に地震計を設置して，その信号を東京に電送することにより，大きな揺れが東京を襲う10秒前に大地震の発生を検知できるというものである．

この構想も実現には至らなかったが，これに着目した当時の国鉄（現，JR）が東北新幹線の地震時運転制御システムを開発するきっかけを与え，ユレダスとして実用化された（中村，1996）．最近では，より広く社会で活用されることを目指して気象庁を中心として緊急地震速報の実用化が進められている．これは地震警報を防災機関のみならずオフィスや一般家庭にまで利用されることを目標としている．

一方，地震被害早期推定システムは，実際に観測された揺れの大きさから地震被害想定を行うものである．すなわち，図3.4に示すように，地震計ネットワークで観測された各地点での揺れの大きさから地盤の影響を加味して，対象地域全体の揺れの大きさの分布を推定し，これに構造物や人口の分布を重ね合わせて，構造物や人的な被害の分布を推定するものである．このようなシステムは，近年のセンサ技術，情報伝達技術，情報処理技術などの進歩とともに実現可能になったものである．

具体的な開発は1980年代後半からはじまり，川崎市の震災対策支援システムや東京ガスの地震時導管網警報システム（SIGNAL）が先駆的なシステムとして1994年より運用された．前述のように，兵庫県南部地震を契機にこのようなシステムの重要性が広く認識され，全国レベルのものとしては国土庁（現，内閣府）のシステムが1996年に整備された．さらに，地域レベルのものとして，現在では，都道府県の半数程度で，政令指定都市の2/3程度でこのような早期推定システムが整備されている．

3.1 リアルタイム地震防災情報システムとは

3.2 地震計ネットワーク

地震計ネットワークはリアルタイム地震防災情報システムにおいて重要な要素である．ここでは，リアルタイム地震情報システムに関連するわが国での地震ネットワークについて概観する．

▶3.2.1 地震観測網

地震警報システムでは，震源により近い地点での地震の揺れを捉えて，対象地点に大きな揺れが到達する前に地震の発生を検知するために，各地に地震計を設置しておくことが必要となる．わが国では，機械式地震計の開発とともに19世紀末から地震観測が始められた．地震計の改良や観測網の充実が進められ，1923年関東地震の時点では中央気象台（現，気象庁）により全国67地点で地震観測が行われていた（宇佐美・浜松，1967）．1960年代には気象庁の全110地点の観測点で機械式地震計から電磁式地震計に切り替えられた．1980年代にはテレメータ化され，各地の記録が気象庁本庁や管区気象台にリアルタイムで伝送されるようになった．

1993年北海道南西沖地震を契機に，津波や地震の発生に関する情報の迅速化が課題となり，気象庁は全国約180地点からなる津波地震早期検知網（図3.5）を整備した（気象庁，2005a）．各観測点には高感度の速度計と低感度の加速度計が併設されており，微少な揺れから強震まで測定することが可能となっている．各観測点と全国6カ所にある中枢局はNTTの専用回線で結ばれ，リアルタイムで波形データが送られ，さらに全データが気象庁に集約されている．

一方，防災科学技術研究所では，主に微小地震の調査研究のための地震観測を行っており，1995年兵庫県南部地震を契機に，高感度の地震観測網であるHi-netを整備した．これは図3.6に示す全国約700点の観測点からなり，微少な揺れも精度よく観測できるよう岩盤内で観測がされている．各観測点には高感度の速度計と低感度の加速度計が併設されている．

高感度の速度計の波形データは，フレームリレーと呼ばれるインターネット回線により準リアルタイムで中枢局に送られる．これらのデータは気象庁にも送られ，気象庁のデータと統合されて気象庁の震源決定などに利用されている．また，低感度の加速度計の波形データは一定の大きさの揺れが観測された場合に自動的に電話回線で中枢局に送られる．

▶3.2.2 強震観測網

地震被害早期推定システムでは，大地震による強い揺れ（強震）を確実に捉えて，地震直後に地震被害を把握するために，強震観測網が必要となる．変位型の強震計は1900年代当初から設置されていたが，震度4程度以上で振り切れてしまい，確実に強

図3.5 気象庁の地震津波観測網

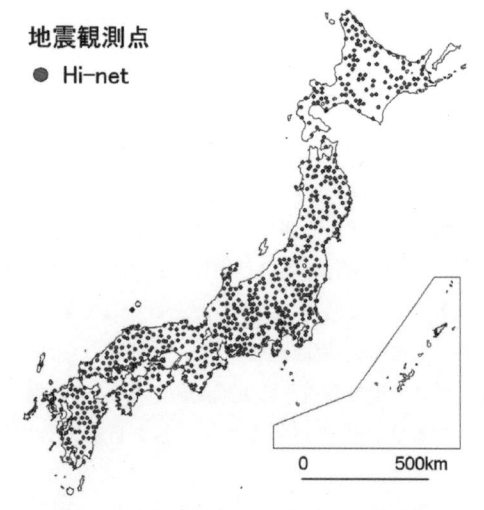

図3.6 防災科学技術研究所の高感度地震観測網

表 3.1　日本の強震観測の歴史

1953 年	SMAC 型加速度強震計の開発
1956 年	わが国初の強震記録（東京 101）
1964 年	新潟地震の強震記録
1968 年	十勝沖地震の強震記録
1980 年代	デジタル型強震計の普及
1995 年	兵庫県南部地震の強震記録
1996 年	K-NET 強震観測網の整備

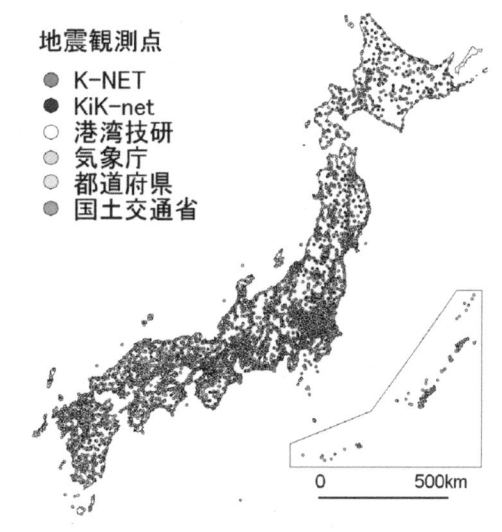

図 3.7　公的機関による主な強震観測点の分布

震を捉えるものではなかった．1930 年代に石本は加速度計を開発し，これに刺激されて 1932 年に米国で加速度型強震計が開発された．わが国ではこれに遅れること 20 年の 1953 年に SMAC 型加速度強震計が開発され，わが国での強震観測がはじまった（田中，2005）．表 3.1 に強震観測の主な経緯を示す．

その後，強震観測網は整備され，設置台数は 1960 年代はじめには 200 台弱となり，1964 年新潟地震や 1968 年十勝沖地震などの大地震の強震記録が得られた．1970 年代後半には 1000 台を越える設置台数となり，このころから機械式のアナログ型強震計に替わってデジタル型強震計が使われるようになった．その後，強震観測網は，1995 年兵庫県南部地震を契機に，劇的に充実した．

これらの観測網には大きく分けて 2 種類の目的がある．一つは強震動研究のためのものであり，もう一つは災害対応のためのものである．後者は震度情報によって行政などが災害対応の必要性や規模を判断するためのもので，震度情報を得ることが主な目的となる．強震動研究のための強震観測網として，防災科学技術研究所は K-NET や KiK-net，F-net により 1800 地点弱で強震観測を行っている．また，港湾空港技術研究所など旧国立研究所で数百地点，東大地震研など大学で数百地点，その他の研究機関などで 100 地点以上の観測点が存在するものと推測される．

災害対応のための強震観測網として，震度情報ネットワークがあげられる．これは，全市町村に震度計を設置して，その震度情報を都道府県庁や消防庁，気象庁などに送り，市町村単位で震度分布状況を把握するもので，各都道府県により約 2900 地点に震度計が設置されている．その他，気象庁は 600 地点強で，国土交通省（北海道開発局を含む）は 700 地点強，横浜市を含む政令指定都市は約 200 地点で，それぞれ観測している．後述の内閣府の地震被害早期評価システムでは，気象庁および各都道府県等による約 4000 地点からの震度情報に基づいて被害が推計されている．

民間企業でも，例えば，東京ガスは約 3700 地点で，日本道路公団（現，NEXCO）は約 300 地点で観測している．これらを合計すると，1 万地点以上で強震観測がなされていることになる．公的ないし準公的機関に限っても，概略 7000 地点で強震観測がなされているものと推定される．

図 3.7 に主なものとして，K-NET，KiK-net，港湾空港技術研究所，気象庁，各都道府県，国土交通省の観測点の分布を示す．山岳地域を除く全国に密に配置されていることがわかる．なお，これらの内，K-NET，KiK-net，港湾空港技術研究所，横浜市（要申請）などの 2000 地点強の記録はインターネット上で迅速にデータが公開されており，気象庁のデータは気象業務センターを通じて頒布されている．

3.3　地震警報システム

▶ 3.3.1　既存の警報システム

地震発生後，災害を引き起こす自然現象が生ずる前に警報を出し，災害が発生する直前に防災対応を可能ならしめるためのシステムが地震警報システム

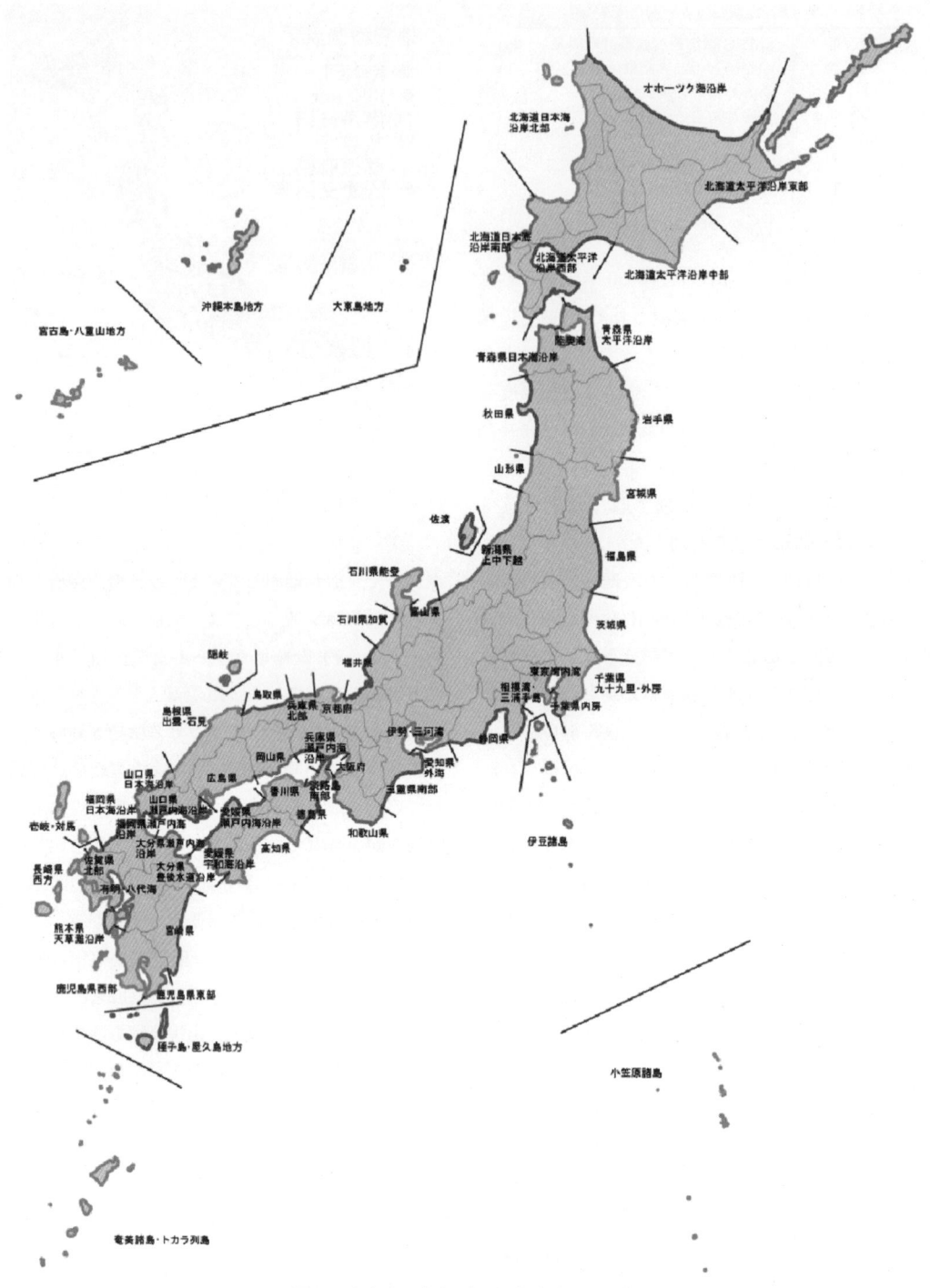

図 3.8 気象庁の津波予報区（気象庁，2005a）

である．このようなシステムとしては，津波予報が長い実績を持つ．津波は震源から遠い範囲まで大きな影響を及ぼし，地震発生から津波到達までにかなりの時間を要する場合が少なくないことから，以前から津波予報が行われてきた（気象庁，2005a）．

気象庁では1952年より津波予報を開始した（気象庁，2005a）．当時は，地震が発生すると職員が記録紙に描かれた地震記録から地震波の到達時刻などを読み取って，気象庁本庁や管区気象台に電報で送り，気象庁本庁や管区気象台では，送られてきたデー

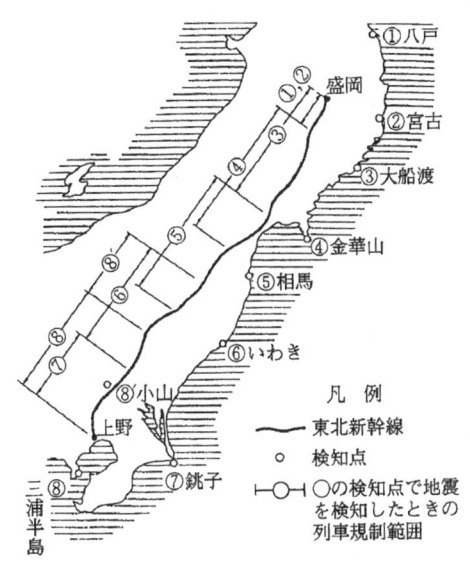

図 3.9 東北新幹線の海岸線検知システム（中村，1996）

■ 東海道新幹線　　　　　ユレダス 14 基（1992 年～）
■ 山陽新幹線　　　　　　ユレダス 5 基（1996 年～）
｜ 東北・上越・長野新幹線
　　　　　　　　　　コンパクトユレダス 56 基（1998 年～）
　営団地下鉄　コンパクトユレダス 6 基（2001 年～）
　和歌山県　　　　　　ユレダス試験中 1 基（2001 年～）
図 3.10　ユレダスの設置箇所（中村，1996）

タを使って作図により震源やマグニチュードを推定していた．さらに，マグニチュードと津波の大きさの関係を示した津波予報図を使って大津波の発生を判断し，津波予報を地震発生後 15～20 分以内に出すことを目標としていた．

1987 年には，テレメータにより集められた各地の観測記録を半自動処理することが可能となり，津波予報を地震発生後 7～8 分以内に出すことが目標とされた．1993 年北海道南西沖地震では地震発生後 5 分で津波警報が発表されたが，震源に近い奥尻島では地震後すぐに津波が到達したため大きな被害が生じた．そこで，津波予報の迅速化のために，3.2.1 項で述べたように 1994 年に気象庁の地震観測網が一新され，観測記録の自動処理が強化された．その結果，最短で地震発生後 3 分で津波予報の発表が可能となった．

1999 年からは，より定量的な津波予報が開始された．これは，多数の地震に対する津波の数値シミュレーション結果をデータベース化し，発生した地震の震源位置や規模に最も近い場合の結果を取り出して，各地での津波の高さを予測するものである．図 3.8 に示すように，66 のきめ細かい津波予報区を設定し，予想される津波高さに応じて予報区ごとに，津波注意報，津波警報，大津波警報に区分された津波予報が発信される．また，2005 年からは北西太平洋およびインド洋諸国にも津波監視情報が提供されている．

このような津波警報のほかに，地震警報システムとしては，被害をもたらすような大きな揺れの発生を事前に検知して，地震動によって直接生ずる 1 次災害を減少させるための防災対応を行うことを目的とするものがある．このようなシステムは国鉄（現，JR）により先駆的に開発された．

国鉄は 1975 年頃より地震早期検知システムの研究に着手し，1982 年に東北新幹線の海岸線検知システムとして実用化された（中村，1996）．これは，図 3.9 に示すように，地震の多発する太平洋沖合と海岸線から数十 km 内陸側を走る東北新幹線のあいだの海岸線に，地震計を設置して地震を待ち受け，大きな揺れが到達する前に新幹線の運行を自動的に制御しようとするものである．

その後システムは発展して，ユレダス（UrEDAS）と名付けられた．運行制御の手順は以下の通りである．

① 地震動の P 波部分の情報に基づいて地震の規模や位置を推定する．すなわち，P 波初動のベクトルの方向から到来方向を定め，P 波部分の周期から地震規模 M を決め，P 波部分の振幅と M から震源距離を決め，これらから震源の位置を決める．

3.3　地震警報システム　75

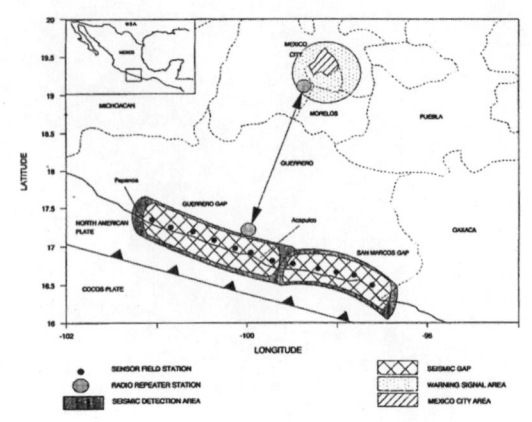

図 3.11 メキシコシティの地震警報システム（Espinosa-Aranda, 1995）

②推定された地震の規模や位置から被災の可能性のある地域を特定し、その地域での新幹線の電源を落とし列車を停止させる。P波検知後3秒で電源の制御信号を発することができる。

このシステムは、現在、JRの東海道新幹線や山陽新幹線、青函トンネルなどで運用されている。さらに、制御信号をより迅速に発するためにコンパクトユレダスが開発された（中村、2004）。これは、検知した地震動の危険性を判断することとし、それをもたらした地震諸元については推定しないことで、P波検知後1秒で制御信号を発するものである。現在、東北・上越・長野新幹線の沿線や東京の地下鉄などに設置されている（図 3.10）。

このシステムは 2004 年新潟県中越地震で作動した。地震時には対象区間には2台の新幹線が走行中だった。1台は制御信号により安全に緊急停車し、もう1台は震源の直上を走行中に制御信号により緊急停車が開始された直後に大きな揺れを受けて脱線し、地震警報システムの有効性と限界が示された。

海外でも、ユレダスに刺激を受けて、いくつかのシステムが開発されている。例えば、メキシコシティでは地震警報システム（SAS）が 1991 年から運用されている（Espinosa-Aranda, 1995）。これは、図 3.11 に示すように、太平洋沿岸で発生する大地震の揺れを海岸線で待ち受け、約 300 km 内陸のメキシコシティに大きな揺れが来る1分程度前に警報を出すものである。警報は、政府防災機関、市役所、軍、警察、電力会社、地下鉄会社などのほか、ラジオの自動放送を通じて市民にも直接伝えられる。一般市民をも対象とした点で、この警報システムは画期的なものであり、このシステムを市民に周知させるための市民教育もなされている。1991 年より 2003 年5月までに M6 以上の地震と判断されて警報が出されたケースは 11 回に達しており、その際ほとんど混乱は生じていないという（Espinosa-Aranda, 2003）。

台湾でも地震警報システム開発の試みが見られる（Wu et al., 1998）。1986 年花蓮地震（M7.8）で震央から 120 km 離れた台北で最も大きな被害が生じたことから、地震警報システムの有用性が認識され、開発が進められた。P波初動を検出してから約 15 秒で震源位置や規模を決めることができ、被害軽減に貢献する可能性が指摘されているが、実用化までには至っていない。

3.3.2 気象庁の緊急地震速報システム

気象庁は全国的な地震警報システムを整備し、緊急地震速報として一般に伝達することを計画し、2003 年度から全国に多機能型地震計の設置を開始し、2005 年度までに約 200 地点に設置された（斉藤、2005）。多機能型地震計は、地震の初動（P波）が到達すると、その地震波信号を現地で処理して、震源に関する情報を中枢に送信するものであり、いくつかの観測点からの情報のみで震源や地震規模を推定することが可能となる。また、防災科学技術研究所の地震観測網 Hi-net の記録も統合して処理され、情報の高度化が図られる。

このシステムでは一刻も早く震源情報を推定する必要があるため、図 3.12 に示すように、緊急地震速報は段階的に発信される（横田、2003）。まず、0次情報として、1点で地震波を検知した段階から推定を開始する。P波の検出から3秒間の地震波形のエンベロープに図 3.13 のような関数 $[Bt^* \exp(-At)]$ をあてはめ、パラメータ A および B を求める。A は最初の3秒間でエンベロープが成長を続けた場合に正の値となり、減衰がはじまった場合に負の値となる。B はエンベロープの立ち上がりの勾配を示す。B の値と震央距離のあいだには負の相関があり、この値から震央距離を推定できる。震央の方向はP波初動部の振動軌跡から推定する。また、震源深さ

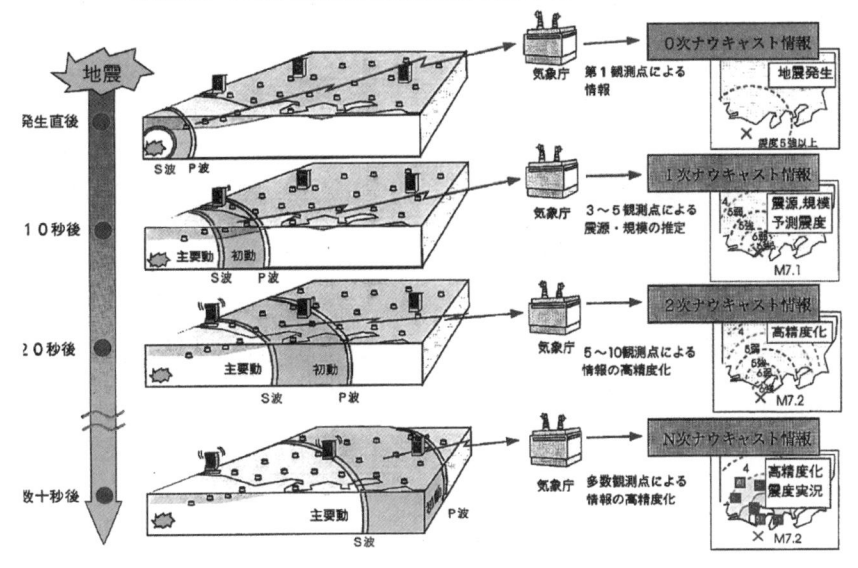

―地震動による被害を未然に防止するため―
震源の近くで地震波(P波)を捉え、被害をもたらす主要動(S波)の
到達前に、その到達予想時刻や推計震度等を提供する。

図3.12 地震波の伝播と緊急地震速報の概念（横田，2003）

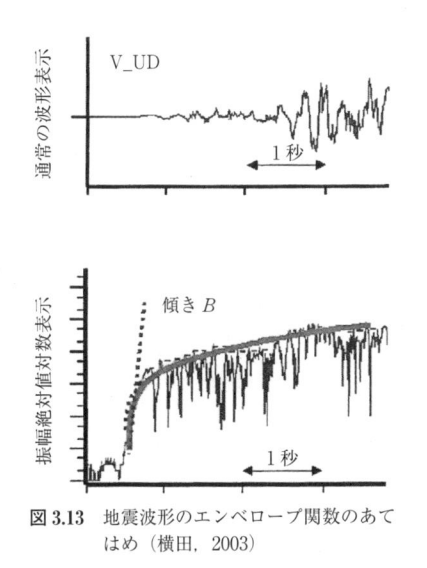

図3.13 地震波形のエンベロープ関数のあてはめ（横田，2003）

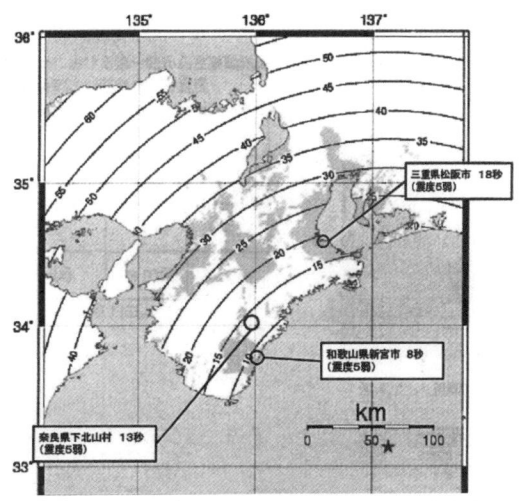

図3.14 緊急地震速報提供から主要動到達までの時間（2004年9月5日東海道沖の地震の場合；気象庁，2005b）

は10 kmと仮定する．

さらに，3～5観測点で地震を検知した時点で，1次情報として，P波の検出時刻を用いて震源を推定する．通常の震源決定法では4地点以上での検出時刻がないと震源決定できない．しかし，3地点で検出され，その時点で残りの観測点では検出されていないことを利用して，震央が存在しうる範囲を想定し，その範囲内に格子点を置き，3地点で観測された検出時刻を最もよく説明する格子点を震源位置とする．2次情報として，5～10観測点で地震を検知した時点で，1次情報を高度化した内容を発信する．以降，検知した観測点の増加に伴い，より高度化した情報を逐次3次情報，N次情報として発信する．

地震規模の推定については，Mが6.0以上の地震では前述のパラメータAは負の値をとるが，MとAのあいだに明瞭な相関は見られない．そこで，P波部分の最大振幅からMを推定し，観測点の増加とともに逐次Mを更新する．2001年芸予地震(M6.7)の場合には5観測点でP波が検出された時点以降

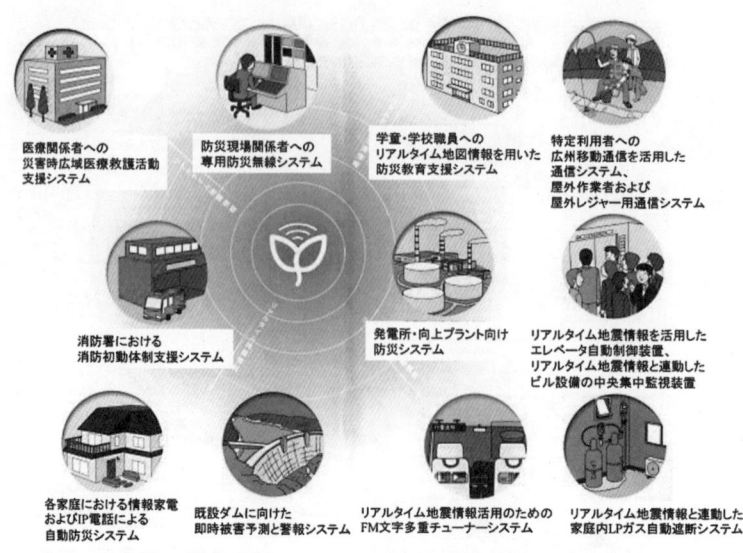

図 3.15 緊急地震速報の利用のイメージ（リアルタイム地震情報利用協議会パンフレットより）

から，推定された震源の位置や規模が安定しはじめることが確認されている．推定された震源の位置や規模から対象地点の震度も推定する．

震源を中心としてMから推定される断層長さを半径とした球を描き，この球面から対象地点までの最短距離を求める．これは安全側の判断によるものである．この距離とMを距離減衰式に代入し工学的基盤での最大速度振幅を推定する．これに国土数値情報から推定した地盤増幅度を掛けて地表での最大速度振幅を計算し，これを震度に換算する．

2004年2月から試験運用を開始し，2007年10月からは，一般向けに情報が提供されている．2つ以上の観測点で地震波が検知され，予想される最大震度が5弱以上となる地震で緊急地震速報が出される（気象庁，2007）．これにより，宮城県沖地震では仙台で15秒程度の，東海地震では東京で40秒程度の余裕時間が生ずることが期待されている．

図3.14に示すように，2004年9月5日の紀伊半島沖の地震（M7.1）や東海道沖の地震（M7.5）では，地震検知後3〜5秒で第1報が発信された．これは，S波到達の10秒以上前に情報を発信できたことになり，本システムの有用性が確認された．ただし，2004年新潟県中越地震のような内陸の地震では，第1報の発信からS波到達までの時間的余裕がほとんどないことも現実の事例として示されている

（気象庁，2005b）．

▶3.3.3 地震警報システムの利用例

ユレダスは新幹線の運行の自動制御という特定の目的に使われているが，緊急地震速報は一般社会での幅広い利用を想定している．リアルタイム地震情報利用協議会では，緊急地震速報を受信して緊急防災対応システムの開発に関心を持つ民間機関と協力して様々なニーズを持つユーザーに対して，利活用分野ごとシステムのプロトタイプ開発を進め，即時的地震情報利活用の実証的研究を進めている（川上・藤縄，2004）．

図3.15に示すように，自動的な機器制御により被害の低減を図る機器制御系分野として，情報家電対応システム，災害医療対応システム，エレベータ対応システムなどが検討されている．また，人への危険報知などにより被害の低減を図る機器の制御を伴わない分野として，学校対応システム，屋外作業者対応システムなどが検討されている．

例えば，その発生が懸念されている南海・東南海地震により大きな影響を受けると考えられる阪神地域の戸建て団地やマンションでは，インターネット回線などを利用した防犯・防災用の端末により，「○○地域，緊急地震速報！震度○！あと○○秒後」といった音声ガイダンスが流れるシステムが実験的に

導入されている．地上デジタル放送対応の携帯電話での緊急地震速報の自動受信も実験的に行われた．

情報家電対応システムとしては，ホームコントローラの一つとして，避難路確保のための玄関ドアの自動開放やガス用電磁弁の緊急遮断，ブラインドの巻き上げ，自動ペット解放装置などが検討されている．これらを取り入れたIT自動防災システムの実験住宅が建設され，実用化を目指し，実証実験が進められている．

災害医療対応システムについては，麻酔ガスの手動への切り替えなど手術中の適切な対応，患者の安全確保の対応，医療関係者の迅速な一斉招集などへの利用が検討されている．エレベータ対応システムについては，大都市周辺で大地震が発生すれば，大規模なエレベータ群の休止が発生し，その復旧時間は長期化することが予測される．そこで，エレベータ閉じこめ事故の防止のみならず，エレベータの復旧時間を短縮することへの利用法が検討されている．

学校対応システムについては，児童・生徒の防災対応支援には事前の訓練が重要であることから，防災教育を加味した防災教育支援システムについて検討され，仙台市のある小学校でプロトタイプシステムが設置され，防災教育に利用されている．屋外作業者対応システムについては，屋外作業者が緊急地震速報を受信できるよう小型端末・携帯端末システムが検討されている．これらのシステムを導入することにより，人的被害が軽減し，東海地震の場合には緊急地震速報がない場合に比べて死者は2割に，負傷者は3割に激減するという試算もある（目黒ら，2004）．

3.4 地震被害早期推定システム

大きな揺れが来た直後に，それによる被害を迅速に推定するためのシステムや実被害データを迅速に収集するためのシステムについて解説する．

▶3.4.1 地震被害早期推定システムの例

地震被害早期推定システムは，地震警報システムとは異なり，地震の揺れを観測して，発生したであろう被害の程度や分布を地震後即座に予測するものである．図3.16に示すように，従来の被害調査では調査員を現場に派遣して調査するため，被害の把握に時間がかかっていた．しかし，このシステムにより，迅速に被害状況を把握し，適切な直後対応をとることが可能となり，1次災害によってさらに引き起こされる2次・3次災害の拡大を抑制して，迅速な復旧につながることが期待される．

1980年代後半から，川崎市の震災対策支援システム（持田，1994）や東京ガスの地震時導管網警報システムSIGNAL（山崎ら，1995）の開発がはじまり，どちらも1994年より運用されている．これにやや遅れて東京消防庁でも地震被害予測システムの運用を開始した（大津，1997）．

これらのシステムでは，揺れや構造物の被害の地

図3.16 従来の被害調査とリアルタイム被害推定の比較

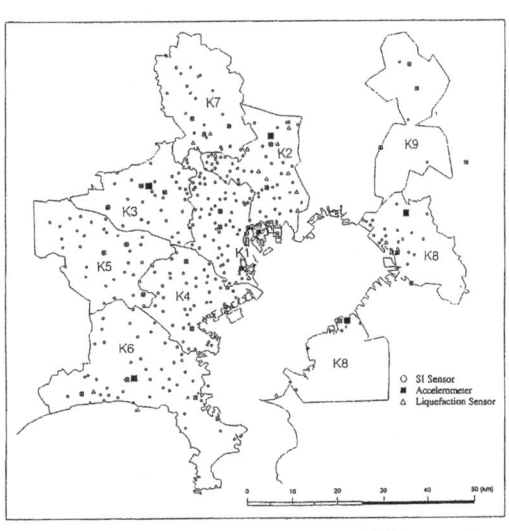

図3.17 東京ガスのSIGNALシステム（山崎ら，1995）

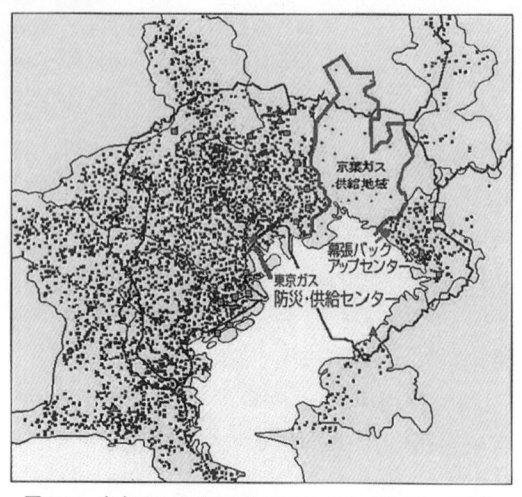

図 3.18 東京ガスのSUPREMEシステム（清水ら，2002）
東京ガス供給区内
■ 新SIセンサ　3,700カ所
■ 液状化センサ　20カ所
▲ 基盤地震計　5カ所
（参考）
京葉ガス(株)データ（リアルタイム情報共有化）
● SIセンサー　36カ所

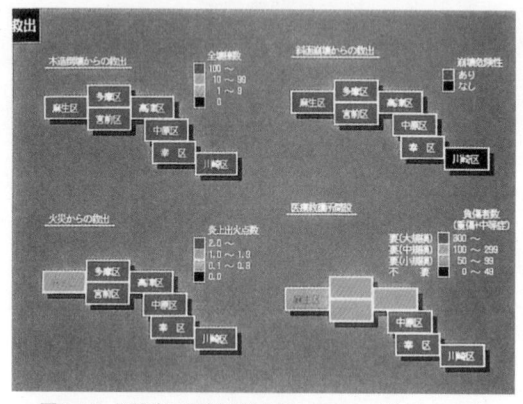

図 3.19 川崎市の震災対策支援システム（持田，1994）

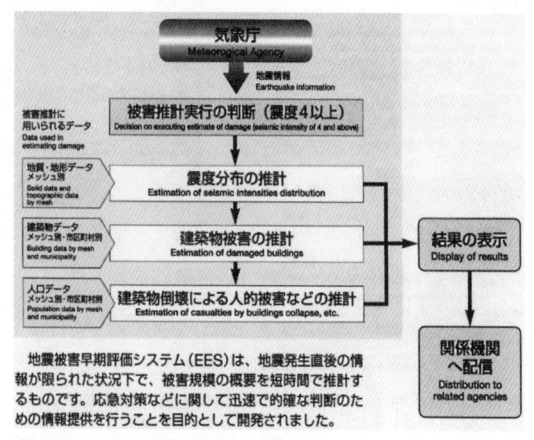

図 3.20 内閣府の地震被害早期評価システムの流れ（内閣府パンフレットより）

域的な分布，さらには防災施設の分布など，具体的な情報の出力が要求される．そのため，地震計から送られる地震動情報に加えて，図3.4に示したように，震度分布算出のために地盤・地形などの自然環境データベースが，被害分布算出のために構造物・人口などの社会環境データベースが，対応策の決定を支援するために避難所・防災計画などの防災資源データベースが必要とされる．さらに，これらのデータを処理するための地理情報システム（GIS）も必要とされる．

例えば，図3.17に示すように，1994年に稼働した東京ガスのSIGNALでは331地点に地震計が設置され，この情報に基づいて200m程度の大きさのメッシュ単位で建物や埋設管の被害が推定され，ガス供給停止の判断が迅速に行われる．このシステムは2001年にSUPREMEというシステムに進化し（清水ら，2002），図3.18に示すように，地震計の数も3700台と増加し，被害推定も50mメッシュ単位できめ細かく行われている．

川崎市のシステムでは，市内各区に置かれた地震計からの情報に基づいて，地盤条件を考慮して市内震度分布を推定し，各種被害分布の予測を500mメッシュ単位で行い，防災計画に基づいた簡単な災害応急対策指針も出力する．図3.19に救出に関する人的被害予測の出力例を示す．

兵庫県南部地震を契機に開発されたリアルタイム地震防災システムの代表的なものとして，内閣府（開発当時は国土庁担当）の地震被害早期評価システムがあげられる（桐山，1999）．これは，地震発生直後の情報が限られた状況下で，被害規模を短時間で概略推計するものである．図3.20に示すように，気象庁などから発信される各地の計測震度を基に，地盤条件を考慮して1kmメッシュの面的震度分布を推計する．その後，建築物被害とそれに伴う人的被害の推計を行い，結果は地震発生後おおむね30分以内に自動出力される．

内閣府とほかの防災関係省庁とは中央防災無線網を利用してネットワークが構築され，これらのシステムは各省庁に置かれた端末からも利用できる．図3.21に震度分布推計結果の1例を示す．これらの結

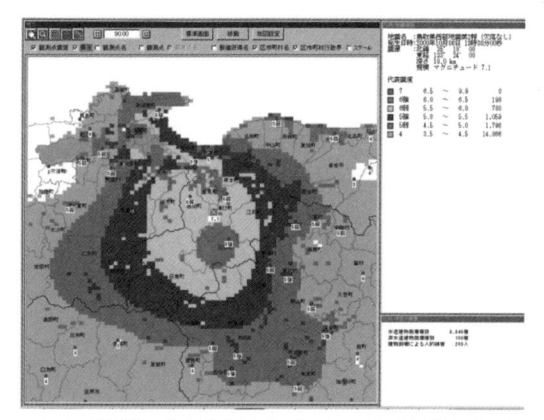

図 3.21　内閣府の地震被害早期評価システムの震度分布の推計例（2000年鳥取県西部地震，内閣府資料より）

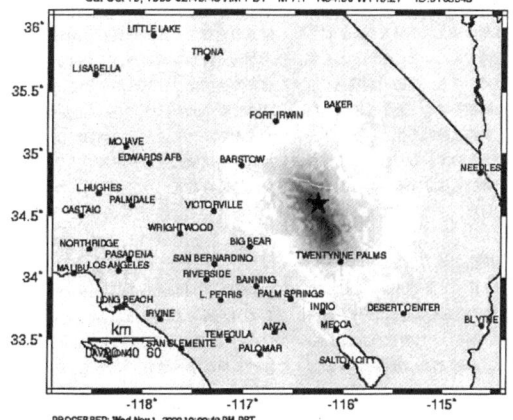

図 3.22　TriNetによる震度分布図（Wald et al., 1999）

果は，災害対策本部の設置の判断，政府の初動対応の検討，応急対策活動の参考データとして活用される．

このシステムは1996年4月より運用が開始され，1997年5月の鹿児島県北西部の地震で初めて稼働し，関係省庁が官邸へ緊急参集する際の判断に活用された．その後，2000年鳥取県西部地震や2001年芸予地震でも稼働した．これらの地震で，死者200名程度，建物全壊1万棟弱と推計されたが，実際の被害は1桁以上少なかった．そこで，システムの見直しが行われ，建物被害関数などが修正された．

上述のシステムは国レベルのものであるが，都道府県レベルのものとしては，前述の東京消防庁（東京都）のものなど都道府県の約半数で運用されている．これらは各都道府県が設置した震度情報ネットワークを利用したものである．例えば，福井県のシステムでは，県内35地点での震度情報に基づいて，500 mメッシュ単位で，震度分布，液状化危険度，急傾斜地危険度，建物被害，ライフライン施設被害（電力，上下水道，都市ガス，道路，鉄道，橋梁），人的被害，火災出火点数，が推定される．市レベルのものとしては，前述の川崎市や次節で説明する横浜市など政令指定都市の多くで運用されている．

自治体以外では，道路および河川施設を対象とした国土交通省のもの，高速道路を対象としたJHのもの，地下通信管路を対象としたNTTのもの，東京都内での交通管制のための警視庁のもの，会社の機能回復や顧客対応などを目的とした建設企業のものがある．大阪ガスや東邦ガスなども前述の東京ガスのSIGNALと類似のシステムを運用している．

米国のカリフォルニアでは，1990年にカリフォルニア工科大学（Caltech）と全米地質調査所（USGS）が共同でCUBE（Caltech USGS Broadcast of Earthquakes）プロジェクトを開始した（金森，1995）．このシステムは，観測点からの波形データをリアルタイムでセンターに送り，震源の位置や規模を即座に決め，震度分布を推定して，その情報をエンドユーザーにポケベルなどで伝達するものである．この震源情報に基づく地震被害早期評価システム（EPEDAT）が1994年に開発されている（Eguchi et al., 1997）．

しかし，このシステムでは震源要素を決めてそれから震度分布を推定しているため，推定された震度分布の精度は低い．そこで，揺れの大きさを直接観測するために強震観測点を強化するためにTriNetプロジェクトが開始された（Mori, 2002）．このプロジェクトは，カリフォルニア工科大学と全米地質調査所に加えてカリフォルニア州鉱山地質局の3者により推進されている．

推定された震源要素に加えて強震観測点からの揺れの情報に基づいて，図3.22に示すように，地震後数分で震度分布図がインターネット上で公開される（Wald et al., 1999）．この震度分布図に基づく被害推定がEPEDATで行えるよう改良が加えられて

3.4　地震被害早期推定システム

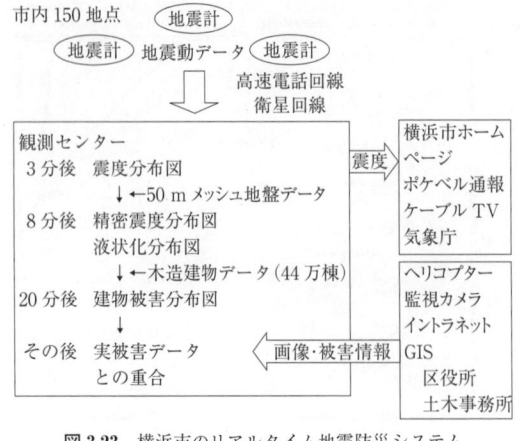

図 3.23 横浜市のリアルタイム地震防災システム

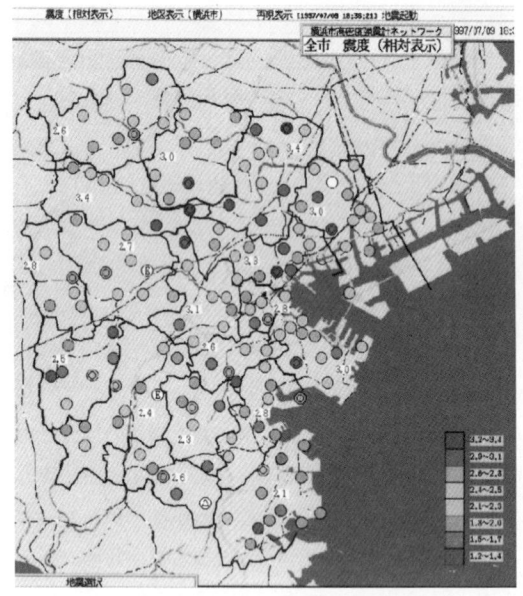

図 3.24 観測点の分布と観測された震度の例

図 3.25 150 地点での加速度波形の比較

いる．北カリフォルニアでも同様のシステムの構築が進められている．その他，米国の連邦危機管理庁（FEMA）で開発された地震被害推定システム（HAZUS）でも地震計情報を取り込んだリアルタイム被害推定が可能である（Whitman et al., 1997）．

▶3.4.2 横浜市のリアルタイム地震防災システム

横浜市のリアルタイム地震防災システムは，1995年から開発が進められ，1999年6月に完成した．このシステムは，高密度強震計ネットワーク，リアルタイム地震被害推定システム，実被害情報収集システムの三つのサブシステムからなっている（翠川，1999）．図 3.23 にシステムの概要を示す．

高密度強震計ネットワークは，約 400 km^2 の市域の 150 カ所に設置された強震計からなっている．このうち，18 点については 1996 年 5 月より，ほかの 132 点については 1997 年 5 月より稼働している．図 3.24 に観測点の配置と観測された震度の例を示す．強震計は 2 km 程度の間隔で設置され，このような密な配置は世界でもほかに類を見ないものである．また，液状化予測のために，地中地震計も埋立地を対象として 9 地点に設置されている．

各観測点には最新鋭の加速度型デジタル強震計が設置されている．地震によって強震計がトリガーされると，観測点では加速度時刻歴が収録されるとともに，計測震度，最大振幅，継続時間，応答スペクトルなどが計算される．トリガーから約 30 秒後に計測震度の速報値が三つの観測センター（横浜市災害対策室，横浜市消防局，横浜市立大学）に高速電話回線（ISDN）で送られる．150 カ所のうち，18 カ所では衛星回線により通信がバックアップされている．計測震度の確定値や応答スペクトルなどはトリガーから 5 分以内にセンターに通報される．

これらの情報から地震の約 3 分後には 150 地点の震度の分布図が得られる．図 3.24 は 1997 年 7 月 9 日の地震の例である．この地震での各地点の震度の

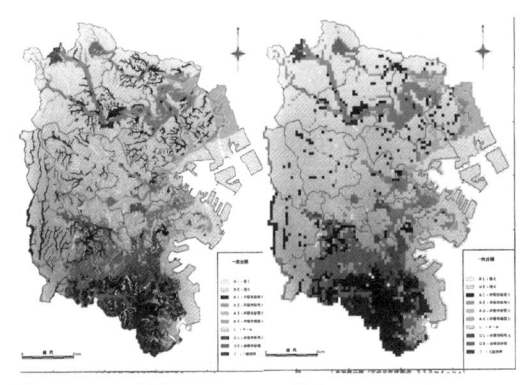

図 3.26　50 m（左）および 250 m（右）メッシュ地盤図の比較

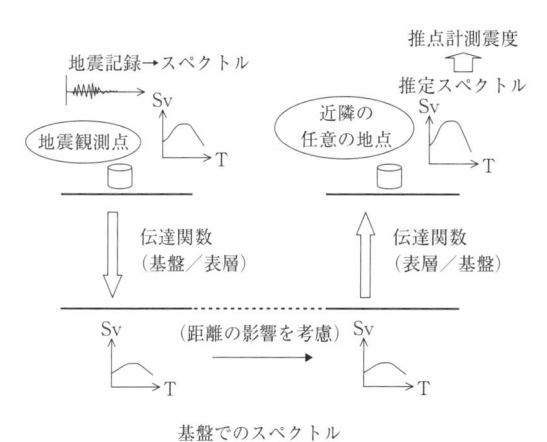

図 3.27　各メッシュでの地震動強さの評価

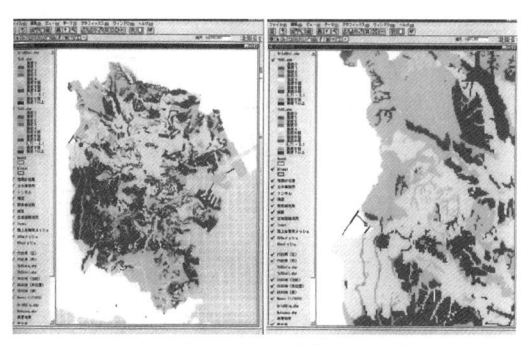

図 3.28　細密震度分布図（全体図および拡大図）

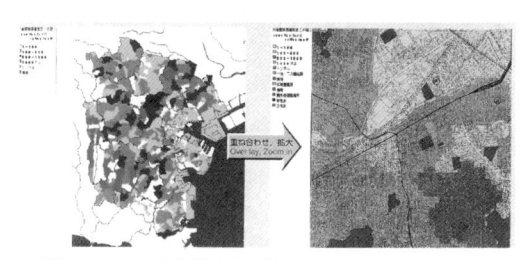

図 3.29　木造建物被害推定結果（全体図および拡大図）

最大は 3.4，最小は 1.2 で，同じ市内でも震度に 2 程度の差があった．図 3.25 に同地震の加速度波形を示す．最大加速度で 10 倍程度の違いが見られる．このことは，地盤の条件によって地震動の強さが場所ごとに大きく異なることを示している．

震度の分布図は横浜市のホームページ（http://www.city.yokohama.jp/me/bousai/eq/index.html）でも即座に公開される．この震度情報は，ポケットベルにより職員に通報され，市内のケーブル TV 各社や気象庁を通じて市民にも通報される．なお，市の周辺の被害状況を概略把握するために，東京ガスのシステムによる震度情報をリアルタイムで受信して表示するシステムも導入している．

このリアルタイム地震被害推定システムは，地震計からの情報を用いて，地震後 20 分以内に被害の状況を推定するものである．地震計の揺れの大きさに基づいて地震計周辺の地点の震度も推定し，細密な震度分布を求める．さらに，地盤の液状化分布や木造建物被害分布を推定する．本システムの最大の特徴は，詳細な地盤データや建物データに基づいて，50 m メッシュ単位できめ細かく推定が行われることにある．図 3.26 に 50 m および 250 m メッシュ地盤図の比較を示す．市域の全メッシュ数は 17 万個にも達する．500 m 程度のメッシュ単位で行われてきた従来の被害推定に比べ，本被害推定では場所ごとの地盤条件や建物分布の違いを精密に取り入れることができる．

地盤条件の分布を知るために，市内にある 1 万 5000 本以上のボーリング資料が収集・整理され，詳細な地盤図が作成されている．これに基づいて，地盤を 268 タイプに分類し，17 万個の 50 m メッシュそれぞれに対して地盤タイプを当てはめている．なお，150 点の観測点では，地盤特性を正確に評価するために第三紀の軟岩までの PS 検層が実施されている．各メッシュでの地震動評価方法の概念図を図 3.27 に示す．

各観測点からの情報としては，応答スペクトル（$h = 0.05$）と最大速度を用いている．各観測点での応答スペクトルを PS 検層データに基づいて計算された地盤の増幅率で除して，各観測点での基盤スペクトルを計算している．この際に地盤の非線形性の影響を考慮するため，異なる地震動レベルでの増幅率

を計算しておき，地表での最大速度の大きさに応じて増幅率を選択している．

計算された基盤スペクトルに各メッシュでの地盤タイプに対する増幅率を乗じて，各メッシュでの地表での応答スペクトルを計算している．この際も地盤の非線形性の影響を考慮している．各メッシュで計算された地表での応答スペクトルから，それに相当する最大加速度，最大速度および震度を計算し，それらの分布を地図上に表示している．この手順により図 3.28 に示すような詳細な震度分布図が得られる．

液状化危険度については，液状化が生じた場合には地表での加速度は低減されるので，地震動そのものが弱かったのか，液状化により加速度が小さくなったのかが判断しにくい場合が生ずる．そこで，軟岩中に設置された地中地震計からの情報を用いて，液状化が起こらなかった場合の地表での最大加速度を計算し，道路橋示方書の判定法にしたがって，各メッシュでの液状化危険度を評価している．

建物被害については，市内で多数を占める木造建物約 50 万棟を対象として被害予測を行っている．固定資産税データの用途分類や築年などから各建物の固有周期と靭性を設定し，それぞれの地点での地震動の応答スペクトルから各建物の被害を評価している．評価結果は町単位に集計されて表示される．

これらの推定結果は任意のスケールで表示され，緊急輸送路や避難場所などの施設を重ね書きすることにより，より効果的な緊急対応の戦略づくりを支援することに利用される．図 3.29 に木造建物被害推定結果の例を示す．図の左側に示した全市の表示結果から被害の全体像が把握でき，右側に示した拡大図から個別の地域での被害状況を詳細に把握できる．

さらに，実被害情報を効率よく収集できる実被害情報収集システムも構築されている．これは，震度 5 弱以上の地震が発生した場合，市と協定を締結した建設業者が防災作業隊として，地域の道路被害や交通規制の状況を各区の土木事務所に報告し，土木事務所がこの報告結果を地図データの形で市役所に衛星回線や高速電話回線で送信するものである．図 3.30 に本システムの概要図を示す．

また，ヘリコプターや超高層ビル（ランドマークタワー）屋上からのカメラ映像，区役所からの被害や対応の情報，ライフライン事業者からの被害や復旧情報も市役所に収集される．これらすべての情報を参照しながら，市の災害対策本部会議で初動の活動方針が決定される．

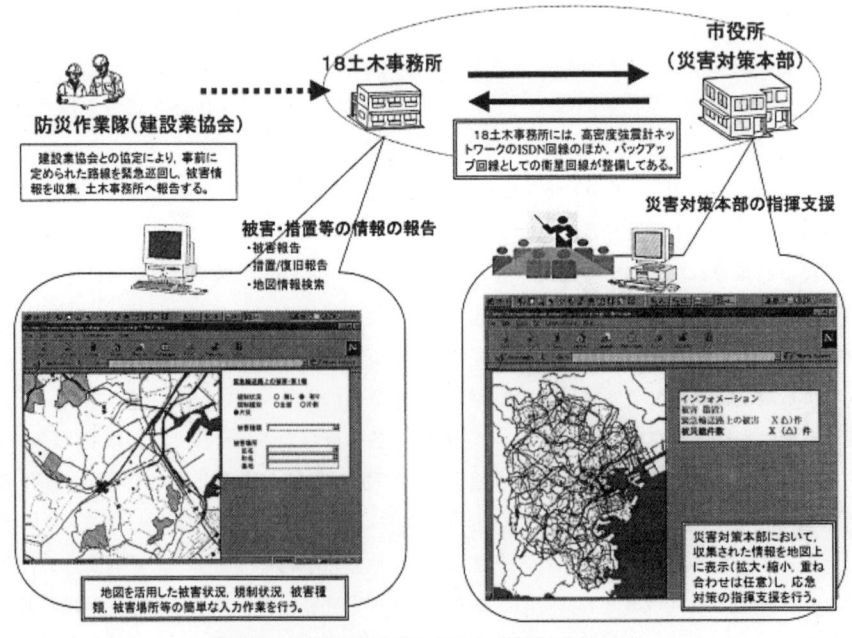

図 3.30　実被害情報収集システム（横浜市資料より）

3.5 リモートセンシングによる早期被害把握システム

上述の被害早期推定システムは観測された地震の揺れの大きさから被害を推定するものであり,実際の被害を把握するものではない.実際の被害を広域で迅速に把握する手段として,リモートセンシングの利用がある(松岡,2004).リモートセンシングとは,人工衛星などに搭載されたセンサで,対象物からの太陽光やマイクロ波などの反射を観測し,対

表 3.2 主な人工衛星と光学センサの仕様(松岡,2004)

衛星	センサ		可視域 (μm)	近赤外域 (μm)	中間赤外域 (μm)	熱赤外域 (μm)	地上分解能	回帰日数	運用期間
Landsat-4,5 (米国)	TM	マルチスペクトル	B:0.45-0.52 G:0.52-0.60 R:0.63-0.69	0.76-0.90	1.55-1.75 2.08-2.35	10.40-12.50	30 m 120 m (熱赤外)	16 日	82.10-01.6
Landsat-7 (米国)	ETM+	マルチスペクトル	B:0.45-0.515 G:0.525-0.605 R:0.63-0.69	0.76-0.90	1.55-1.75 2.00-2.35	10.40-12.50	30 m 60 m (熱赤外)	16 日	99.4
		パンクロマティック	0.52-0.90	—	—	—	15 m		
SPOT-1,2,3 (フランス)	HRV	マルチスペクトル	G:0.50-0.59 R:0.61-0.68	0.79-0.89	—	—	20 m	26 日 (2-3 日)※	86.5
		パンクロマティック	0.51-0.73	—	—	—	10 m		
SPOT-4 (フランス)	HRVIR	マルチスペクトル	G:0.50-0.59 R:0.61-0.68	0.79-0.89	1.58-1.75	—	20 m	26 日 (2-3 日)※	98.3
		パンクロマティック	0.61-0.68	—	—	—	10 m		
JERS-1 (日本)	OPS	マルチスペクトル	G:0.52-0.60 R:0.63-0.69	0.76-0.86	1.60-1.71 2.01-2.12 2.13-2.15 2.28-2.40	—	18 m×24 m	44 日	92.9-93.12 (SWIR) 92.9-98.10 (VNIR)
IRS-1C,1D (インド)	LISS	マルチスペクトル	G:0.52-0.59 R:0.62-0.68	0.77-0.86	1.55-1.70	—	23.6 m 70.8 m (中間赤外)	24 日	95.12- (1C) 97.9- (1D)
		パンクロマティック	0.50-0.75	—	—	—	5.8 m	(5 日)※	
ADEOS (日本)	AVINIR	マルチスペクトル	B:0.42-0.50 G:0.52-0.60 R:0.61-0.69	0.76-0.89	—	—	16 m	41 日	96.10-97.6
		パンクロマティック	0.52-0.69	—	—	—	8 m		
Terra (米国)	ASTER	マルチスペクトル	G:0.52-0.60 R:0.63-0.69	0.76-0.86 2.145-2.185 2.235-2.285	1.60-1.70 2.145-2.185 2.185-2.225 2.295-2.365 2.36-2.43	8.125-8.475 8.475-8.825 8.925-9.275 10.25-10.95 10.95-11.65	15 m (可視近赤) 30 m (中間赤外) 90 m (熱赤外)	16 日	99.12-
IKONOS (米国)	VNIR	マルチスペクトル	B:0.45-0.52 G:0.52-0.60 R:0.63-0.69	0.76-0.90	—	—	4 m	11 日 (1.5-2.9日)※	99.9-
		パンクロマティック	0.45-0.90	—	—	—	1 m		
EROS-A1 (日本)	Pan	パンクロマティック	0.5-0.9	—	—	—	1.8 m	2-4 日※	00.12-
Quick Bird-2 (米国)	Multi	マルチスペクトル	B:0.45-0.52 G:0.52-0.60 R:0.63-0.69	0.76-0.90	—	—	2.8 m	4.7 日※	01.10-
	Pan	パンクロマティック	0.45-0.90	—	—	—	0.6 m		
OrbView-3 (米国)	Multi	マルチスペクトル	B:0.45-0.52 G:0.52-0.60 R:0.63-0.69	0.76-0.90	—	—	4 m	2-3 日※	03.6-
	Pan	パンクロマティック	0.45-0.90	—	—	—	1 m		

※ポインティングなどを使用した場合の平均再訪日数,各機関によって定義などが異なるため,単純な比較はできない.

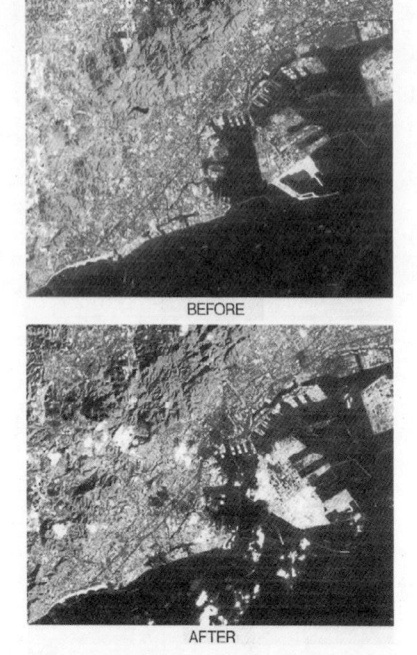

図 3.31 地震前後の衛星画像の比較（兵庫県南部地震のLandsatデータ）

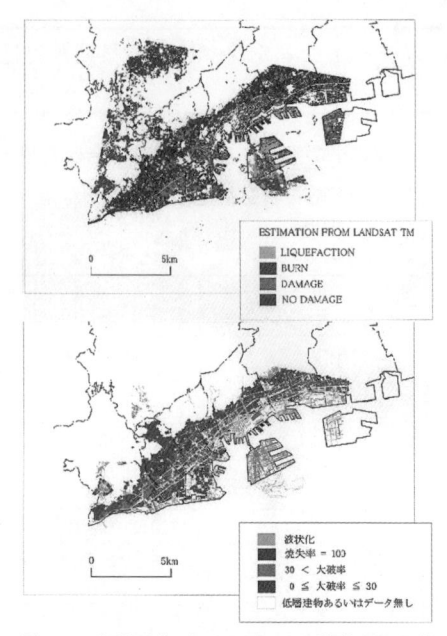

図 3.32 衛星画像（Landsat）から特定された被災地と実際の被害分布の比較

象物の特徴を把握するものである．人工衛星によるデータは同じ場所を自動的に繰り返し撮影しているため，いつ発生するかわからない災害の監視に向いている．

センサとしては，太陽光からの反射を可視光域から赤外域までの複数のバンドで観測する光学センサがよく用いられてきた．1972年にその1号機が打ち上げられた米国のLandsat衛星はその代表例である．現在稼働中の7号機は，分解能が30m前後で，8バンドの波長域を持ち，16日に1回の間隔で同一の地域のデータを取得している．Landsat以外にも，フランスのSPOT衛星やインドのIRS衛星なども運用実績が長い．主な人工衛星と光学センサの仕様を表3.2に示す．

リモートセンシングによる被害把握の可能性については，いくつか検討がなされてきた．例えば，図3.31に示す1995年兵庫県南部地震の前後でのLandsatデータを比較し，その反射特性の変化から，図3.32に示すように，液状化発生地域，家屋焼失地域，家屋大破地域および被害軽微地域が特定されている．これらが実際の被害分布とおおむね一致し，被害の甚大な地域をある程度の精度で把握できることが示されている（松岡ら，1998）．

また，米国空軍が打ち上げたDMSP（defense meteorological satellite program）衛星画像を用い，準リアルタイムに地震被災地の地理的分布を推定する試みもされている（小檜山ら，2001）．これは，衛星の夜間可視画像（分解能2.7km）から都市の明かりを抽出し，平常時との比較から，都市の明かりが消えている地域を被災地と判読し，その範囲をマクロ的に示すものである．情報の少ない開発途上国の災害救援活動を支援することに有効と考えられている．このように，リモートセンシングデータにより大局的な被害状況を把握できることが実証されている．

近年，軍事技術の民政転用が進められ，高分解能衛星が打ち上げられ，その画像が利用できるようになり，リモートセンシングデータでより詳細な被害状況を把握することが可能な状況になった．例えば，1999年に打ち上げられたIKONOS衛星は1m程度の画像分解能を持つ．高分解能衛星が地震災害を観測した最初の例は1999年台湾集集（チーチー）地震といわれている．

その後，2001年インド・グジャラート地震では被害の激甚であったブジ市で地震直後の画像が得られ，それによる被害判読が行われている．その結果，崩壊した建物や大きく傾いた建物などは判別が可能

図3.33 2003年アルジェリア・ブーメルダス地震での高分解能衛星画像（Yamazaki et al., 2004）

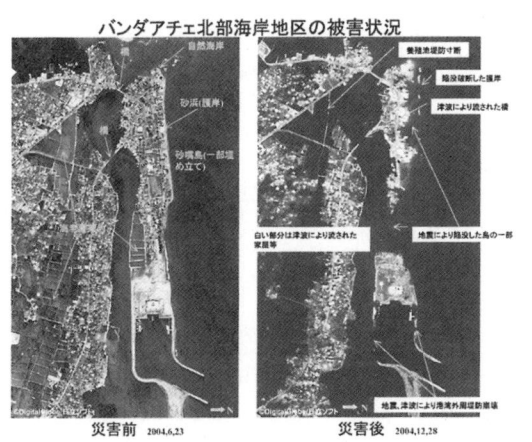

図3.34 2004年スマトラ地震津波によるミクロレベルでの被害状況の判読（リモートセンシング研究会，2005）

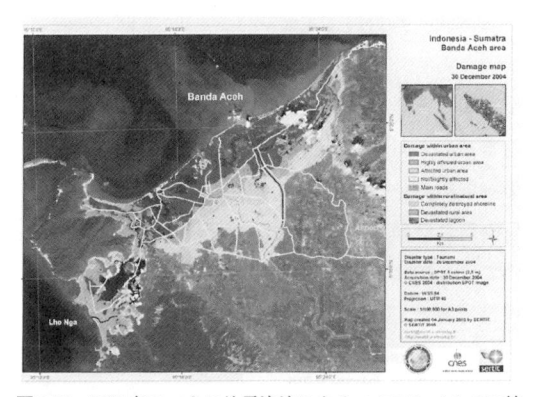

図3.35 2004年スマトラ地震津波によるマクロレベルでの被害状況の判読（リモートセンシング研究会，2005）

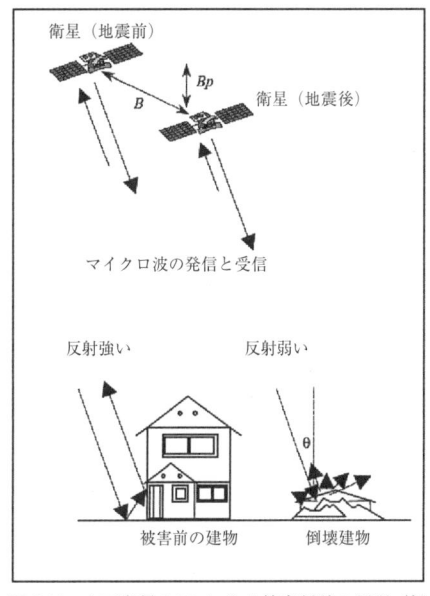

図3.36 人工衛星SARによる被害判読の原理（松岡・山崎，2002）

であるが，建物が建て混んでいる地域や低層建物に対しては判別が困難であり，このような場合には地震前の画像や建物GISなどほかの情報が必要になると指摘されている（Saito et al., 2004）．

地震後のみならず地震前の画像も利用した最初の事例は2003年アルジェリア・ブーメルダス地震である（Yamazaki et al., 2004）．図3.33に示すような0.6mの地表分解能を有するQuickBird衛星画像が用いられ，地震後の画像のみからの判読に比べ，地震前後の画像を比較しながら判読することで，より多くの建物の被害を認識できることが指摘されている．ただし，実際の被害調査結果に比べ，被害が小さく評価される傾向にあることや被害が甚大でない場合には判別が困難であることも指摘されている．

2004年12月のスマトラ地震津波についても多数の画像が得られ，リモートセンシングデータが広域にわたる津波災害の分布を把握するのにも有力であることが示されている．例えば，被害の甚大であったインドネシアのバンダアチェでは，図3.34に示すQuickBird衛星画像によるミクロなスケールでの被害状況や図3.35に示すSPOT衛星画像によるマクロな被災域がインターネット上で公表されている（リモートセンシング研究会，2005）．また，浸

3.5 リモートセンシングによる早期被害把握システム　87

図3.37 SAR画像から特定された建物被害地域（兵庫県南部地震の場合；松岡・山崎, 2002）

水域では芝生が枯れて反射特性が変化しており，これを利用して広域で精密な浸水域の判定が可能であることが指摘されている（山崎・松岡，2005）．

しかしながら，このような光学センサでは雲に覆われた場合や夜間では測定できない．そこで，可視光より長い波長のマイクロ波を発信して対象物より反射される後方散乱波を観測する合成開口レーダー（SAR）を被害把握に利用できるかどうかの検討もされている．

SAR は地表に向けて位相のそろったマイクロ波を照射して，地表からの反射波を観測して，地表での散乱の強度や位相を観測する．図3.36に示すように被災地域では倒壊した建物の影響で反射強度が小さくなることが期待される．地震前後のデータの散乱強度の差や相関係数から，図3.37に示すように被災域が推定され，大局的には実際の被災域と対応することが確認されている（松岡・山崎，2002）．しかし，誤検出の地域も少なくなく，その精度や適用限界については今後検討すべき点が残されている．

3.6 実地震被害収集システム

前述のように，地震直後のリモートセンシング画像から被害の概要を把握できる可能性は高いが，詳細な被害の状況を知るためには現場調査が必須である．従来の調査では，調査員が現場で地図を見な

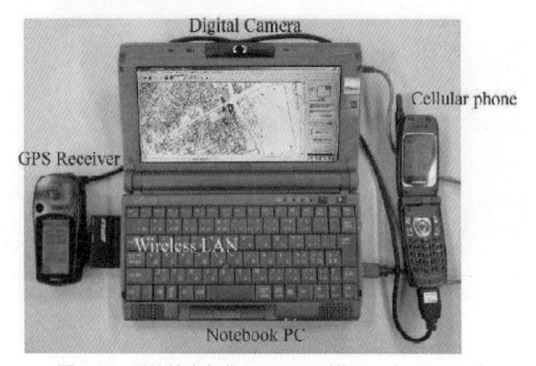

図3.38 現地被害収集システム（柴山・久田，2003）

がら場所を確認し調査票に建物やその被害の情報を書き込むという手間に加えて，それを本部に持ち帰って紙ベースで整理して，地図上に表示したり，目的別に整理したり，何重もの手間がかかっていた．

これらの手間を最小限にする一つの方法として，現場で電子情報として入力し，地理情報システム（GIS）上で迅速にデータ管理できるシステムの開発が進められている．例えば，図3.38に示すようなノートパソコン，携帯電話，GPSからなるシステムによる現地被害収集システムが提案されている（柴山・久田，2003）．このシステムでは，簡易型GISにより地図情報が利用でき，GPSによって現在位置を確認できるため，対象建物の位置を画面上で確認し，建物や被害の情報を入力していくことができる．

入力されたデータは携帯電話で本部に送られる．このシステムの模擬実験が行われ，従来の調査方法と比べ現場での調査時間はほとんど変わらないもの

図 3.39 被害判定結果のデータベース化

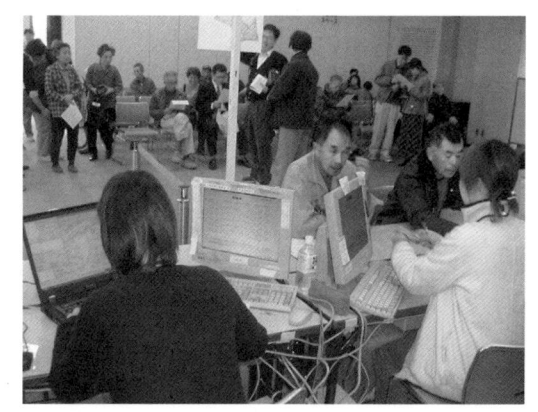

図 3.40 被災者と行政による被害判定結果の確認

の，GIS上でデータを取り扱うことができるため，その後の調査データの整理が格段に効率化されることが確認されている．

このような被害収集システムは実用化の段階までには至っていないが，罹災調査の結果をGISデータとして入力することで，罹災証明書発行など行政の災害対応業務が迅速化・円滑化できることは，2004年新潟県中越地震で実証されている．

この地震で震度6強と大きな揺れが観測された小千谷市では，多数の建物に被害が生じており，被害に応じた被災者支援を迅速に行う必要があるものと判断された．そのためには，市内の全建物約2万棟について短時間で被害認定調査を行う必要があることから，市は，外観目視で被害調査を行い，判定に納得のいかない被災者については建物内部の被害も含めたさらに詳細な調査を行う方針で対応した（田中聡，2005）．

そこで，現場で調査した各建物の被害判定結果や被害状況の写真，所有者や位置の情報をデータベースに登録し（図3.39），GIS上でこれらのデータを取り扱えるシステムを構築した．このシステムにより，被災者と各建物の被害状況の写真を見ながら被害判定結果を確認する（図3.40）．判定結果に異議がなければ結果を確定し，異議がある場合には，詳細調査の実施などを行い，被災者と協議しながら判定結果を確定させる作業が続けられた．その結果，大きな混乱なく地震後1カ月程度で迅速に罹災証明書の発行が行われた．

3.7 今後の課題

上述のリアルタイム地震防災情報システムは，兵庫県南部地震を大きな契機として開発が進み，最近稼働したものがほとんどである．そのため，稼働実績に乏しく，大震災に襲われた場合にどの程度有効であるのかについては十分な検証はなされていない．

また，既存のシステムは個別的であり総合性に欠けるという根本的な問題もある．時間の経過とともに各システムがそれぞれの役割を果たしながら，情報が更新されていく統合化システムが理想の方向である．ここでは，まず地震警報システムおよび被害推定システムの問題点や課題について述べ，さらに統合化システムに向けての展望を述べる．

▶3.7.1 地震警報システムの課題

地震警報システムのうちで緊急地震速報は一般社会での幅広い利用を想定しており，そのために実用化に向けて多くの課題が残されている．課題は，「情報の精度」，「情報の伝達方法」，「情報に対する理解と対応」の三つに大別できる．

「情報の精度」については，地震感知後第1報が発信されるが，結果が安定するのは第3報あたりからである．情報の早さと精度にはトレードオフがあ

り，どの時点で判断するかは目的に応じて異なることになろう．また，地震規模の大きい地震については正確な地震規模の評価に時間がかかるという問題もある．

「情報の伝達方法」については，通信手段のハード面では，防災無線，FM文字多重放送，公衆移動通信，IP電話などの利用が検討されているが，いずれにせよ，非常時でも信頼性が高く冗長性の高いシステムの構築が課題である．現場に到着した情報を人にどのように伝えるかについては，報知音やピクトグラムについての検討が必要であり，これらの標準化が重要な課題である．

「情報に対する理解と対応」については，事前の防災教育が重要である．システムに訓練モードを加え，事前の訓練により緊急地震速報という情報に一般市民が慣れておく必要がある．また，余裕時間に応じて適切な対応をきめ細かく指示できるようマニュアル化することも重要であろう．

▶3.7.2 地震被害早期推定システムの課題

地震被害早期推定システムの課題を整理すると，①システムの耐震性，②システムの維持管理体制，③ほかのシステムとのネットワーク化，④実被害情報による情報の更新，⑤システムを十分に活用できるか，があげられる（翠川，1999）．

①は大地震時にシステムが確実に作動するのか，特に通信回線の信頼性やバックアップシステムの必要性の問題である．②はデータ更新や管理者の育成などの問題である．③および④は後述の統合化システムにかかわる問題である．

⑤の「システムを十分に活用できるか」が最大の課題であり，いくつかの検討項目が考えられる．第1の項目として，被害推定結果からいかに適切な対応が行えるかという問題がある．大地震時には様々な予想外の状況が起こりうるので，被害結果から確定的に指針を与えることは現状では困難である．推定システムを使った模擬訓練を通して徐々に対応指針を整備していくことが今後必要であろう．

第2の項目は，いかに市民へ情報を提供できるかという問題である．被害の状況や復旧の見通しを被災者にわかりやすく伝えられれば，不安や不満を軽減し市民の復旧活動を支援する情報となろう．そのためには市民への情報ネットワークも整備する必要があろう．

第3の項目は，平時での活用である．システムを長年にわたって維持管理していくためにはまれにしか起こらない緊急時だけでなく平時にも役立つものでなければならない．例えば，地震観測結果を分析して，より信頼性の高い地震ハザードマップを作成し，市民に地域の災害リスクを認識させることが考えられる．

▶3.7.3 地震防災情報システムの統合化に向けて

地震による災害は時間的および空間的に連鎖しながら大きく変化する．上述した個々のシステムは，それぞれが時間的にも空間的にも限られた範囲の災害を対象としているので，連鎖しながら変化していく災害全体に対応できるものではない．

そこで，各地域のシステムが互いの結果を参照しつつ時間の経過とともにそれぞれの役割を果たしながら，情報が更新されていく統合化システムが必要とされる．このような統合化の試みとして，地震計ネットワークによる地震被害早期推定結果とリモートセンシングによる早期被害把握結果を統合処理して，迅速でより高精度な被害の把握を目指したものもある（能島ら，2002）．

しかしながら，理想的には，今まで述べてきた地震警報システムから被害早期推定システム，早期被害把握システム，実被害収集システム，さらには対応行動を具体的に支援するためのシステムまでを，時間の経過とともに連続的に統合したシステムが必要である．このような統合化には種々の技術的課題や社会的課題を克服する必要があろう．われわれはリアルタイム地震防災情報システムという新兵器を手にしたばかりであり，これらをどのように組み合わせながら使いこなしていくかが今後問われている．

参考文献

Earthquake Alarm Group: A plan for strong earthquake alarm system 10 seconds before it attacks the city of Tokyo. Proceedings of the 5th World

Conference on Earthquake Engineering, 1973.

Eguchi, R.T., Goltz, J.D., Seligson, H.A., Flores, P.J., Blais, N.C., Heaton, T.H. and Bortugno, E.: Real-time loss estimation as an emergency response decision support system: The early post-earthquake damage assessment tool (EPEDAT). *Earthquake Spectra*, **13**(4), 815-832, 1997.

Espinosa-Aranda, J.M.: 私信, 2003.

Espinosa-Aranda, J.M., Jimenez, A., Ibarrola, G., Alcantar, F., Aguilar, A., Inostroza, M. and Maldonado, S.: Mexico city seismic alert system. *Seismological Research Letter*, **66**(6), 42-53, 1995.

Saito, K., Spence, R., Going, C. & Markus, M.: Using high-resolution satellite images for post-earthquake building damage assessment: A study following the 26 January 2001 Gujarat earthquake. *Earthquake Spectra*, **20**(1), 145-169, 2004.

Wald, D.J., Quitoriano, V., Heaton, T.H., Kanamori, H., Scrivner, C.W. and Worden, C.B.: Trinet "Shakemaps": Rapid generation of peak ground acceleration and intensity maps for earthquake in southern California. *Earthquake Spectra*, **15**(3), 537-555, 1999.

Whitman, R.V., Anagnos, T., Kircher, C.A., Lagorio, H.J., Scott Lawson, R. and Schneider, P.: Development of a national earthquake loss estimation methodology. *Earthquake Spectra*, **13**(4), 643-661, 1997.

Wu, Y., Shin, T. and Tsai, Y.: Quick and reliable determination of magnitude for seismic early warning. *Bull. Seism Soc. Am.*, **88**(5), 1254-1259, 1998.

Yamazaki, F., Kouchi, K., Matsuoka, M., Kohiyama, M. and Muraoka, N.: Damage detection from high-resolution satellite images for the 2003 Boumerdes, Algeria earthquake. Proceedings of the 13th World Conference on Earthquake Engineering, Paper No.2595, 2004.

宇佐美龍夫, 浜松音蔵：日本の地震および地震学の歴史. 地震 第2輯, **20**, 1-34, 1967.

大津康祐：東京消防庁の地震被害予測システム. リアルタイム地震防災—現状と可能性—プログラム＆予稿集, 13-16, 1997.

金森博雄：CUBEシステム. 地震工学振興会ニュース, **142**, 7-9, 1995.

川上則明, 藤縄幸雄：緊急地震速報の分野別利活用システム開発. リアルタイム災害情報検知とその利用に関するシンポジウム論文集, 11-18, 2004.

気象庁：津波警報発表体制. *In*: JICA津波研修テキスト, 2005a.

気象庁：緊急地震速報検討委員会資料, 2005b.

気象庁：緊急地震速報とは何か？, 国土交通, **84**, 17-19, 2007.

桐山孝晴：地震防災システム（DIS）の開発. リアルタイム地震防災シンポジウム論文集—リアルタイム地震防災の現状と今後—, 59-62, 1999.

小檜山雅之, 林 春男, 牧 紀男, 東田光裕, クレール, エルヴィジ, ホブソン：DMSP/OLS夜間可視画像を用いた早期被災地推定システム（EDES）の時系列画像法を用いた推定精度の向上. 地域安全学会論文集, **3**, 173-80, 2001.

斉藤 誠：緊急地震速報の実用化に向けて. 第4回国土セイフティネットシンポジウム講演集, 9-15, 2005.

柴山明寛, 久田嘉章：地震災害時における効率的な現地被害情報収集システムの開発. 地域安全学会論文集, **5**, 2003.

清水善久ら：超高密度地震防災システム（SUPREME）の開発. 国土セイフティネットシンポジウム, 17-24, 2002.

田中 聡：被災者台帳構築業務支援の試み. 第35回安全工学シンポジウム講演予稿集, 249-250, 2005.

田中貞二：わが国の強震観測事始めを振り返って. 記念シンポジウム「日本の強震観測50年」—歴史と展望—講演集, 防災科学技術研究所研究資料, **264**, 7-16, 2005.

中村 豊：えぴろーぐ—ユレダス2100点ネットワーク構想—. Railway Research Review, **49**(9), 31-33, 1992.

中村 豊：総合地震防災システムの研究. 土木学会論文集, **531**, 1-33, 1996.

中村 豊：リアルタイム地震防災—ユレダスの開発—.「迫りくる南海道の地震とそれへの備え」講演会資料, 1-6, 2004.

能島暢呂, 松岡昌志, 杉戸真太, 立石陽輝, 金澤伸治：建物被災地推定の早期把握のための震度分布と人口衛星SAR強度画像の統合処理手法. 地域安全学会論文集, **4**, 143-150, 2002.

松岡昌志：高分解能衛星による災害監視の可能性. 予防時報, **217**, 8-13, 2004.

松岡昌志, 稲永麻子, 藤本一雄, 翠川三郎：LANDSAT TMデータによる1995年兵庫県南部地震の被害分布の抽出. 第10回日本地震工学シンポジウム論文集, **3**, 3361-3366, 1998.

松岡昌志, 山崎文雄：人口衛星SAR強度画像を用いた被害地域検出手法の最近の地震への適用とその妥当性の検討. 日本建築学会構造系論文集, **558**, 139-147, 2002.

翠川三郎：リアルタイム地震防災システム—現状と課題—. 地震ジャーナル, **28**, 52-65, 1999.

目黒公郎, 藤縄幸雄, 川上則明, 西野哉誉：緊急地震速

報導入による社会的インパクト．緊急地震速報利用システムに関するシンポジウム講演集，53-59，2004．

持田忠男：川崎市の震災対策支援システム．火災，**44**(6)，44-49，1994．

Mori, J.：南カリフォルニアにおける地震および強震観測．国土セイフティネットシンポジウム講演集，29-32，2002．

山崎文雄，片山恒雄，野田 茂，吉川洋一，大谷泰昭：大規模都市ガス導管網の地震時警報システムの開発．土木学会論文集，**525**，331-340，1995．

山崎文雄，松岡昌志，Warnitchai, P., Polngam, S., Ghosh, S.：人口衛星画像とGPSを活用したタイ南部の津波被害調査．地域安全学会梗概集，**16**，41-44，2005．

横田 崇：気象庁におけるナウキャスト地震情報の提供とその活用について．第2回国土セイフティネットシンポジウム講演集，17-24，2003．

リモートセンシング研究会：インド洋大津波のリモートセンシングデータ収集衛星と情報伝達メディア．日本リモートセンシング学会誌，**25**(2)，200-211，2005．

4 地震防災教育

4.1 地震防災教育の現状と課題

▶4.1.1 阪神・淡路大震災の教訓

　1995年1月17日に発生した1995年兵庫県南部地震（阪神・淡路大震災）では，神戸と洲本で震度6を観測したほか，地震後の調査では淡路島北部，神戸市須磨区から西宮市南部に至る帯状の地域や宝塚市の一部で震度7であったことが判明するなど，その揺れの程度は非常に大きかった．

　この地震では震災時に被害対応の先頭に立つことが期待される地方自治体や消防機関も大きな被害を受けた．また，職員自らも被災していたり，交通ネットワークの断絶などにより出勤することも難しい状況であった．そのため，限られた情報と人員で，めまぐるしく変化する状況に臨機応変に対応することを余儀なくされた．

　神戸市消防局には，地震発生直後から家屋倒壊による生き埋め，ガス漏れ，火災などの通報が多数寄せられた．通報件数は各消防署で平時の数倍から20倍にのぼり，殺到する出動要請に対し全隊出動しても処理することができないほどであった．そのうえ，どの隊も同じ状況であったためほかの隊からの応援も期待できなかった（例えば，日本消防協会，1996）．

　地方自治体や消防機関が対応に追われる状況の一方で，被災地で目立ったのが地元の消防団や住民の活躍であった．実際に，住民が協力して生き埋め者の救出や傷病者の応急処置，初期消火などを行う姿が多く目撃されている．神戸市消防局が震災後に行った調査でも，生き埋めになった人の救出活動で活躍したのは「近所の者」，「家族」と約8割の人が回答している．また，北淡町では常駐の消防職員が12名しかおらず，約560名の消防団員が中心となって消火活動や救出活動を行い，多くの人命を救った．当時の状況について北淡町消防団からは，各世帯の家族構成や救出・消火に必要な器具の場所などを詳しく知っていたことが役立ったと報告されている．このことは地域内の詳細な情報を共有していることが大地震発生後の被害の拡大を抑えるために有効であることを示唆しており，消防団だけでなく一般の地元住民が救出活動や消火活動を行う場合にもあてはまるであろう．

　大地震発生後の一般市民の協力としては，災害ボランティア活動も大きな役割を果たした．ボランティア活動を行うために多くの人々が被災地を訪れ，炊き出しや避難所運営の補助，倒壊した家屋の片付けなど様々な働きをした．ボランティアの人々が地震によって家族を失った被災者の話し相手となったことでPTSD（心的外傷後ストレス障害）を防ぐことにつながったのではないかという見解もある．しかし，休日には多くのボランティアがいるものの平日になると人手不足になる，テレビなどで放映された避難所にばかり多くのボランティアが集まる，といったようにボランティア活動の問題点も浮き彫りとなった．

　以上のことから，大地震発生後の混乱した状況下では，一般の地元住民が生き埋め者の救出や傷病者の応急処置，初期消火活動に従事し，被害軽減のために非常に重要な役割を果たしたことがわかる．また，避難生活の物資の不足や災害ボランティア活動など，住民が平時から準備をし，理解を深めていれば，状況はより改善されたのではないかと考えられる点も多い．したがって，一人でも多くの一般住民

が地震災害や救出活動，消火活動，災害ボランティア活動などに関する確かな知識と技術を持ち，平時から地震災害に備えておくことで，地震による被害を軽減できるものと期待される．

実際，1995年以降に発生した2004年新潟県中越地震などのいくつかの被害地震に際しては，阪神・淡路大震災での経験が活かされて1995年当時に比べて非常にスムーズな震後対応がなされている，と感じる局面が多くあった．ただし，過去の教訓が活かされている場面のほとんどは，医療や行政，ライフライン事業者の緊急対応といった専門的な分野であり，ごく普通の一般市民のレベルではまだまだ地震防災に対する意識が十分に浸透しているとはいえないのも現実であろう．

▶4.1.2 地震防災教育の現状

阪神・淡路大震災以降，上で述べたような住民の様々な活動を受けて個人および地域レベルでの防災体制の強化が特に重要視されるようになってきた．その結果，地震防災体制を強化するための取組みの一つである地震防災教育が注目されるようになり，防災体制の強化を目的とした種々の教育活動が実践されるとともに多くの教材が開発されてきている．

一口に地震防災教育といっても，学習を行う人が誰なのか，どのような知識や技能を身につけさせたいのか，またその知識や技能を資格として認めるのか，など学習対象者や学習目標にも様々なものが設定されている．しかも，その学習目標を達成するための手段には，本を読む，映像を見る，講義室において講義を受ける，実技の訓練を受ける，コンピュータやインターネットを利用したe-learningシステムを活用するなど，学習者の属性や学習目標に応じて実に多くの組合せが考えられる．さらに，情報伝達手段の高度化や高速化に伴って，これまで教室内で完結していた講義形式の授業をインターネットなどを経由してリアルタイムで遠隔地に対して行うことができるようになり，様々な場面で活用されはじめている（例えばMorikawa et al., 2007）．

実際，地震防災教育のための教材や学習方法は実に多岐にわたっている．

最初に，これらの教材にはどのようなものがあるのかを概観することからはじめる．以下では誰でも容易に参照可能ないくつかの地震防災教育用教材について，簡単な分類とともに紹介したい．そのうえで，地震防災教育を実施していくうえでの課題などについて述べる．また，本節の最後では，地震防災にかかわりの深い資格を紹介する．これは，資格をとるまでの学習が地震防災教育のための教育課程として有効に機能していると考えられるだけでなく，資格をとるという行為自体が学習のための強い動機づけになる場合があるからである．学習のための動機づけは，いかにして地震防災教育を広く普及させるかを考える際の一つのポイントとなりうるものであり，教育上重要な要素である．

現在行われている地震防災教育をおおまかに分類すると，図4.1のように三つのタイプを考えることができる．それぞれは図中に示した通り相互に関連しているが，タイプ1，2，3の順に心の教育（感性教育），身体の教育（体験教育），頭脳の教育（知識教育）ということもできよう（大町，1992）．

タイプ1（感性教育）

地震防災教育の効果が震災時に確実に発揮されるためには，時間経過とともに教育効果が風化消滅するようではいけない．人々の心に着実に根付く防災教育を行うには，まず迫力のある感動的な教材で潜在意識のレベルに達するくらい心理的に揺さぶって防災意識を目覚めさせるという動機づけが不可欠である．このような観点から，次項で紹介する国語教材『稲むらの火』が現在もなお，すぐれた防災教材として高く評価されている．この教材のよさは，人命の尊さと緊急事態での臨機応変な行動の重要性を平易に理解させ，それを感受性豊かな子供たちの心に強く刻印するところにある．

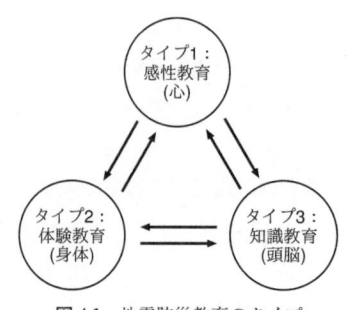

図4.1 地震防災教育のタイプ

タイプ2（体験教育）

避難訓練や集団下校訓練など大地震を想定して行う実地訓練や起振車による地震体験，消火訓練など各種の模擬訓練がこれに含まれる．これらのうち，避難訓練は従来最も重視され，繰り返し実施されているが，参加意識が低く緊迫感を欠いた形式的な訓練となっていることも少なくない．そこで参加者の熱意や関心を高めるため，ゲーム性や意外性を導入したり，最近では緊急地震速報を利用して現実感を高めるなどの工夫も取り入れられている（Motosaka et al., 2006）．要するに「習うより慣れよ」のことわざにならって，体験を通して防災教育をするものである．

タイプ3（知識教育）

読本やビデオ，コンピュータソフトなどの教材を使って，地震防災に関する知識を教えたり発災時の判断力を高めることが行われている．学校などで使われているこの種の教材の内容は，おおまかに次の6項目に分類できる．

① 地震の科学：地震の原因，震度，マグニチュード，過去の主な地震など，地球物理学的あるいは自然科学的知識．
② 地震災害：建物の倒壊，山崩れ，火災，パニックなど，地震に伴う1次災害や2次災害の種類とその事例．
③ 防災対策：地震予知体制，警戒宣言，避難場所など，国や自治体が計画あるいは実施している地震防災対策．
④ 地震時の対応：在校時，登下校時あるいは在宅時など，種々の状況において大地震に遭った場合にとるべき行動．
⑤ 日常の備え：家族の話し合い，非常時持ち出し品の準備など，家庭で平素から心がけておくべき準備．
⑥ 応急処置：地震によって負傷したときのための応急処置の方法．

小中学校の教材では，低年齢の子供には主に地震時の対応や日常の備えが教えられ，年齢が進むにつれて他の内容も付加されている．また市民に対しては，これらの内容が多くの人の目に触れるように，電話帳やスーパーマーケットの買い物袋などに印刷され配布されることもある．

▶4.1.3 書籍・視聴覚教材

「これは，ただ事でない．」
とつぶやきながら，五兵衛は家から出て来た．今の地震は別に烈しいといふ程のものではなかつた．

この文章は，1927（昭和12）年文部省発行の小学校国語読本巻十（5年生用）に掲載された『稲むらの火』の冒頭部分である（図4.2）．

1854年安政南海地震津波の際に，暗闇で津波から逃げ遅れた人々を稲むらに火を放って避難誘導した浜口梧陵の逸話にヒントを得て，ラフカディオ・ハーン（小泉八雲）は"A Living God"を創作し，1897年に出版している．この作品をもとにして中井常蔵が文部省の教材公募に応じて教材化し，上記読本に採用されたのが『稲むらの火』である．

『稲むらの火』は，必ずしも事実が描かれているわけではないが，浜口梧陵が村人に津波の来襲を知らせるために稲むらに火を放つという印象的な場面が挿絵を含むわずか8ページに凝縮されている．その詳細は，文献（例えば津村，2005）に譲るが，義務教育の教材として『稲むらの火』が国語読本に掲載されていた10年間に1000万人以上の児童がこの物語を繰り返し読んで津波の際にとるべき行動を学んだ，という事実は特筆に値するであろう．

このように，多くの人々に読まれ，強い印象を残すことができる書籍は教材としてきわめて有効である．もちろん，『稲むらの火』が国語読本に採用されていた時代とは異なり，現在では情報伝達のため

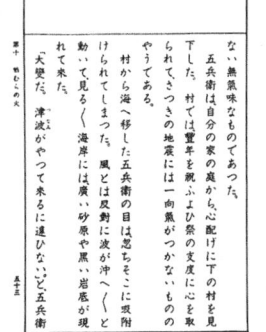

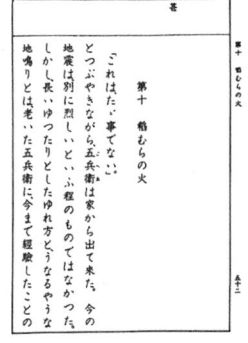

図4.2 昭和12年小学校国語読本巻十に掲載された『稲むらの火』の冒頭部分

のメディアとして書籍以外にも多様な選択肢があり，書籍が当時のような強い印象を与えなくなっている．しかし，防災教育のための教材として書籍が果たす役割が失われたわけではなく，現在でも多くの書籍が出版されている．

近年では，防災教育用の教材は陽な形では義務教育に取り込まれていないようであるが，幼児や児童向けの教材の必要性は認識されており，絵本や紙芝居といった形で種々の書籍が出版されている．例えば，土木学会の「巨大地震災害への対応検討特別委員会」にも「地震防災教育を通じた人材育成部会」が設置され，幼児から小学生向けの地震防災教育用教材として絵本（金子・鈴木，2004）や紙芝居（金子・内野，2004）が作成されている．

このように防災の専門家が絵本や小学生向けの読本の作成にかかわることも多くなっている（例えば，山本，2005；国崎ら，2006）．さらに，2004年スマトラ沖地震によって発生した津波による大被害を契機として，日本国内だけではなく，地震や津波の被害を受ける可能性のある海外の国における地震防災教育の必要性が認識されるようになり，外国向けに英語で出版されたものもある（Ichii, 2005）．

以上は，主として地震がどのように発生し，どうして被害が起こるのか，を平易に解説しようとしたり，地震が発生したときにどのように行動すればよいか，を教えるものである．一方，1983年日本海中部地震を体験した青森県下，秋田県下の小学生の作文を集めて，子供の言葉で地震や津波を表現することで，地震防災教育に活かそうとした試みもある（田中，1985）．子供たちの作文には，これを読んだ同世代の子供が等身大の地震を追体験できるであろう，と感じさせるナマの迫力がある．

また，『稲むらの火』に代表される活字媒体による教材以外にも，近年，普及が目覚ましい映像を利用した学習用教材も多く出版されている．例えば，土木学会からは小学校低学年，小学校高学年，中学生以上の一般向けというように対象世代別に異なる内容，表現によるDVD教材がつくられている（平成16年度会長特別委員会，2005a，2005b；国民の防災意識向上に関する特別委員会，2006）．

以上のように，児童・生徒を対象とした教材には，地震や被害のしくみ，いざというときの行動規範などを理解させようとする，知識の獲得を目的としたいわゆる「勉強」の色合いが濃いものが多い．一方，一般の市民向けの教材は多彩である．もちろん，「勉強」を指向したものも少なくないが（例えば，ニュートンプレス，2007），より実際的な「ハウツーもの」と呼ばれるタイプの解説書も多く，広く読まれているようである（例えば，朝日新聞社，1996；BE-PAL編集部，2004；山村，2005）．中でも，大震災時に彼女を守ることができるか，というテーマで地震発生後に想定される状況を時系列的に追っていく『彼女を守る51の方法―都会で地震が起こった日―』（彼女を守るプロジェクト，2005）は，本質以外のところにも相当な力が入っていて読者を選ぶようなところがかなりあるものの，ユニークな構成で大震災時に起こるであろう事象や必要となる行動を紹介している，という点で印象深い．

これらの大人向けの書籍に共通するのは，サバイバルであったり，家族を守ることであったり，という非常に身近な視点である．これは，前に述べた通り，大震災が発生した際には，行政や消防の助けを期待することは困難である，ということを強く意識しつつ，読者にそのことを伝えようとしていることの現れであると考えられる．

▶4.1.4 体験教材

体験や実際の行動を通した学習も，地震時の行動の学習や訓練といった目的には有効である．もちろん，行動そのものだけではなく，議論を通して知識や考え方を深化させる，といった学習形態も考えられる．

幼稚園，小・中学校，高等学校の児童・生徒を対象とした取組みでは，授業という場で同じような属性を持った人間の集団を対象とすることができるという利点がある．同じような属性を持った人間が集まっているとういうことは，興味の対象や知識もある程度似通っていると想定することができる．授業という枠組みの中で自由に教育方法を設計できるため，本を読む，映像を見る，といった単なる受け身の学習だけでなく，積極的に体を動かして体験や行動をする，という活動を取り入れやすい．

このように，学校教育の場では，授業を利用することによって，同じ時間帯，同じ場所に複数の人を集めて効率よく教育を行うことが可能となる．教師が学習者の様子をリアルタイムで観察しながら指導できることも授業を利用することの大きなメリットである．なぜなら，教育工学などの分野では，生徒と教師のあいだで双方向のやり取りが行われることや，生徒の状態に応じて教師が適切なフィードバックを返していくことが教育の効果を高めるために重要であると考えられているからである．このような考え方については4.2節で詳しく述べる．

以下に，体験を通した学習形態の例をいくつかあげる．なお，「体験」という言葉をその意のままに解釈すれば，どのような形態の教授法，教材であっても，すべてこの項目に含まれてしまいそうである[1]．しかし，以下ではやや狭い意味で，学習者が積極的に行動を起こすような状況を含む学習形態あるいは教材，という意味で用いることとする．しかし，それでも，このような大雑把な定義では細かい分類はあまり現実的ではないため，分類の詳細にはあまり立ち入らないで，関連のありそうな事例を以下にあげていく．

幼児向けには紙芝居や絵本といった文字媒体も利用されているが，それ以外にも，幼児に歌わせたり踊らせたりすることで地震時の行動を学習させようという試みが行われている．前項でも紹介した土木学会の「巨大地震災害への対応検討特別委員会」では，「一からはじめる地震に強い園づくり」というテーマで幼稚園，保育所のための災害対策・防災教育ハンドブックを作成している．これにあわせて，防災ソング「地震だだんだだん」の作詞，作曲，演奏，録音が行われている（土木学会，2006）．地震時にはだんご虫になって机の下に隠れよう，津波のときは海から離れよう，火事を見つけたら大人に知らせよう，という幼児にとって重要と思われる項目がシンプルなギターの伴奏にのって歌われる．繰り返し歌うことで，地震時の行動が定着することが期待されているだけでなく，伴奏をピアノではなくギターとすることでいつでもどこでも誰でも歌える，ということにも配慮されている．また，歌に合わせた振り付けを録画したDVDも作成され（クリエイ

(a) さぁ，もっと大きな声で歌おう！
「じしんだぁ～♪ だんだだん♪」

(b) みんなで練習！
「だんごむし」のポーズ

図 4.3 保育所における幼児向け地震防災教育活動の1例（広島大学・地域防災ネットワーク，2006）

ティブ・コア，2007），地震時に必要な行動を踊りの中に取り入れることで，実際に体を動かして幼児に体験させることも試みられている．保育所において，実際にこれらの教材を活用して行われた活動の1例を図4.3に示す（広島大学・地域防災ネットワーク，2006）．

高校生に対する地震防災教育の事例として，例えば，工業高校において生徒に木造住宅の簡易耐震診断を体験させている例がある（例えば，古川工業高校，2004；防災教育チャレンジプラン，2006a，2006b）．このような取組みは，工業高校の生徒が住宅に関してある程度の知識と関心を持った集団であることを前提とした事例であるといえる．学校で授業を受ける機会を持たない一般市民を対象とする場合には，学校に特有の機能を利用することができない．しかし，大地震後の対応について話し合いを

4.1 地震防災教育の現状と課題

するような取組みでは，複数の人間が集まることで活発な意見交換が行われることが非常に効果的であると考えられ，何らかの方法で人が集まるような機会をつくることが有効である．矢守ら（2005）は，災害対応ゲーム「クロスロード」を使用して，自治体職員や教職員，防災関係のNPOメンバーなどを対象に災害時の意思決定について討議してもらうという取組みを行っている．その結果，複数の人間で討議することで他者の視点を獲得できることなどが報告されている．

このほかにも，同じ時間帯，同じ場所に複数の人が集まることによって，個人単位では難しい，起震車による地震体験や煙脱出訓練（静岡新聞社, 2002），初期消火訓練，救出訓練などの体験型学習も実施しやすくなる．図4.4に市民のための防災訓練の様子を示す．しかし，地方自治体などが行う防災訓練などへ参加する，ということが当然のこととして広く市民に浸透しているとはいいがたく，訓練への参加者が固定化されていて「いつもの人」しか参加しない，あるいは，自治会などにおける役割分担として強制的に参加させられている，という意識の者も少なくない．その結果，せっかくの学習機会が市民によって活用されず，地震防災に必要な知識や行動規範が十分に学習されないまま，単に市民にとって「面倒なイベント」として終わってしまっている場合もあるように感じられる．

また，地震や地震防災に関する現象を体験したり，実際の断層の断面を見たりすることができるような展示を行っている博物館形式の施設も多数作られている[2]．これらの博物館型の施設は，いかに展示に工夫をし，その内容がすぐれていたとしても，展示物に興味があって学習する意欲のある人がその施設へ出向かなければ，その展示内容が伝わらない．多くの場合その展示内容はすぐれた内容を持っているにもかかわらず，それが学習の成果として市民のあいだに行き渡りにくく，広報活動によって来館者を増やすにも限界がある，といった点でややもどかしい．

このような問題を回避する，すなわち，ある特定の場所や特定の時間に集合したり，出向いたりしなくてもよいような学習方法には，コンピュータなどを使った自宅学習が考えられる．このようなタイプの学習方法については次節で紹介する．

これら以外にも，体験を取り入れたユニークな取

図4.4 防災訓練の様子

図4.5 「目黒巻」のつくり方（東京大学生産技術研究所目黒研究室，2004）

組みの一つとして,「目黒メソッド」と呼ばれる大人から子供まで気軽に取り組めるような地震防災教育のための教材があげられる（東京大学生産技術研究所目黒研究室, 2004）.「目黒メソッド」のための教材そのものは「目黒巻」と名付けられた横長の巻紙様のものをA4用紙2枚を切り貼りして作成するだけであるが,災害時に発生するであろう事象を自らの想像力を駆使して時系列にそって巻紙にどんどん書き込んでいこう,という主旨のものである．図4.5に示すような巻紙の作り方を簡単に説明したイラストなども作成されており, 親しみやすい雰囲気づくりにも配慮されている．適当な初期条件[3]を決めたあと, そのときに地震が起こったらどのように行動していくか, という物語を書いていくのである．日頃から地震時にどのようなことが起こりうるかを想像しておくことで,「予想もしなかった」事態に陥らないようにしよう, という考え方がその根底にある．家族などで話し合いながら物語を書き進めることで様々な「予想外の事態」を想定できる, といった効果が期待される．

▶4.1.5 コンピュータを利用した教材

近年, コンピュータ技術の発達によりパソコンやコンピュータネットワークを利用した教育であるe-learningが普及してきている．e-learningはパソコンやネットワークなどの環境が整っていれば時間や場所の制約も少なく実施できる学習形態であり, 時間的余裕が少なく, かつすでに学校を卒業していて授業などによる教育を受ける機会がない一般市民にとっても取り組みやすいものと考えられる．さらに, e-learningのメリットの一つとして, 学習者の状態に応じてコンピュータが適切なフィードバックを返すことができる点があげられる．4.2節で詳しく述べるように, フィードバックは教育の効果を高めるうえで欠かすことのできない重要な要素である．

e-learning教材には, CD-ROMなどを用いてスタンドアロンのコンピュータ環境で利用するものや, world wide web（以下, web）の技術を利用してネットワーク経由で教材を利用するものなど, 様々な形態のものが開発されている．このような教材では, 教育効果を高めうるようそれぞれに独自の工夫が凝らされている．以下では, いくつかの教材について, フィードバックによる学習効果への配慮という観点から簡単に紹介する．

米国のSmithsonian Institutionの制作による地震や火山を紹介するCD-ROM "Earthquake and Eruptions"（Smithsonian Institution, 2002）は, 豊富な動画などを用いて地震発生のしくみなどを視覚的にわかりやすく表現している．"Quake Busters"（United Nations Center for Regional Development & Yamaguchi University, 1996）は山口大学と国連地域開発センターが共同して作成した地震防災教育用のCD-ROMで, パーソナルコンピュータが広く一般へ普及し始めた比較的初期に作成された教材である．大人向けと子供向けそれぞれに日本語版と英語版が含まれている．大人向けのものは簡単な動画を用いて地震発生や地震による被害のしくみを学習する, という形態のものである．また, 子供向けのコンテンツはストーリー仕立てとなっていて, ストーリーの途中で地震に遭遇するという内容である．『大地がゆれた時』（港湾空港建設技術サービスセンター, 1997）は過去の地震の際の貴重な映像を含んでおり, 地震によってどのような被害が発生するかを視覚に訴える構成となっている．これらの教材はいずれもスタンドアロンのコンピュータ上でCD-ROM内のコンテンツを再生して学習するという形態のものである．しかし, いずれも学習者に対してフィードバックを返すことについては考慮されていない．インタラクティブなやりとりが可能であるというコンピュータがもつすぐれた特徴は, メニューから学習内容を選択する, といった形でしか活用されていない．基本的には動画を含む書籍というべき形態がとられている．

スタンドアロンで利用することを前提とした教材の場合, ネットワーク接続のための設定などの手間をかけることなく, 教材をコンピュータにインストールするだけで直ちに学習を開始できるという長所を持つ．しかし, 教材作成時には一般的に利用されていたファイル形式に基づいて作成されていても, その後のソフトウェアの変遷によって時代とともにそのコンテンツを閲覧できなくなるという危険

がある．学習者にはこの問題を回避する術はないため，せっかくの教材が活かされないまま，時代とともに急速に埋もれてしまう危険性が高い．教育用教材が果たすべき役割やそれが持つべき寿命の長さを考えると，教材の寿命がコンピュータ関連技術の寿命に制約を受けることは，大きな問題であろう．

一方，ネットワークを利用した教材は，教材を提供する側がコンテンツをコンピュータの動作環境に合わせて修正を行うことで，原理的には時代を越えてその内容を提供し続けることができる，というメリットがある．

総務省消防庁が提供する e-learning システムである「防災・危機管理e-カレッジ」（総務省消防庁, 2004）では，各テーマごとに学習後に問題に挑戦することで学習者と教師役にあたるコンピュータのあいだに双方向のやり取りを実現させている．しかし，問題の正誤の結果が一覧になって簡単な解説とともに表示されるため，間違った部分を復習したくとも，どの部分に注目すればよいのかがわかりにくく，フィードバックを得ないまま先に進んでしまう恐れがあるなど，学習成果の定着や学習効果の向上といった点にはあまり配慮されていないような印象を受ける．

また，森岡・翠川（2004）による中学生を対象とした地震防災教育支援システムでは，実際の防災対策について学習する部分で学習の流れに沿って選択形式のクイズが出題され，正解の場合は簡単な説明，不正解の場合はもう一度やり直すという意味のメッセージが表示されるようになっている．一見，相互のやり取りと適切なフィードバックが返ってくるという形ができているようにも見えるが，実際は学習内容の提示がないままにクイズが出題され，その後で解説として新しい内容を学習するという形になっている．このような形式は学習者の注意を喚起するためには有効であると考えられるが，学習内容をしっかりと理解できているかを確認し，学習内容のより強固な定着を促すといった観点からの効果については不十分である可能性が高い．さらに，正解した場合に提示される解説は簡単なものであり，読み飛ばして先に進んでしまう恐れもある．実際，このシステムを利用した中学生からはそのような感想も寄せられている（森岡, 2004）．

▶ **4.1.6 地震防災教育における課題**

大震災を経験したり身近でその情報に接すると一時的に防災意識は高まるが，それは時間経過とともに風化しやすく世代間で確実に伝承することは容易でない．一方，継続的に地震防災意識を高めるうえで，地域や学校の防災体制を充実することが，大地震を体験することと同程度かそれ以上に効果的であるとの指摘もある（桝田ら, 1988）．また，実践的な地震防災意識は，防災体制の充実や感動的教材による心理的揺さぶりで動機を与えられ，それが駆動力となって防災についての関心や知識が増大し，最終的に地震に対する準備行動に移るというプロセスで形成されるとも考えられる．このような考えから，効果的な地震防災教育を推進していくうえで重要と考えられる次の三つの課題について，以下に記述する．

・学習の動機づけ
・世代を超えた地震防災教育の継続性の確保
・客観的評価に基づく教材や教授法の改善

a. 学習の動機づけ

まったく興味の対象外にある問題に対して学習者を動機づけし，学習に向かわせることは非常に困難な課題である．しかし，高校までの学校教育の中では，授業という枠組みを利用することで強制的に学習に向かわせることも不可能ではない．そのため，ひとたび学習に向かわせたならば，その後に防災問題への興味を引き出し，継続的な学習への動機づけに結び付けていかなくてはならない．この段階で動機づけに失敗すると，これまでの単なる「食わず嫌い」から「本当に不味くて食わない」状態になってしまい，学習を継続させることが難しくなる．

これまでに見てきた通り，地震防災教育のための教材はその目的，形態など多岐にわたり，それぞれが，独自の工夫と主張を持って公開され，あるいは実際に教育活動の中で利用されている．このような近年の種々の取組みによって，幼児から高校生程度までの年齢層を対象とした地震防災教育の状況は，動機づけを行って学習を継続させるという点も含めて，改善に向かっていると考えられる．

しかしその一方で，高校卒業後の18歳程度以上の成人の場合には，強制的に地震防災の学習に向かわせるための確実な方法が存在しない．したがって，「食わず嫌い」の解消さえも難しい状況にある．地域で実施される防災訓練などは，成人にとって数少ない防災教育を受ける機会であると想像される．多くの参加者は自治会の役割分担として強制的に参加させられている，という意識で訓練に臨んでいるようにも見えるが，成人に対して「食わず嫌い」を回避し，「試食させる」ための重要な機会の一つであることは間違いない．

防災訓練などに参加することで防災に対する意識が変化し，そのことがその後の継続的な学習へと結び付くことが理想であるが，現実には，そのような形では機能していない．なぜなら，訓練時には，防災の重要性や自らの知識不足を認識して学習の必要性を意識するものの，訓練終了後，きわめて短期間で学習に対する意欲は失われてしまうことが多いからである．いつ起こるかわからない災害のための学習への意欲は，目前に迫る多種多様な日常生活における出来事の中にまぎれて，急速に意識の外へ追いやられてしまうのである．学習の動機づけは，次に述べる地震防災教育の継続性，という課題とも強く関連しており，特に成人世代の一般市民に対して地震防災について学習をはじめるきっかけを与え，かつ，それを継続させる方略やしくみを考えることはきわめて重要な課題といえる．動機づけのしくみづくりは，教材作成の場合のように，具体的な目に見える形での成果を見いだすことが難しく，かつ，組織的な活動が必要とされる場合もあるため，その重要性の高さに比して具体的な取組みはまだ緒についたばかりである，という点も意識しておく必要がある．

b. 地震防災教育の継続性の確保

上に述べたような背景もあるためか，高等学校卒業後の18歳程度以上の一般市民を対象とした地震防災教育の取組みの事例はそれほど多くはない．この年齢層では学校における授業のように同じ時間に同じ場所に集まって教育を受ける機会が少ないこと，日々の仕事や家事に追われ，時間的な余裕がないこと，などが地震防災教育を受ける機会が少ない原因として考えられる．地方自治体や自主防災組織などが実施する防災訓練や防災に関する講座などへの参加も，時間的，場所的な拘束が大きいことから敬遠される傾向にある．内閣府が実施した世論調査（内閣府，2002）においても約6割が防災訓練に参加したことはないと回答しており，その理由として最も多かったのが「忙しいなど時間的余裕がなかったから」という結果となっている．防災訓練や防災講座などで集団で教育を受ける機会の少ない彼らにとっては，新聞やテレビ，パンフレットなどで防災に関する情報に触れることが主要な防災教育の機会となる．これは内閣府が実施した世論調査の回答結果で，防災に関する知識や情報が提供されるメディアとして「テレビやラジオ」が最も多く，次いで「新聞や雑誌」「国や自治体の配布するパンフレット」となっていることからも裏付けられる[4]．

しかし，このような形での防災教育は教育工学的観点から考えると必ずしも十分であるとはいえない．前述のとおり，生徒の状態に応じて教師が適切なフィードバックを返していくことが教育効果を高めるためには重要だと考えられているが，テレビや新聞などから一方的に情報を入手するだけではフィードバックを受けられないからである．

成人世代を対象とした地震防災教育の取組みが不足していることには，近い将来の地震に対する体制の強化と地震防災教育の継続的な実施という二つの観点から問題があると考えられる．東海地震や首都直下地震がごく近い将来に発生することが懸念されているが，そのような大地震が発生した場合に，被害を抑えるための活動で主要な役割を果たすのは現在の成人世代の住民であり，この年齢層での地震防災教育の機会の不足は地震防災上，大きな危険をはらんでいるといえる．また，阪神・淡路大震災で予想を超える被害が発生したように，社会環境や人間の生活様式の変化に伴い，地震災害の態様も変化していくと考えられる．したがって，防災体制の強化を目的とする地震防災教育で取り扱う内容もまた社会情勢にあわせて変化していかなければならない．

これらのことより，世代によらず継続的な地震防災教育の機会が必要であり，どこかの世代層において教育の機会が不足することが問題であると認識で

きよう．さらに，地震防災教育を継続的に実施していくことで，各世代間での災害体験や知識の共有も可能になると考えられる．たとえ教えるべき内容が時代とともに変化していくものであったとしても，現時点での地震防災教育の取組みおよび教材の枠組みについて議論し，整理しておくことには大きな意味があろう．

c. 客観的評価に基づく改善

これまでに，教材によっては学習者へのフィードバックが十分に配慮されているわけではない，という点を繰り返し指摘してきた．個々の教材には独自の工夫が凝らされており，それぞれにすぐれた点が認められるものの，教育効果という観点から見たときに，その工夫が教育効果に直接反映されるよう，客観的な評価に基づいて考慮されたものかどうか，という点には疑問を感じるものも少なくない．

防災ソング「地震だだんだだん」とその振り付けのように幼稚園や保育所で保育士などと，あるいは家庭で家族と一緒に活用されることを前提としている場合には，保育士や親などによる指導とリアルタイムのフィードバックが学習者である幼児に対して返されることが期待できる．しかし，書籍や映像のように本来的にインタラクティブ性をもたないメディアや，フィードバックに配慮されていないe-learning教材などを用いて学習した場合には，教育効果が十分でなかったり，せっかくの学習成果が十分に定着しない，などの問題が生じる可能性がある．

また，作成された教材や実際に行われている教授法が本当に期待された教育効果を発揮しているかどうか，について客観的な評価が十分に行われているか，という点にも注意が必要である．これまでの地震防災教育のための取組みの場合，教材を作成してそれを用いて教育を実施する，という一方通行の教授形態のみで終わっているものが少なくない．学習者に対する教師からのフィードバックが必要であることと同じように，教材や教授法に対する学習者からのフィードバック[5]も教材や教授法を改善するためには非常に重要である．

新しい教材や教授法を用いて教育を行った結果，それらのどのような点がすぐれており，どのような点が問題だったのかを吟味しなくては，よりよい教育の機会を提供していくことはできない．教育の実施と，そこから得られる教材や教授法の客観的な評価結果に基づく改善案をあわせて検討することは，教育工学においては最も基本的なプロセスであると理解されている．それにもかかわらず，地震防災教育の分野では必ずしもそのプロセスが積極的に取り入れられた形跡があまり見つからないのである．

学習者はあくまでも人間であり，教育効果の発現の程度はもちろんのこと，様々な点においてきわめて均質性が低い集団である場合がある，という点を強く意識しておく必要がある．そのため，新しい教材や教授法による教育効果の客観的評価を実際に行ってみると，当初期待したような教育効果がまったく現れない，ということもしばしばである．そのような教材は，教材作成者がどんなに工夫を凝らしていたとしても，それは教材作成者のひとりよがりにすぎない，ということを知るべきである．そのうえで，評価結果を謙虚に受け止めて教材の改善につとめることが肝要である．

教師と学習者のあいだの相互のフィードバックによって，教材や教授法の改善をしながら，学習効果を高める工夫を行い，よりすぐれた地震防災教育のための取組みを継続していくことが重要である．

▶4.1.7 地震防災にかかわる資格

地震防災にかかわる資格といっても，それがカバーする範囲はきわめて広範にわたる．以下では，その中から，建物の被災度判定，救急救命，防災知識全般に関する資格について，地震防災教育という観点から紹介する．

a. 被災建築物応急危険度判定士

大地震により被害を受けた建築物は，その後に続く余震などによって損傷が拡大して人的被害を与える危険がある．被災建築物応急危険度判定（以下，応急危険度判定）は，大地震により被災した建築物を地震直後から迅速に調査し，余震などによる倒壊の危険性，外壁や窓ガラスの落下，付属設備の転倒・転落などの危険性を判定することで，人命にかかわる2次的災害を防止することを目的としている．

このような目的から，応急危険度判定は，市町村

が地震発生後に実施する種々の応急対策の一つとして行われるべきものである．しかし，阪神・淡路大震災のような大規模災害の際には判定を必要とする建築物が膨大かつ被災地域が広域にわたるため，行政職員だけでは対応が難しい．そこで，民間の建築士などがボランティアとして協力できるよう，応急危険度判定に関する講習を行ったうえで「被災建築物応急危険度判定士」（以下，判定士）として都道府県が養成，登録を行っている．講習を受講するだけで判定士としての資格を得て登録可能であるが，受講資格を有するのは建築士法第2条第1項に規定する1級，2級，木造建築士で一般市民を対象としたものではない．2007（平成19）年3月末の時点で，判定士数は10万人弱である．

もともと建築物に関する知識を有する民間の建築士などを対象とした資格であるため，講習においては目的に特化した内容が扱われる．すなわち，その内容は，地震によって生じうる被害や危険個所の見分け方，判定時に注目すべき個所，危険度の判定基準，活動時の組織体制，活動期間，自らの安全確保の方法などである．また，判定士によって判定結果が大きくばらつかないように，危険度の判定法についてはある程度マニュアル化されており，講習時にはこれを学習する．

建築士のすべてが地震災害や地震に伴う建築物の被害に精通しているわけではないため，このような講習は，受講者自身にとっても防災意識を高めるよい機会となっていると考えられる．また，実地でのボランティア活動を通して，多くの判定士が地震災害を肌で感じ，それが対岸の火災ではないことを理解するであろう．このような体験をもとに，彼ら自身のその後の活動の中で地震災害が意識されるようになり，それが個人から家族，地域へと広がっていく，という効果も期待できる．10万人という判定士の数は，単に震災時にボランティアとして応急危険度判定のための活動をする（かもしれない）人の数としてだけではなく，地震防災について積極的に学習する機会を持った人の数，また，地震防災の裾を広げる核となりうる人の数として，深い意味を持つ．

なお，応急危険度判定は，1996（平成8）年に設

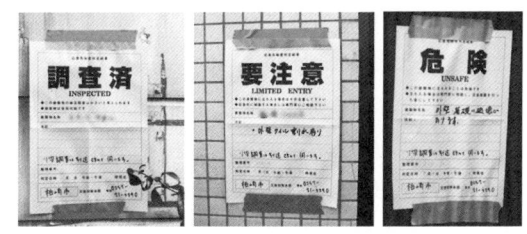

図4.6　応急危険度判定結果の例
左から順に，「調査済」「要注意」「危険」で，用紙の色はそれぞれ緑，黄，赤（2007年新潟県中越沖地震において）．

立された全国被災建築物応急危険度判定協議会を中心として，応急危険度判定の方法，都道府県相互の支援などに関して事前に会員機関間の調整を行うことにより，応急危険度判定の実施体制の整備が行われてきた．これにより，2004年新潟県中越地震をはじめとして近年の被害地震の際には，応急危険度判定のための体制が迅速にとられ，地震直後から多数の被災建築物応急危険度判定士が活動する姿を見るようになった．

応急危険度判定の判定結果は，図4.6に示すように建築物の見やすい場所に，判定結果に応じて緑（調査済），黄（要注意）または赤（危険）の用紙を使って表示され，居住者はもとより付近を通行する歩行者などに対してもその建築物の危険性について情報提供するものとされている．また，これらの判定は建築の専門家である判定士が個々の建築物を直接見て回るため，被災建築物に対する不安を抱いている被災者の精神的安定にもつながるともいわれている．

なお，応急危険度判定は2次災害の防止を目的としているため，被災者の救済を目的として地震後ある程度時間が経過してから自治体によって行われる被災度判定とはまったく異なる判定結果となることもある．例えば，対象構造物は無被害であっても，隣接構造物からの落下物の危険性があるような場合には危険と判定される．応急危険度判定の普及とともに，応急危険度判定で危険と判定されたにもかかわらず，被災度判定で無被害と判定され，公的な救済が受けられないのはなぜか，といった苦情が自治体に寄せられることも増えているようである．今後は，応急危険度判定の役割に対する正しい理解の普及が望まれるところである．

b. 救命技能認定

　救急救命士は専門の養成所などを卒業することが求められている国家資格であり，誰でも容易にその資格を得ることができるものではない．しかし，一般の市民であっても生死にかかわるような緊急事態に遭遇した際には，専門家の到着前に救命活動にかかわる可能性が高いため，救急救命士ほどの専門性はなくとも，基本的な救命活動が行えるだけの技能を一般市民が身に付けていることが求められている．特に，大規模な地震災害の発生時には，消防隊などによる援助が期待できないことも考えられ，そのような状況下では一刻を争うような重症者にとって，初期段階での救命活動が非常に有効であることはこれまでの様々な事例から知られているところである．

　一般市民がかかわる救命活動に関する講習や資格には，様々な団体によって主催されるものが存在する．その中でも，日本赤十字社が行っている「赤十字救急法基礎講習」[6]「赤十字救急法救急員養成講習」および，全国の消防本部によって行われている「救命講習」が国内における主な講習である．受講者数は日本赤十字社による講習が年間40万人弱，消防本部による救命講習が年間100万人程度といわれている．

　日本赤十字社の講習は1925年に開始された「衛生講習会」に起源を持つ歴史ある講習であり，赤十字救急法救急員養成講習は災害ボランティア要員養成という使命もあるため，比較的広範囲で幅広い内容の講習を提供している．基礎講習，救急員養成講習は，それぞれ4時間，12時間の講習からなり，救急員養成講習は赤十字救急法基礎講習修了者のみが受講できる．基礎講習では，傷病者の観察のしかたおよび一次救命処置として心肺蘇生法，自動体外式除細動器（AED）を用いた除細動，気道異物除去などの救急法の基礎を扱っている．また，救急員養成講習では，急病の手当て，搬送法，けがの手当てとして止血法，包帯法，固定法など幅広く取り扱われている．いずれの講習でも，全課程修了者には受講証が公布されるとともに，各講習で行われる検定の合格者には基礎講習では赤十字救急法基礎講習修了者認定証が，救急員養成講習では赤十字救急法救急員認定証が公布される．

　一方，消防本部が行っている救命講習は1993（平成5）年3月30日消防庁次長による都道府県知事あて通知「応急手当の普及啓発活動の推進に関する実施要綱」に基づいて，消防局・消防本部が指導し認定する公的資格である．講習には「普通救命講習Ⅰ，Ⅱ」（それぞれ3時間，4時間）と「上級救命講習」（8時間）の3種類があり，「普通Ⅰ」は主として成人向けの心肺蘇生法が教授され，心肺蘇生法一人法および大出血時の止血法が救急車が現場到着するのに要する時間程度でできること，および，AEDについて理解し，正しく使用できることを目標としている．なお，講習は実習を主体としている．「普通Ⅱ」はⅠと同じ内容であるが，業務の内容や活動領域の性格から一定の頻度で心停止者に対し応急の対応をすることが期待・想定される人を対象としており，Ⅰの内容に加えて筆記試験および実技試験によって理解度が確認される．試験では客観的評価によって原則として80％以上を理解できたことを合格の目安としている．

　「上級」では普通救命講習Ⅱの内容に加えて，心肺蘇生法の対象範囲を小児，乳児，新生児に広げ，心肺蘇生法二人法，傷病者管理法（衣類の緊縛解除など），外傷の手当て（包帯法や熱傷の手当てなど），搬送法が扱われる．全課程を修了すると消防長によって「普通救命講習修了証」「上級救命講習修了証」が交付される．「実施要綱」には特に資格の有効期限については言及していないが，例えば，東京都の場合にはいずれの修了認定証もその有効期限を3年としており，再度講習を受けることで継続することができるとしている．前回の受講日から3年以内の受講であれば，講習時間も短く設定されている．

c. 防災士

　地震による災害の規模が大きくなればなるほど公的な機関による支援が遅れる，という現実に対応し，消防や自衛隊などの公的支援が到着するまでのおおむね3日間程度，民間の自助努力で生命や財産にかかわる被害を少しでも軽減できるよう，実際に役に立つ知識と技術を身につけることを目的として，防災士制度が制定されている．

　1999（平成11）年に「民間による防災士制度」

の検討が着手され，その後，2002（平成14）年にNPO法人日本防災士機構が発足し，防災士制度が本格的に動き始め，翌2003（平成15）年に216名の防災士の第1号が誕生している．2007（平成19）年10月までに2万人弱の防災士が認証されている．

防災士の資格を得るための条件は，日本防災士機構から認証を受けている教育機関で研修を受け，普通救命講習を修了しており，防災士資格試験に合格するという三つをすべて満足することである．防災士の認定を受けるにあたっては，年齢，国籍，経験など一切の制限はない．特に，男女の性別を超えてシニア世代が防災士として活躍することが期待されている．

防災士養成事業は，21の自治体と六つの民間研修機関によって行われており（平成19年10月現在），研修の方法は，講義形式のものや，e-learningを利用したものなど，種々の形態のものがある．ただし，10名程度の専門家による3日間以上の会場研修において，1講座あたり60分以上の研修を12講座以上受講しなくてはならない．

防災士はその設立の主旨から，防災に関する知識と実践力を十分に身に付け，地域社会や職場における防災リーダーとして活動することが期待されている．すなわち，災害発生時にはそれぞれの所属する団体・企業や地域などの要請により避難や救助・救命，避難所の運営などにあたり，地域自治体など公的な組織やボランティアの人たちと協働して活動するものとされている．また，平時においては防災意識の啓発にあたるほか，大災害に備えた自助・共助活動などの訓練，防災と救助などの技術の練磨などに取り組むとともに，ときには防災・救助計画の立案などにも参画する．

そのため，防災士の養成にあたっては，その教育課程の中で「自助」「共助」を原則として，家庭をはじめ地域や職場の災害現場において実際に役に立つ知識と技術が効果的に発揮されるように配慮されている．

このような教育を受けることで多くの人が防災に対する正しい知識と行動規範を身に付けることが期待されているため，一人でも多くの人が防災士のための学習をすることが最も重要である．いわば，国民総防災士，ともいうべき状況が最終的な目標といえるであろう．したがって，防災士は身近な地域や職場において自発的意思に基づく自助・共助のリーダーとなりうる存在であって，災害によって生じる生命や財産に対する損害を軽減させる役割を担うが，これに携わることによって特別の権限や義務が生じるわけではない．

防災士の別の一面として，学習した結果が資格として第三者によって認定されることによって，これまで防災についてまったく興味を示さなかった一般市民が地震防災に関する学習をはじめるための動機づけとして機能することが期待される．しかし，そのためには，防災士という資格が広く国民に認知され，その資格を持っていることが市民として当然のことである，と考えられるほどに一般的になっていることが必要不可欠である．防災士の知名度を高めていくことが，防災士制度の本来の主旨を活かして地域の防災に貢献していくうえでの今後の重要な課題であろう．

4.2 教育工学的アプローチを取り入れた地震防災教育の新たな展開

▶4.2.1 教育と工学

教育工学は，educational technology を日本語に訳したものである．一般に，技術→technology，工学→engineering と対応付けることが多く，技術というと，スキルやテクニックなど，個人に属するものを指す印象が強い．しかし，technology の語源はギリシャ語の techne と logos であり，「logos」は psychology や biology など学問を指す接尾辞，「techne」は art に対応するという．

『大辞林』（三省堂）によれば，「工学とは，科学知識を応用して大規模に物品を生産するための方法を研究する学問．広義には，ある物を作り出したり，ある事を実現させたりするための方法・手段・システムなどを研究する学問の総称」とある．英語には engineering technology という言葉もあることから，engineering は，大辞林でいうところの狭義の工学に対応し，technology は広義の工学を指すというのが筆者の見解である．

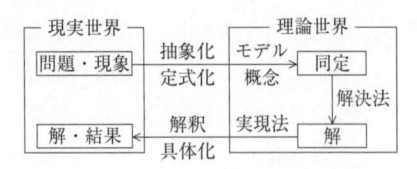

図 4.7 学問の成果を用いた現実問題の解決

よって，教育とは，「教師が，学習者の（学習）目標達成を支援する活動」であると捉えると，教育工学は，「学習者の（学習）目標達成を支援する方法・手段・システムなどを研究する学問」ということになる．ある学問の成果が現実の問題解決に役立つためには，図 4.7 に示すように，現実の問題を理論的に解決可能な形に記述するためのモデルや概念が必要であり，同定した問題の解を導く解決方法（手続きやシステムなどを含む）が必要である．工学的には，これらの過程を設計と呼び，設計された解はあらかじめ用意された何らかの実現方法によって現実世界のものとなる．

以上のことから，教育の問題を工学的に解決するためには，教育工学的なモデル，概念，解決方法，実現方法と，それらを具体的に適用するための見方，考え方を理解する必要がある．本章の目的は，教育工学の全貌を伝えることではないので，特に，4.3 節で紹介する「地震防災教育プロジェクト演習」で講義した内容を中心に要点を示し，より詳細な内容に関心がある場合には，参考文献を参照して欲しい．

▶4.2.2 教育工学的な授業・教材設計の背景知識

a. 教授学習過程のモデル

教授学習過程の実現形態には，教室で行われる講義，コンピュータなどを用いた個別学習，遠隔教育など様々なものが考えられる．しかし，その形態によらず，教授学習過程とは，教師と学習者とのあいだで行われるコミュニケーションの過程とみなすことができる（図 4.8；坂元，1991）．

教師は，まず，教授活動のねらい［教授意図］を明確にし，そのねらいに即してどんな情報［内容］をどう伝達するか［方法］を決定し（①），学習者に働きかける（②）．学習者はそれを受け止め（③），受容した情報とすでに習得している知識・技能とを働かせ，様々な知識情報処理活動を行う（④）．そ

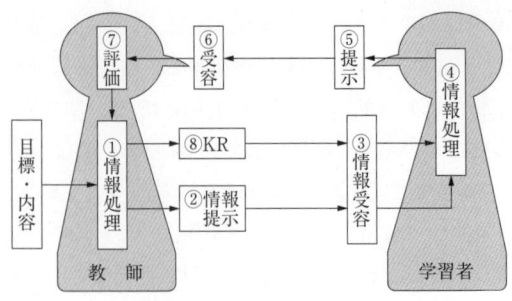

図 4.8 教授学習過程のモデル

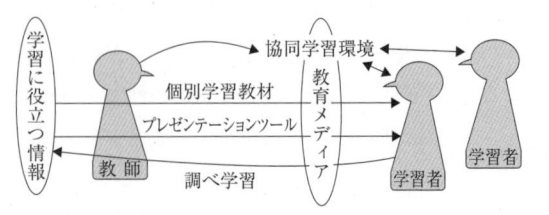

図 4.9 教授学習過程と教育メディア

の活動の過程や結果は，何らかの反応として表出される（⑤）．教師は学習者から表出された反応を受容し（⑥），それが自分の働きかけに対して期待したものであったかどうか，期待とズレていたとしたら何がどのようにズレているのか，そして何がその原因かを評価する（⑦）．この評価結果は，①の過程へとフィードバックされ，次の行動のための意思決定に活かされる．このように，学習者の反応は，教師の教授活動の決定に重要な役割を果たす．同じように，学習者も，自分の反応の正誤を知らされたり励ましや注意を与えられれば，より適切に学習活動を行える．教育工学では，そのための教師の働きかけ（⑧）を KR（knowledge of result）と呼ぶ．これは，①の過程と並列して行われる場合もある．

坂元によれば，教師からの働きかけ（②）には，情報伝達を目的とするタクト（tact）と，行動の喚起・統制を目的とするマンド（mand）がある．これは，言い換えると，教授学習過程はコミュニケーション過程でもあり，計測・制御過程でもあるということになる．そして，本質的には，教師の機能に情報伝達と計測・制御の側面があるのではなく，教師と学習者とのあいだでやりとりされる情報そのものに機能的な両面性があるということである．近年の構成主義的学習観では，教授者としての教師の役割よりも，メディエータとしての教師の役割が強調される．しかし，通常の講義においても，学習者は

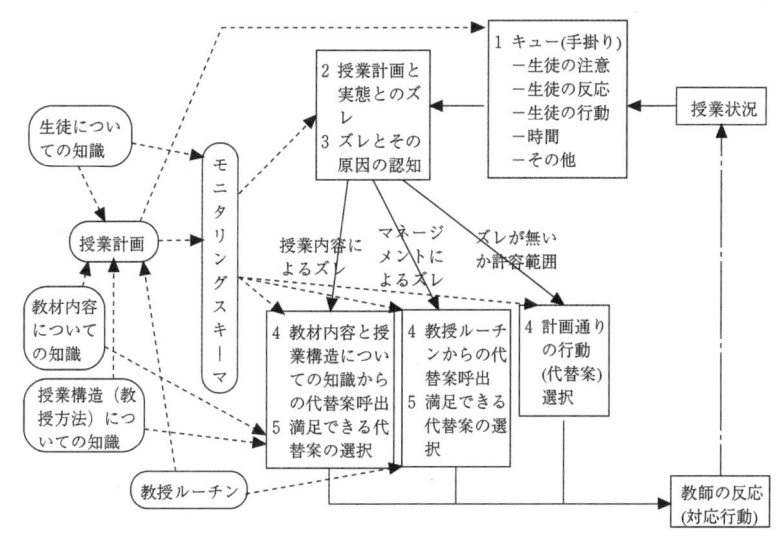

図4.10 授業における教師の意思決定モデル（吉崎，1988．線種などは筆者が改変）

自由にテキストや参考書を読んだり，ほかの学習者と情報交換したりすることが可能である．したがって，教授者としての力量を高めるには，教授学習環境を情報環境として捉え，そこにある情報をいかに制御して効果的な学習を支援するかという視点が重要になる．その場合，教師は積極的に学習環境＝情報環境をデザインし，図4.8の②や⑧として直接的な働きかけを考えるだけでなく，図4.9のように，教育メディアなどを活用した間接的な働きかけを仕掛けることが重要である．

b. 授業における教師の意思決定モデル

図4.8のサイクルの中で，⑦→①→②（または⑧）という教師の意思決定がどのように行われているかを説明したものが，図4.10の教師の意思決定モデル（吉崎，1988）と解釈できる．

このモデルによれば，教師は，生徒の反応を含めた様々な授業状況の中から，授業計画と実態とのズレやその原因を判断するために役立つ情報（キュー）を抽出し，ズレが検出された場合には，その原因に応じて対応行動をとる．対応行動（代替案）は，あらかじめ授業計画時に立案されていたものもあれば，その場で即時的に立案すべき場合もある．後者の場合には，ズレのタイプによって，教材内容，教授方法，教授ルーチン（学習内容に依存しない定型的な教授行動の系列）に関する知識が使われる．なお，ズレの原因を認知する際には，生徒についての知識が利用される．

c. 教授活動モデル

吉崎のモデルは，教師の意思決定の流れやそこで利用される知識の大枠を示している．しかし，授業中の意思決定に役立てるために授業をどのように計画したらよいのか，また，様々な知識をどのように獲得，理解し，利用したらよいのかについて，明確な指針を示すものとはなっていない．そこで，吉崎のモデルを詳細化しつつ修正を加えたものとして，松田ら（1992）の教授活動モデルがある．松田らのモデルは，教師と学習者とのあいだで行われる授業中の対話過程をコンピュータ上でシミュレーションできる程度にまで教師の持つ知識や意思決定の過程を明確にしようとするものであり，モデルに基づいたシミュレーションを試行的に実現している．また，教育工学的な授業設計手法で行われる作業内容と教授活動モデルとの関係を明確にすることで，なぜそのような作業が必要なのかを示している点や，教師によって意思決定結果に違いが生じるメカニズムを説明している点などが，吉崎のモデルと異なる点である．

ここでは，松田らの教授活動モデルの中で，特に，4.2.4項に述べる授業・教材設計の背景になる部分に焦点を当てて，簡潔に説明する．

（1）授業計画

松田らのモデルは授業設計手法とのかかわりを重

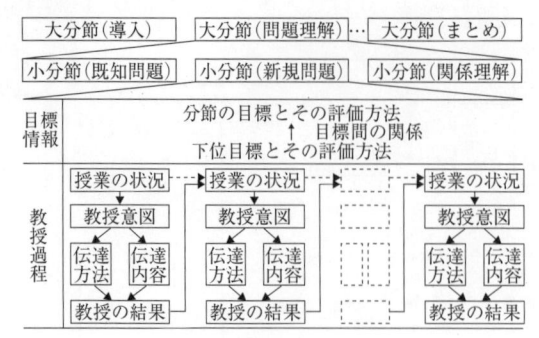

図 4.11　授業計画のモデル

視しているため，まず，授業計画の情報がどのように記述されるべきかを検討している．結果として，授業展開は，階層的な分節に分かれ，最下層の分節は，「授業の状況」「教授意図」「伝達方法」「伝達内容」「教授の結果」という五つ組の情報の系列からなるとしている（図 4.11）．

「授業の状況」は，吉崎のモデルにおける授業状況と対応している．松田らのモデルでは，教師が授業状況の中からキューとして抽出する情報は場当たり的に決まるのではなく，あらかじめ授業計画を作成する段階から意識が向けられている情報に限られると考える．「教授の結果」も同様に授業状況と対応している．つまり，五つ組を意思決定の単位と考えたとき，情報伝達を行う前にこのまま計画通り進めてよいかどうかを判断し，準備が整っていないと判断したら望まれる授業状況になるように対応行動をとる．また，情報伝達が終わった時点でこのまま終了して次の五つ組に進んでよいかどうかを判断し，必要ならば補足的対応行動をとる．なお，「教授の結果$_{i,j}$」と「授業の状況$_{i,j+1}$」とを一つにまとめて四つ組にしたほうが効率的であるという考え方もある．しかし，授業の状況は図 4.8 の情報提示に，教授の結果は KR に対する意思決定にそれぞれより関連が深いと考えられること，また，上に述べた事前／事後評価（始めてよいか／終わってよいか）の区別をすることの 2 点を考慮して，両者を分けて考えることを基本としている．

すでに述べた通り，教授学習過程は，計測・制御過程と見ることもできる．松田らのモデルでは，この立場をより強調し，授業の状況や教授の結果は，授業を進めるうえでの理想的な状況と，対応行動が必要な非理想的な状況との両面を考えるものとする．期待される理想的な「教授の結果」は，いわば，情報伝達によって達成すべきゴールといえる．そのゴールを達成するために，学習者にどんな思考活動をさせるのか，そして，そのために伝達内容や伝達方法をどのように制御するのかを示すのが「教授意図」である．別の見方をすると，なぜその伝達方法，伝達内容を選択するのか，その理由を示すものが教授意図であるといえる．

なお，伝達内容は次に示す教材知識に，伝達方法は後述する教授行動に，また，授業計画の上位の階層は，吉崎のモデルでいうところの「授業構造に関する知識」（松田らは授業展開スクリプトと呼んでいる）に関連付けられていると考える．

(2) 教材知識

ある分節の最終的な「教授の結果」の中には，その授業の中で達成すべきいくつかの学習目標のうちの一つ（以上）が記述されているはずである．そして，その分節の中で必要とされる教材知識（吉崎のモデルでは，教材内容についての知識）は，その学習目標と関連付けられているものに限定される．このようにすることで，膨大な教材知識の中から，特定の教材知識に焦点化した検索が可能になり，代替案生成に要する認知的負荷が減る．

授業中に学習者が誤った反応を示した際，それへの対応行動が必要になる．その場合，誤りの原因を特定するために，図 4.10 の「生徒についての知識」が利用されるが，ここでも，個々の学習者に関する膨大な知識を保持・検索するのは負荷が大きい．そこで，学習者が誤りを起こす原因についての一般的なモデル——いわゆる知的 CAI（computer assisted instruction）などでいうところの学習者モデル——と，教材知識の構造とをうまく関連付けることで，認知的負荷の低い誤り同定および代替案生成のメカニズムが構成できると考えられる．松田らのモデルやその後の研究では，教材知識が意味ネットワーク的なリンク構造を持っているものと仮定し，誤り・つまずきの原因を分析するための次元分け（坂元，1991）という手法と，教材知識のリンク構造とを対応づけ，誤りに応じたリンク属性を検索することによって，代替案生成に必要な教材知識を特

定するメカニズムが想定されている．

(3) 教授行動

教育工学では，教師がとりうる教授行動のカテゴリーとして，情報伝達を主たる目的としたもの（説明，板書，演示）と，学習者の制御を主たる目的としたもの（発問，喚起，統制），フィードバックを主たる目的としたもの（評価，KR）といった分類がある．説明や板書，発問のしかたには，教材内容に依存せず，よいやり方と悪いやり方というものがあり，教師は，各自が得意とする一定の説明，板書，発問等のスタイルを使う．このことから，教師は，教材知識とは独立した教授行動に関する何らかの知識を持っていると考えられる．もちろん，教授行動は，同じ「発問」であっても，状況に応じてそのやり方が変わってくる．したがって，教授行動の知識の中には，何らかの意思決定メカニズムが内包されている．このようなタイプの知識として，認知科学の分野では，スクリプト的知識の存在が想定されている．「教授技術を磨く」というのは，この教授行動に関する知識を洗練し，無意識的に適切な意思決定ができるように自動化する訓練を行うことといえる．

松田らのモデルでは，教授行動における意思決定を制御する要素として，授業計画に記述された教授意図と伝達方法パラメータ，さらに，無意識的な決定にかかわる教師固有のデフォルトの（授業計画に教授意図が明示的に記述されていない場合に自動的に選択される）教授意図とを想定している．特に，最後の要素は，教師による教授活動の違いを説明する要因になる．

(4) モニタリングスキーマ

ここではその詳細を述べないが，モニタリングスキーマは，いわゆる意思決定のためのルール知識群と，その適用を司るメカニズムとで構成される．教師によって意思決定が異なるもう一つの理由は，持っているルール知識が異なるということもあるが，さらには，ルールの適用を司るメタ・ルール部分にも違いがあるものと考えられる．

d. 行動目標：教育工学的な教育目標の記述

教育の目的が，（教師が話したい内容を一方的に伝えることではなく）学習者の目標達成を支援することである以上，まず，目標（objective）を適切に記述しなければ適切な解を導くことは不可能である．なお，教育の目標を教育目標というか，学習目標というかは，目標を設定する主体の問題であると考えられる．本書では，教える側に指導すべき目標があると考え，以後，教育目標という言葉を使う．なお，教育の最終的な目的は，現実場面で問題解決できる力を育成することであり，教育の成果は教育場面から現実場面に転移しなければ意味がない．objective は，教育場面における目標であり，現実場面で何ができなければならないかを記述したものは goal と呼ぶ．

教育工学では，教育目標を必ず「行動目標」（＝内容＋目標行動）という形式で記述する．（言葉が似ているが，目標となる行動が目標行動で，行動の形で書いた目標が行動目標である）．このような形式を用いるのは，次の理由からである．

第1に，授業が教育目標の達成を目的としている以上，その教育目標が達成されたかどうかを評価できなければ意味がない．なぜならば，先に示した教授活動モデルの授業計画の中には，各分節の最後に「学習目標が達成された」という「教授の結果」が書かれるはずだからである．したがって，その達成が評価できなければ，次の授業内容に進んでよいかどうか判断できず，授業が行き詰まってしまうことになる．ここで，図4.8の教授学習過程のモデルを思い出すと，教師は，学習者が提示する情報によって評価を行う．つまり，教師に目に見える（観察・測定可能な）形で学習者の反応が得られたときに，教師は，学習者が正しく，あるいは誤って学習したことを認識することができる．したがって，目標行動に使う用語は，教師が観察・測定可能な行動カテゴリーでないと意味がない．例えば，「理解する」とか「興味を持つ」などの不明確な用語は原則として使わず，後述するような特定の用語のみを使う．

第2に，授業は特定の学習者（群）を対象にして行うものであるから，よい授業とは，その特定の学習者（群）にあわせた教育目標を達成するために設計されたものでなければならない．これは，家を設計するときにも，人によって「よい家」が異なるのと似ている．例えば，防災や災害対応に関する教育

内容を扱うときにも，専門家は学習した内容を現実の場面で適用して適切な意思決定ができる程度にまで学習のレベルを深める必要がある．一方，一般市民にとっては，「こういうことも頭の片隅に入れておくといい」ということが多い．つまり，教育目標は，内容範囲と達成レベルとの少なくとも二つの軸で表現されるべきだということになる．さらにより細かいレベル設定としては，定着度なり確実度といった数値的目標レベルを設定する場合もある．これは，特に技能的な目標の場合や，人間がミスをすることを考慮して一定程度の正解を出せればよいという場合に，達成したとみなす基準を設定するときに使われる．また，興味・関心は直接観察・測定することはできないが，例えば，「具体例をあげられる」といった目標行動に対して，あげられる具体例の数が多ければ，興味・関心が高いことの現れだと評価することができる．このように，数値的目標レベルを併用することで，観察・測定可能な形で目標の範囲を広げることが可能になる場合もある．

e. ブルームの教育目標の分類学

上に述べた通り，目標の達成レベルを表現するために目標行動を使う．この達成レベルを考えるうえで参考になる研究成果として，ブルームの教育目標の分類学がある（坂元，1971）．ブルームらは，まず，教育目標を認識領域，情意領域，精神運動領域の三つに分け，認識領域の目標を以下の6段階に分類している．なお，各段階の説明は，筆者がわかりやすくかつ簡潔に翻案したものである．

知識：教えられた通り丸暗記する段階．
把握：多少の言い換えができたり，別の表現で説明できる段階．
適用：学習したことを（例えば，例にならって）当てはめて利用できる段階．
分析：内容を要素に分解し，それらの関係を明確化できる段階．
総合：独自の表現や伝達内容を考えたり，その利用方法を計画立案できる段階．
評価：目的に応じて資料や方法を価値判断できる段階．

大学の講義によく見られる教え込み型，一方通行型の授業では，基本的には知識～適用レベルまでしか目標達成できないと考えるべきである．分析～評価レベルの目標達成には，いわゆる知の再構成ともいうべき学習が行われる必要があり，演習や実習，討論などの活動が必要になると考えられる（もちろん，ここでいう実習などは，技能習得のための実習などとは目的が異なる）．大学の講義では，その分を学生の自主学習に任せる場合も少なくないが，それでは教育をしたことにはならない．もちろん，実習や演習を行う場合でも，単に，課題を与え，学習の機会さえ提供すればよいというものでもない．大事なのは，分析～評価の段階に到達するための指導内容・方法を確立することであり，特に，指導内容として分析～評価の目標達成に必要な知識や考え方，方法を明示的に指導することが大事である．

なお，ブルームの分類にはないが，教えたことを知識として覚える以前の段階として，説明を聞く，資料を見る，実験・観察したり体験したりするといったことも大事である．よって，知識の前段階として，

受容（体験）：見聞きしたり，体験したりしたという記憶が残る（再認できる）段階．

を想定しておく必要がある．

なお，防災教育においては，情意領域の目標も重要であると思われるので，その分類を以下に簡潔に示す．

受容（注意）：現象や刺激の存在に感じやすいこと．
反応：現象にただ注意することを超えて，積極的に反応すること．
価値づけ：物，現象，行動に価値を見いだすこと．
体制化：価値を一つの体制にまとめあげ，それらの相互関係を決定し，確固としたものを作り上げること．
価値あるいは価値複合による個性化：個人の価値体系にしたがって個人の行動が一貫して生じること．

大学の授業評価などでは，学生の満足度などを評価指標としている．しかし，情意領域の目標とは，上に示した通り，単なる関心や意欲，満足度のようなものではなく，学習したことを現実の社会的文脈

の中で活かそうとする態度や人格の形成にかかわるものである点に注意する必要がある．情意（態度）面の目標達成度を評価する際には，望ましい行動（選択）が起きる頻度や割合に着目する．

f. 学習と思考に関する基礎的知見

地震に強い建物を設計するために地震に関する科学的知見を考慮する必要があるように，学習をよりよく支援するためには，学習に関する科学的（心理学的，認知科学的）知見を参考にする必要がある．その際，学習の成果として何らかの思考活動（問題解決や意思決定）を行えるようになることが目標であれば，人間の思考に関する知見も考慮することが望ましい．ここでは，特に，防災教育用の教材を設計・開発するという観点から役立つ基礎的な知見に焦点化して簡潔に述べることにする．

(1) 学習のタイプ

20世紀の心理学には，大きく行動主義と認知主義と呼ばれる二つの立場がある．前者は，学習者の内部過程を科学的に扱うことは困難であるとして，学習を「刺激と反応との連合対が成立すること」と捉え，操作可能な刺激と観察可能な反応との対応関係のみを研究対象とした．これは，いわば建物の内部構造をまったく考慮することなく，地震に対する建物の特性を検討しようという立場に見える．しかし，枠組みを単純化したことによって，その後の認知主義研究の基礎となる様々な知見や検討すべき要因を見いだしえたともいえる．

行動主義の立場では，人間の内部過程に注意を払うのではなく，与える課題の特性に着目して学習の特性を分析しようとする．そこで，まず，学習のタイプとして課題の形式や構造に基づく分類が重要になる．この種の分類として，芳賀（1977）は，以下のものをあげている．

対連合学習：モノと名前とを対応付けて覚えるなど，刺激と反応とを単純に対応付けて記憶するといった学習である．

系列学習：地震が起きたときにとるべき対応行動の系列を覚えるなど，順序性を持っているものの系列を覚えることである．

（多様）弁別学習：多くの異なる刺激の中から，反応すべき刺激を識別できるようになることを求める課題である．災害時に，応急手当が必要な患者か否かを識別できるといった課題がこの種の課題の例といえる．

概念学習：個々の具体例が持つ違いを乗り越えて，それらに共通する特徴を認識し，ある概念を表す用語と対応づけられるようになること，また，その逆ができるようになることを概念を学習したと定義する．

原理学習：学習課題の中に内在する原理を発見する学習であり，ルール学習と呼ばれる場合もある．

課題解決：上に述べてきたような学習成果を複合的に用いて解決すべき課題の解を導けるようになる学習を指す（ガニェは，上に示した学習の型は部分集合関係にあり，後者が前者を含むと指摘している）．

課題解決型の学習においても，行動主義的な刺激-反応対の連鎖による説明は可能である．この場合，課題が解決できない理由としては，刺激-反応対の連鎖（下位目標）のどこかに不安定な学習成果（先に述べた行動目標の数値的目標レベルに相当）があると考えることができる．これは，大規模システムの信頼性を考える場合と似ており，課題解決力を高めるには，個々の刺激-反応対の信頼性を高めること，特定の下位目標で低い達成度のものが発生するのを避けることなどの指導方法が考えられる．また，その際の具体的な働きかけとしては，スキナーのプログラム学習の考え方に代表されるように，正しい反応には正の強化（ほめる），誤った反応には負の強化（しかる）といった対応を行う．

(2) スキーム

認知主義の立場では，人間の頭の中でどのような認知的情報処理が行われて学習が成立するのかを説明しようとする．そのような説明においては，学習者が事前に持っている知識などの違いによって，学習の過程や成果が異なってくるのが自然である．また，学習の成果として獲得される知識の構造や，それが課題解決などの思考活動でどのように機能するのかといった点にも関心が払われる．

以上のことから，認知主義では，学習とは，事前に持っているスキーム（理解の枠組み）を拡張した

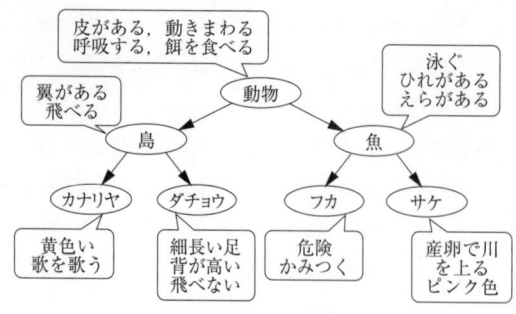

図 4.12 意味的構造の記憶モデル

り，同化・調整したりすることと捉える．もちろん，事前に持っているスキームが間違っている場合も想定の中に入れる．例えば，幼児は，目の前にあったおもちゃの上に風呂敷をかぶせて隠すと，おもちゃがなくなったと認識する．しかし，学習することによって，おもちゃは風呂敷の下にそのまま存在すると認識できるようになる．

(3) 意味ネットワーク

行動主義では，概念学習を「具体例と概念を表すラベルとを刺激−反応対として対応づけられるようになること」と捉える．したがって，概念学習の成果として，頭の中にどのような知識が構成されるかということは考慮しない．

一方，認知主義では，例えば図4.12に示すような意味ネットワーク構造が形成されると考える（Collins & Quillian, 1969）．これは，ちょうど，オブジェクト指向プログラミングで利用されているクラスという考え方のもとになっている．人間の記憶がこのように構成されていることの検証は，上位概念と下位概念とに対する反応時間の差に基づいて行われている．

意味ネットワークは，知識表現のタイプであり，個々のノードにどんな知識が記憶され，何というラベルを持つノード同士が上位−下位関係でつながるかは，どのような系列で具体例が示されるか，より一般的にいえば，どのようにして学習のための情報が与えられるかによって異なってくる．もちろん，ある時点で一人一人が持っている意味ネットワークは異なっている可能性もある．したがって，教師側は，学習者が持っている多様な意味ネットワークを適切に調整させるべく，体系的に知識を整理し，視覚的な情報提示を併用するなどして，理解を助ける

ことが必要になる．

(4) スクリプト

意味ネットワークは，静的（宣言的）知識の代表的表現である．これに対して，ルール的知識や手続き的知識は異なる形式で記憶されていると考えられている．その代表例がレストランに入って食事をするときの知識などに対応するスクリプトである（シャンク・リーズベック，1986）．世の中には，三つ星レストランやファストフード店，料亭など，様々なタイプの食事処がある．われわれは，入ったお店のタイプによって，また，そのお店の入り口の様子，店員の対応などによって適切な判断を行い，席に着き，注文し，食事をし，支払いをする．このような一連の行動や判断に必要な知識が，プログラムのように条件分岐で構成され，記憶されていると考える．このような知識の中には，未知のタイプのお店に入ったときの対処法や，知識を自己調整する方法なども含まれている必要がある．

(5) 先行オーガナイザー

認知主義では，学習とは，端的にいえば知識を再構成することといえる．建物を建てるときと同様，何もないところに構築していくのは容易であるが，すでに建っている建物を維持しながら再構築するのは容易ではない．例えば，小学生に分数の計算を教えるとき，足し算だけを学習しているときには間違いを起こさなかった子どもが，かけ算や割り算を学習した途端に，足し算を間違えるようになるといった現象が見られる．学習しているときにはある特定部分だけに着目しているが，最終的にはより大きな枠組みの中で知識を使いこなせるようにならなければならないからである．

このように部分−全体関係を見通して学習することを支援するために，学習をはじめる前に，最終的に獲得すべき知識の位置付けや全体像を指し示す羅針盤となるべき情報を提示すると効果的だといわれる．これを先行オーガナイザー（Ausbel, 1960）という．例えば，図4.8の意味ネットワーク的知識を獲得させるには，まず，個々のノードについての知識を細かく与える前に，ネットワークの全体像を示し，ノード間の関係を把握させてから，個々のノードについての説明を行った方がよいといえる．学会

発表を行うときに，最初にプレゼンテーションの流れを示すのも同様の理由である．

(6) 類推

「学び」の基本は「真似び」であるともいわれるくらいに，模倣は重要な学習方法の一つである．また，問題解決とは，過去の経験を新しい状況に適用することだともいえる．そのような意味で人間にとって重要な思考が類推である．類推とは，基本的に，よく知らない（あるいは，解決方法がわからない）事象や課題（これを「ターゲット」と呼ぶ）に対して，それとある要素において（つまり，部分的に）マッチする既知の事象や課題（これを「ベース」と呼ぶ）を想起し，ターゲットの未知な要素にベースの既知の要素を「写像する」ことで，未知の事象や課題への仮説を得たり，理解を得ることである（鈴木，1996）．

類推のプロセスは，「ターゲットの表現→ ベースの検索→ 写像→ 正当化→ 学習」と捉えられる．ベースを検索する際には，ベースが見つかるか否かではなく，問題解決に役立つベースを検索できるか否かが焦点になる．このとき，どんな類似性に着目するかが重要であり，一般には，対象レベル（表面的な見た目や文脈の類似性）の類似性ではなく，（要素間の構造など）関係レベルの類似性に着目するのが有効といわれる．しかし，関係レベルの類似性は対象レベルの類似性より気付きにくい．したがって，問題解決力を育成するには，関係を発見するための情報の見方や，関係を記述するための表現手法を指導することが必要であると考えられる．

例えば，防災対策は，風水害などのように天気予報によって直前の対策が可能なものに例えるよりも，結婚した夫婦が育児や親の介護のことなど，いつ何が起こるかわからないことのために貯蓄をすることに例えたほうがよいかもしれない．このことからも予想されるように，ターゲットをどのようなベースに対応付けるとよいかは，その問題解決の目的に依存する．

(7) 適性処遇交互作用と認知スタイル

学習者の中には，様々な事例から概念を獲得するのが得意な者と，明確な定義を先に与えられてから具体例を示されたほうがよく理解できる者など，様々なタイプの者がいる．一人で学習するのが得意な者と集団で学習するのが得意な者，本を読んで学ぶのが得意な者と実際に課題を解いたり作業したりして理解することが得意な者などもある．

このように，学習の仕方に得意・不得意があることを異なる認知スタイル（または学習スタイル）を持つと捉える．また，個人が持っている特性によって指導法の効果が異なることを適性処遇交互作用（Cronbach & Snow, 1977）があるという．このような場合，同じ内容を教えるときも，クラスや年度によって指導法を変えたり，授業中に理解できなかった学習者のために，別の指導法で教えるための（学習者に応じた多様な指導方略を持つ）個別学習システムを用意したり，さらには，学習者自身に学習方法を選ばせるといった方法もとられる．

(8) メタ認知

システムが支援しながら個別学習を行うときには，システムが正誤の評価や，動機づけのための働きかけを行ってくれる．しかし，個人が独学で学ぶときには，自分が正しく理解できているのかどうかを自分で判断したり，間違いを自分で修正したり，どのような方法で学ぶと効率的なのかを判断したり，さらには，自分自身で目標を定め，動機づけすることが必要になる．このように，自己学習するときに必要な能力のうち，特に，認知面に関する自分の状況をモニタリングし，自己改善するための能力をメタ認知能力と呼ぶ．メタ認知能力も自然に身に付くわけではなく，その獲得を学習目標に含めることも重要である．

(9) 状況的学習論・社会的構成主義学習観

ここまで，学習とは，個人の中に何らかの知識などを蓄積すること，あるいは，蓄積した知識を再構成することと捉えてきた．これに対して，学習の成果は組織や社会の中に蓄積・共有されるという考え方がある．これは，大人の社会のように，一定の目的で一定期間，チームとして問題解決のために学び合う場合には重要な考え方である．防災教育においても，地域の防災力を考えるという場合には，このような学習観が必要になる．

ただし，組織の中に学習成果が蓄積されるという考え方の前提として，個人が獲得する知識はその一

部であり，その個人の問題解決力は組織の支援なしでは機能しない可能性があるという点に注意する必要がある．組織の支援の中には，周りの人や情報通信技術を介して提供される情報なども含まれる．災害対応などの場面では，そのような支援が得られなくなる場合もあるため，組織としての学習と，個人レベルの学習との両面を考えることが不可欠である．

また，子どものように，所属する組織が年齢とともに変化し，どんな仕事につくかもわからない場合には，まず，個人レベルの学習を重視することが当然重要になる．それでも，大人になったときの準備として，組織として学習するという体験やその方法を身に付けることは重要と考えられる．

g. ARCS 動機づけモデル

教育目標の記述において，「興味を持つ」といった目標行動は原則として用いないと述べた．しかし，学習において動機づけが重要であることは論を待たない．ブルームの教育目標の分類学でも述べた通り，情意領域の教育目標としては態度や人格形成などを掲げるべきであるが，教授学習過程を計測・制御過程と見たときには，動機づけを少なくとも媒介変数として考慮する必要はある．

動機づけをある種の制御対象として捉える考え方の一つに，Keller（1987）の ARCS 動機づけモデルがある．これは，授業や教材の設計において，次のようなステップで動機づけを行っていく必要があるとするものである．

注意（attention）：「おもしろそう，何かありそう！」←例えば，不思議感覚．
関連性（relevance）：「自分に関係がありそう！」←例えば，意義や価値の認識．
自信（confidence）：「やればできそう！」←例えば，見通しや，経験，慣れの存在．
満足感（satisfaction）：「やってよかった！」←自己達成感や適切な外部評価．

重要なことは，これら四つのどれかを指導に取り入れればよいというのではなく，これらを指導の過程で段階的に行う必要があるということである．このことは，上の四つの段階と，ブルームの教育目標の分類学で示した情意領域の目標との類似性を見いだすことで納得できるはずである．ただし，注意，関連性，自信はこれから学習することに対しての動機づけであり，満足感はさらなる発展的な学習への動機づけであるから，満足感はある程度上位レベルの教育目標を達成した段階で提供すればよい．なぜならば，より上位レベルの教育目標を達成させるには，

○○は××と言い換えてもいいのか？
××したいときはどうすればいいのか？
○○は△と□とに分けて考えていいのか？
○○はどういうときに役立つのか？

というように，常により上位レベルの目標達成に向けた疑問や探求心が必要になる．その場合，満足感が探求心を抑制する恐れもあるからである．ただし，逆に，学習を継続させるための動機づけであるという点から考えると，大学の授業評価で行われるようなすべての学習が終わった時点での満足度評価というのは意味がないといえる．結果的に学習を継続させることに成功したかどうかは，出席率や単位取得率で評価できるからである．

松田らの教授活動モデルでいえば，動機づけを高めることは，教育目標ではなく，教授意図として設定される．その教授意図を達成するためには，伝達内容・方法を工夫することになる．例えば，注意，関連性，自信，満足感のそれぞれを高める方法として，以下のような伝達内容・方法の工夫が考えられる．

注意（attention）
　―題材・事例などの内容的な工夫（新規性）．
　―表現・手段などの提示方法の工夫（異質性）．
関連性（relevance）
　―興味・関心を持っている内容・分野の題材．
　―将来や身近な生活に関連する内容・能力．
　―自分の理想像への接近（できるといいな）．
　―内容が陳腐でもいけない．
自信（confidence）
　―基礎・基本が身に付いている．
　―既習下位目標との関係が明確．
　―適切なヒントや見通し（情報）の提供．
満足感（satisfaction）
　―成功の原因が自分に帰属（努力と相関）．

―成果に対する正当な賞讃や能力向上に関する具体的な証拠の提示.

▶ 4.2.3 学習評価と授業・教材の評価

われわれが医者にかかったときに知りたいのは，自分がどんな病気にかかっていて，どんな治療法があるのかということである．つまり，自分の病気に対する正確な情報（診断結果）を得るのが目的であり，「すぐ直るでしょう」とか「あきらめて下さい」といったことを聞きにいくのが本来の目的ではない．

教育における評価というのは，医者の診断に相当するものである．これに対して，成績表につく情報は，「よくできた」とか「もっと頑張れ」といった価値判断や解釈を含んだ情報で，評価と区別するために「評定」と呼ぶ．なお，evaluation は以上の説明における評定の意味合いが強く，それと区別するために，評価に対応する英語としては assessment が用いられる場合がある．

例えば，強い子に育てようと思うと，親は，自分の子どもがころんで泣いたときに，「そんなことで泣くんじゃありません」としかるが，他人の子どもには「大丈夫？」となぐさめるだろう．これと同じように，評価結果が同じ場合でも，評定はその目的・意図に応じて変えることもある．

a. 評価の目的と考え方

上に述べたとおり，評価の目的は現状の正確な把握であり，さらにそのような情報を得る目的は，現状を改善することにある．教育活動にかかわる当事者は，教師と学習者であるから，評価によって改善すべき対象は，学習活動と教育活動の両面がある．ただし，教育活動の改善も，まずは学習者が教育目標を達成できたかどうかを評価することから始まる．これを学習評価と呼び，学習成果が得られていないことがわかったとき，その原因を明らかにし，授業や教材の改善を行うための情報を得るのが授業・教材評価である．

以上のことから明らかなように，学習評価と関連付けない授業・教材評価は意味がない．例えば，どんなに授業・教材に満足しても，学習成果が上がっていなければ，それは学習ではなく遊びにほかならない．限られた時間で確実な効果を上げるためには，満足度よりも学習効果を優先することが必要な場合もある．いずれにせよ，教育目標が達成されたかどうかの評価が不可欠であり，一人一人の学習成果の状況をふまえつつ，その結果の原因が，（学習する時間がなかった，興味がわかなかったなど）学習者の個人的な理由がかかわっているのか，適性処遇交互作用なのか，前提となる学習目標につまずいているのか，教師の説明がわかりにくかったのかなど，様々な観点から分析する必要がある．

なお，事前にできなかったことが事後にできるようになって初めて学習効果があったという．したがって，必然的に，学習評価は事前と事後との変化を見ることによって行う必要がある．もちろん事前の状況は個人によって異なるため，授業・教材の評価も，個人の事前の状況を考慮し，関連付けて行う必要がある．

b. 形成的評価と総括的評価

ここまでに述べてきた通り，評価は，その目的にあわせて適切なタイミングで行うことが重要である．学習活動の流れに沿って評価を分類すると，次のようになる．

事前評価：指導計画を立てるために，学習前に行う．

形成的評価：指導を行っているあいだに，フィードバックを返したり，指導計画を変更するために，当面の目標に焦点化した評価を随時行う．

総括的評価：一連の学習が終わった時点で総合的な評価を行う．

先の図 4.8 からも明らかなように，評価というのは，教育活動を行っているあいだ，常時行うべきものであり，授業や学期の最後にのみ行うべきものではない（そのような評価は，総括的評価に相当する）．特に，個別学習においては，事前評価，形成的評価が重要であり，これらの評価結果に基づいて，指導プログラムを最適化することが望まれる．ここでいう最適化とは，不必要な（すでに達成している）教育目標に関する学習を省略し，その学習者が，次に学習するのに最も適している学習内容と方法とを決定することである．このような，「学習者が自力では目標達成できないが，教師の助けを少し借りれば

すぐに目標達成できる準備が整っている内容を指導することが望ましい」という考え方は、ヴィゴツキーの発達の最近接領域仮説と呼ばれている（柴田, 1967）.

c. 観点別評価

初等中等教育においては、次のような四つの観点（ただし、観点の名前は教科によって多少異なり、国語だけは5観点）から評価を行い、それらを総括して、単元、学期、学年の総括的な評価（評定）を行うこととしている.

①関心・意欲・態度
②思考・判断
③表現・技能
④知識・理解

これらの観点を、ブルームの教育目標の分類学や、ARCS動機づけ理論などと関連付けてみれば、原則として、関心は最も初期段階で、知識・理解や表現・技能はその次の段階で、思考・判断はさらにその次の段階で、意欲・態度は、学習成果を発展、持続させる段階で必要になると考えられる。つまり一つ一つの内容、授業ごとにすべての観点について評価するというよりも、学習の進行に応じて評価観点を変えていくという考え方が重要になると考えられる。当然のことながら、指導内容・方法もそれに応じて変更していく必要がある.

d. 評価の客観性

ある一人の小学校6年生の地理の答案を557人の教師に100点満点で採点してもらったところ、採点結果の分布は次のようになったという（池田, 1978）.

点数	～	50	53	56	59	62	65	68	71	74	77	80	83
人数	8	9	24	40	66	75	102	95	57	40	14	17	10

※点数が50の欄に対応する人数は、50～52点に採点した教師の人数で、～は50点未満の採点数.

これは、記述式テストの採点と考えられるが、例えば、多肢選択テストの採点においても、個々の問の配点は人によって異なる可能性が高い。つまり、回答の正誤は客観的に判断できても、それを点数化するときには何らかの主観が入る可能性があることに注意する必要がある.

e. 質的評価と量的評価

一般に、尺度には、「名義尺度」「順序尺度」「間隔尺度」「比例尺度」の4種類があるといわれる。名義尺度は対象を単にカテゴリー化するためのものであり、順序尺度は数学的な全順序関係が成り立つ尺度である。間隔尺度は摂氏温度のように加減算が意味を持つ尺度であり、比例尺度は距離のように乗除算が意味を持つ尺度である.

前述した通り、初等中等教育においては、観点別評価を総括することで評定をつける。評定は、最終的に5段階で行うが、これは本来、順序尺度としての意味しか持たない。よく、5段階評価を行うためにテストの点数や、平常点などを100点満点に換算するが、5段階評価を行うのであれば、わざわざ100点満点に換算することに時間をかける意味はない。むしろ、テストの問題の何ができなかったのか、平常点で何が問題だったのかを詳しくフィードバックし、助言を与えることが重要である。つまり、評価の目的が学習の改善である以上、無理に評価結果を数量化し、一元化したのでは、かえってフィードバックとしての意味がなくなる恐れがある。その意味で、評価の基本は質的な側面に注目することであり、また、正解よりも（改善に結び付けるべき）誤りやその原因に着目することだといえる.

f. 評価の妥当性

どんな評価も、測定したい内容と実際に測定している内容とが異なっていては意味がない。これを評価の妥当性の問題という。ただし、あとに述べる信頼性とは異なり、評価の妥当性を検証することは容易ではない。そこで、評価の妥当性を高めるために、次のような観点から工夫することが望まれる.

まず、測定すべき内容を適切な枠組みで分類し、もれがないか、偏っていないかをチェックすることである。学習評価でいえば、教育目標をリストアップし、それらに対応する評価問題が偏りなく含まれているかどうかを検討することが重要である。このような手続きを経て作成された評価問題は、「内容的妥当性」が高いという.

ある学習内容についての教育効果を測定するテストなら、当然のことながら、学習前には解けず、学習後には解けるようなテストでなければならない.

これを確かめるために，当該の学習内容をまだ習っていない被験者と，すでに学習した被験者とを対象にテストを行い，前者では解けず，後者では解けるということが確認できれば，そのテストは「予測的妥当性」が高いという．

すでに妥当性，信頼性が保証されている類似のテストがあるとき，そのテストの点数と新たに作成したテストの点数との相関が高ければ，新しく作成したテストは，類似のテストと同じような内容を測定していると考えられる．このような場合，そのテストは，「基準関連妥当性」が高いという．

g. 評価の信頼性

先に示した地理の答案の採点結果のように，同じ答案でも，採点者によって結果が異なる可能性がある．同様に，同じ採点者が異なるときに採点すれば結果は異なる可能性があり，また，同じ回答者が朝に回答するか夜に回答するかで（学習成果とは無関係に）異なる回答をする可能性もある．

本来，評価は，同じ能力を持った学習者に対して，同じような評価結果を示すものでなければならない．しかし，測定には必ず誤差があるので，測定結果と真の値とは異なるものになる．このようなことを評価の信頼性の問題という．評価の信頼性については，テスト法に関する定量的な検討方法を示す．なお，以下に示すのは，古典的テスト理論とも呼ばれる基礎的なものであり，より発展的な理論としては，TOEFL や TOEIC などで採用されている項目反応理論（豊田，2002）がある．

h. 代表的な評価手法

ここでは，代表的な評価手法として，テスト法，コンセプトマップ法，評定尺度法について述べる．このほかにも，観察法，面接法など，様々な手法があるが，個別学習用の教材に組み込む手法としては，これらが代表的なものと考えられる．

(1) テスト法

テスト法は，定期試験や入学試験にもよく利用され，一般には客観性が高い方法と思われている．ここでは，テスト法の長所・短所を考察し，利用上の留意点を把握しておく（池田，1980）．

テストによる測定は間接測定である．テスト得点は最も単純に考えると，そのテストが本来測定しようとしている成分（真の得点）t と，それとは統計的に独立で無相関な成分（測定誤差）e とに分けられ，$x = t + e$ とモデル化できる．測定誤差は，次のような条件を満たすものと仮定する．

・測定誤差の期待値（平均）は 0 である．
・測定誤差と真値との相関は 0 である．
・異なる測定誤差同士の相関は 0 である．

このような条件を設けると，以下のような定理を容易に導くことができる．

① x の期待値は t の期待値に等しい．
② x の分散は t の分散と e の分散の和に等しい．
③ x と t との共分散は t の分散に等しい．
④ x と x' との共分散は，t と t' との共分散に等しい．

x が t に近く e の割合が小さい測定を精度（信頼性）の高い測定とみなす．以下に示すものは，測定の精度に関する指標の代表的なものである．なお，これらは，ある集団全体についての精度を示すもので，集団が異なれば異なった値を示し，また特定の個人についての測定値の精度を表すものでもない．

測定の標準誤差 σ_e：小さいほど精度が高いと考えられる（$\sigma_e \leq \sigma_x$）．

信頼性指数 ρ_{xt}：x と t との相関係数で，1 に近いほど精度が高い．

$$\rho_{xt} = \frac{\sigma_{xt}}{\sigma_x \sigma_t} \quad (0 \leq \rho_{xt} \leq 1)$$

信頼性係数 ρ_x：x の分散中に t の分散が占める割合．

$$\rho_x = \frac{\sigma_t^2}{\sigma_x^2} \quad (0 \leq \rho_x < \rho_{xt} \leq 1)$$

信号雑音比 ρ_{sn}：t の分散と e の分散の比．

$$\rho_{sn} = \frac{\sigma_t^2}{\sigma_e^2} \quad (0 \leq \rho_{sn} < \infty)$$

σ_e が測定値全体の標準偏差の半分以下の大きさになるためには，少なくとも信頼性係数が $\rho_x > 0.75$ でなければならない．

テスト得点の多くは，いくつかの項目得点または下位得点を合計して誘導された合成得点である．ここでは詳細は示さないが，合成得点の信頼性係数を式展開していくと，テスト作成の一つの原理として，「できるだけ各項目間の相互相関が高くなるような等質な項目を数多く集めること」が合成得点の信頼

性を高めるうえで望ましいことがわかる．

実際に信頼性係数を求める際，われわれが手にできるのは x の値だけであり，t や e は単独の測定では直接観察できない．したがって，信頼性係数 ρ_x も σ_t^2 か σ_e^2 がわからなければ求められない．そこで，信頼性係数の間接的な推定法として，再テスト法（同じ被験者に同一のテストを2度繰り返す），平行テスト法（同じ被験者に同程度の別々のテストを解かせる），折半法（一つのテストの中の問題を2群に分けて平行テストとみなす）などが工夫されてきたが，ここではより簡便な方法として，α-係数による推定について述べる．

いま，同じ特性を測るためにつくられた二つのテストが，ともにほぼ同等の m 個の項目で編成されているとする．このとき，同じテスト内部の異項目得点間，および，異なるテストの項目得点間の平均相関がほぼ等しい（それを ρ と置く）と仮定すると，二つのテスト得点 x と y との相関係数は，

$$\rho_{xy} = \frac{m\rho}{1+(m-1)\rho}$$

となる．これを α-係数と呼び，信頼性係数の推定値とする．ここでテスト y はあくまでも仮想的な存在だとすると，一つのテスト x の m 個の下位項目の得点のみから α-係数を求めることができる．具体的には，${}_mC_2$ 通りの下位項目間の組合せに対して相関係数を求め，その平均（つまり ρ）を求めることによって算出できる（具体的な計算は，統計パッケージなどで自動的に行える）．

α-係数は，同質な項目を多量に集めて合成したテスト得点の信頼性を推定するのに適用するのはよいが，相互に負の相関を持つ異質な下位得点を含むものに適用するのは好ましくない．また同質の項目といっても，類似のやさしい項目ばかりを集め，得点がどこまで先の問題まで到達できたかを競うスピード・テストに適用するのも好ましくないといわれている．

なお，$\theta = (1-\rho)/\rho$ と置くと，α-係数は，$m/(m+\theta)$ となり，テストの信頼性係数を高めるには，「項目数を増やし，かつ θ の値を小さくすればよい」ことがわかる．経験的に，θ は，下位項目 x_j の得点段階数が多くなると小さくなることが知られている．

(2) 概念（コンセプト）マップ法

学習評価で重要なことは，「何ができているか」を明らかにすることではなく，何が，なぜできていないかを明らかにすることである．そのうえで，その結果を授業に活かしたり，学習者にフィードバックして問題点を解決する必要がある．このような目的のためには，後述する授業設計手法の中では「次元分け」という作業を行うが，ここでは，より広範な学習内容（例えば，単元全体）について，そこで扱った様々な事項（概念，法則，事象など）をいかに関連付け，理解したかを明らかにする方法として，概念マップ法を紹介する．

概念マップ法は，後述する授業設計で教師が行う目標構造図の作成を子どもたちに行わせるようなものと考えられる．具体的には，その単元の重要な概念や法則，事象などのリストを提示し，それらを何らかの関係で結んだ図を作成させる．つまり，概念や法則，事象などをノードとし，それらのノード間を何らかの関係に基づいてリンクとして結んだ図を描かせる．ここでいう「関係」は，単なる「上位⇔下位関係」などにとどまらず，「具体⇔抽象関係」「前提⇔結果関係」「部分⇔全体関係」「特殊⇔一般関係」など，様々なものが考えられる．リンクが複数種類存在する場合は，関係を表すラベルをリンクに付けさせる場合もある．また，リンクに向きを持たせる場合とそうでない場合がある．

概念マップを書かせる場面は，単元の終わりに限る必要はない．学習前に予想や仮説を立てさせるために描かせる方法もある．

また，概念マップの評価方法としても，教師が作成する（いわば正解に相当する）概念マップと比較する方法がよく使われる．その場合にも，グラフ理論的な位相的同型性（例えば，ノード間の順序関係）に着目して評価する方法（竹谷・佐々木，1997），マップをモジュール（定理や法則，概念などの単位に対応）に分割して評価する方法（三田，2002），ラベルに用いられた結合語の意味的な類似度に着目する方法（大辻・赤堀，1995）など，様々な評価方法がある．さらに，学習者が作成したマップ同士を比較し，議論させ，理解を深めさせるという方法もある（稲垣ら，2001）．

(3) 評定尺度法

評定尺度法の代表例は，ある質問項目に対して，「よく当たっている」～「ほとんど当たっていない」などの順序尺度で段階評価させるものである．実際には順序尺度に限定する必要はなく，名義尺度を用いたり，間隔尺度を用いる場合もある．

ただし，人間の直感的な判断を求めるものであるため，出題者が間隔尺度のつもりで質問していても，その回答を間隔尺度として扱ってよいかどうかは議論の余地がある．また，回答者が絶対的な基準に基づいて回答していると解釈することは困難であり，個人間の比較や，個人内の（事前-事後などの）比較に用いるのは適切とはいえない場合が多い．

以上より，評定尺度法を評価に利用する方法としては，その時点，その時点での自己改善のために利用するという方法が最も一般的である．また，その場合に，より的確な自己評価を支援することが重要になるため，評価基準を明確に記述したルーブリックと呼ばれるものを作成し，提示するのが望ましいとされている（高浦，2004）．

i. ピグマリオン効果とホーソン効果

評価は，指導法や教材の効果を検証する場合にも重要になる．一般的に，指導法や教材の効果を検証する際には，特定の学習者群に対して，教育を行う前後の能力を比較するという方法がとられる．ただし，ある指導法や教材に効果がないということはまれであり，実際には，それがほかの方法や教材に比較してより高い効果があるのかどうかが重要になる．その場合には，同じ学習者に同一内容を繰り返し指導し，比較しても意味がないため，複数の学習者群を用意して比較する必要が生じる．その場合も，群間の事前の状態に差がないこと（等質な集団であること）を確認する必要がある．また，特に指導法を評価する場合には，適正処遇交互作用や教育的配慮などの観点も考慮し，一人の学習者が異なる内容で別々の指導法を体験できるように実験計画することが望ましい．

そのように，様々な配慮を行って教育効果の検証を行うことになるが，最後にもう一つ考慮すべき点がある．ある学校で，学年のはじめにテストを行い，その結果に基づいて1年間に能力が急上昇する子どもたちを予測し，その名前を各クラスの先生に知らせたところ，実際にその子どもたちの学力や知能指数が明らかに向上したという．ところが，先生に知らせた子どもたちは，実はランダムに選んだ者であった．このように，教える側がある期待を持って指導することにより，学習者をその期待する方向に形作ってしまうという現象をピグマリオン効果（光背効果）と呼ぶ（Rosenthal & Jacobson, 1968）．先に述べた指導法の効果を比較する場合にも，指導する側がどちらの方法も効果的であると期待して（また，期待できると考えられる指導法を選択して）指導することが重要であり，どちらか一方の指導法がより効果的であると期待して指導することは望ましくないといえる．

これと似た現象に，アメリカのウェスタン・エレクトリック社のホーソン工場で，20歳前後の女子工員に対してある実験を行った際に副次的に見い出されたホーソン効果というものがある（Mayo, 1933）．彼女たちは，「自分たちは選ばれたのだ」という意識を共有することで，すぐれた作業成績を上げていたことが見い出された．つまり，学習者が「自分たちは選ばれた者である」とか，「自分たちが学んでいる方法は効果的である」といった意識を持つこと自体が教育効果を高める可能性があるということである．これは，偽薬でも薬と同様の効果をもたらすことがあることに似ている．

以上のことから，教育効果を検証する際には，教育を行う側，学習を行う側の双方に，特定の先入観を与えずに実験を行うことが重要であるといえる．そのためには，実験の手続きやインストラクションの仕方に十分な注意が必要である．

▶4.2.4 授業・教材設計の具体的な手順と方法

これまでに述べてきたことをふまえて，授業や教材の設計を以下の手順で行う．なお，教育工学の分野では，このような授業や教材の設計手法をインストラクショナルデザインと呼んでいる．インストラクショナルデザインの具体的な方法は必ずしも一通りではないが，基本的な手順は，

①目標分析（目標の抽出と構造化）．

②評価問題の作成（評価基準の明確化と誤りやつ

表 4.1 内容−行動マトリックスの例

目標行動の分類 内容項目	受容	知識・把握			適用		分析		総合			評価		
	受容する（見る・体験する）	覚えた具体例をあげられる	用語を説明できる	必要性を説明できる	手順を暗唱できる	作業を再現（実行）できる	典型例に適用して答えられる	家・地域の状況を把握している	AとBとを区別できる	AとBとの関係を説明できる	関連事項を列挙できる	作業手順を決定できる	結果や影響を推測できる	長所・短所を比較できる	可能な代替案を列挙できる	他人に必要性を説得できる	日常生活の中で実践できる	社会的意思決定に適用できる
ライフラインと災害時の対策			○	◎			◎					○	◎			◎		
耐震強度・耐震補強工事	○	○	○	◎			◎		○			○	◎			△		

まずきの予測）．
③提示順序の決定（学習活動の系列化）．
④提示内容の決定（指導案・教材の作成）．
⑤実施結果に基づく評価・改善．

でほぼ共通している．以下に示す方法は，坂元らのCOMET 法（坂元，1991）に準じている．

a. 目標分析

すでに述べた通り，教育工学では，教育目標を行動目標（内容＋目標行動）の形式で記述する．したがって，教育目標を決定するためには，

①学習内容項目のリストアップ．
②目標行動のリストアップ．
③学習内容と目標行動との対応付け．

という手順をふめばよい．これを組織的に行うための方法として，表 4.1 に示すような内容−行動マトリックスを作成する．

このような表を作成しておけば，授業や教材の改善をする際にどの内容項目を見直し，どの目標行動レベルまで達成させたらよいのかを検討することが容易になる．内容−行動マトリックスは，既存の教材などを改善して新たな教材を作成する際にも使える．つまり，リバース・エンジニアリングの考え方と同様，既存の教材を分析しながら内容−行動マトリックスを作成したあと，その表に基づいて，新たな教材ではどんな内容項目を追加・削除すべきか，また，各内容項目について不必要な目標行動レベルを要求しているものや，より高い目標行動レベルの達成が必要なものはないかを検討すればよい．

以上に述べた通り，学習内容項目は，基本的に既存の授業や教材を分析することでリストアップできる．教材などがない場合でも，学会などで作成しているハンドブックやその分野を概観するためのレビュー論文などを利用すればよい．仮にそのようなものが存在しないまったく新しい授業や教材を設計する場合は，その分野の専門家でブレーンストーミングや KJ 法などを使って項目の発想と整理を行うことが必要になる．

目標行動については，前述したブルームの教育目標の分類学などを参考にして，様々な教科・分野などで検討されたリストが存在する（例えば，坂元・竹村，1975 など）．それらの中から設計したい授業や教材に近い分野のものを参照するのが一つの解決策であるが，ここではブルームの分類を参考にして，地震防災教育用の目標行動リストを検討してみた．表 4.1 の内容−行動マトリックスに示されている目標行動がその結果である．

このようにして内容−行動マトリックスが確定したら，次に，評価方法を想定しながら行動目標を設定し，内容−行動マトリックスをチェックリストとして活用し，該当セルに「○」を埋めていく．ここで重要なのは，目標を達成させるためには，それにふさわしい働きかけが必要だという点である．例えば，一方的な説明（情報提示）だけでは「暗唱できる」という目標行動は達成できない．覚えることを求める明示的な指示をしたり，覚えたかどうかを確認する評価活動を行うことで，覚えなければならないという教師側の意図を学習者に明確に伝え，学習者が目標達成のための努力を行ってこそ，「暗唱できる」ようになるのである．その意味で，「評価方法を想定しながら行動目標を設定する」ことがき

わめて重要であり，何となく「○」をつけたというのでは意味がない．

また，次の「誤り・つまずきの予測」でも述べる通り，学習者がつまずく最大の原因は，ある学習目標と次の学習目標とのギャップが大きいことにある．よって，目標抽出する際も，学習目標間のギャップについて考慮することが重要である．このために目標間の上位-下位関係に基づいた構造化の作業を行うが，目標の抽出と構造化は別々の作業として行う必要はなく，内容-行動マトリックス上で目標の構造化の作業を行っても構わない．目標の構造化を行うときには，内容項目間の上位-下位関係（ある内容を説明するときに，別の用語や現象を前提知識として使うとき，あるいは，ある関係式が成り立つことを理解するには，前提知識として別の法則や定理を知っていなければいけない場合など）を考慮するとともに，同じ内容項目について理解を深めるうえで，どのような目標行動を順次達成していく必要があるかを考えねばならない．例えば，スケンプ(1973)は，数学教育においてさえ，「新しい数学的概念が定義のみによって獲得されることはない」と述べている．概念学習の定義はすでに述べたが，具体的事例に共通する特徴を理解し，把握することが概念学習である以上，具体的事例を提示し，その共通点の存在を認識させてから，それらを一般的に表現する言語的（あるいは記号的）定義を与える必要があると言える．

以上述べた通り，各教育目標ごとに明示的な働きかけが必要なこと，上位レベルの教育目標を達成するには，スモールステップで系統的に教育目標を達成させる必要があること，さらに，学習者の情意面への影響として，長時間の学習は学習への意欲を低下させることなどを考慮すると，教育目標を設定する際に最も重要な視点は，不必要な目標を削減し，いかに必要最低限の目標に絞り込むかという点にある．これは，学習者への負担を減らすだけでなく，教師または教材開発者の負担（＝コスト）を削減するうえでも重要な視点である．例えば，医者と患者との関係を考えると，医者は病気やその治療法，薬などについての専門的な知識が必要であり，様々な専門用語を覚える必要があるが，患者が自分で病気の診断をしたり治療を行うのはかえって危険である．患者に特に求められるのは，医者にかかるべきときを判断できることや，症状を正確に伝えること，複数の治療法を提示されたときに自分は何を優先したいのか，その希望をはっきりいえることなどであろう．地震防災教育においても，専門家が地震災害場面で効率的に意思疎通するために覚えなければならないような専門用語を一般市民が覚える必要はなく，地震被害を最小限に抑えるために日常生活の中でしなければないないことをきちんと実行し，地震が起きた直後には，できるだけ他人の力を借りずに自分とその家族の安全を確保し，数日間は自立的な生活を送れる術を身につけておくことが望まれよう．よって，暗唱や説明レベルの目標は極力最低限に抑え，思考・判断レベルや態度面の目標達成レベルを重視する必要がある．

以上の通り，目標分析は，事実上，これ以降の作業の骨格を決めることになる．言い換えると，これ以降の作業についてのおおよその見通しがないと，適切な目標分析を行うことは困難といえる．よって，これ以降の作業で支障が起きたときには，常に目標分析に戻って検討し直すという態度が必要である．

b. 評価問題の作成

学習目標を抽出し，その構造図を作成することは，すでに述べた事前評価-形成的評価-総括評価を行ううえでも重要である．特に個別学習用の教材を開発する際には，動機づけの面（ARCS理論参照）からも，学習の効率の面からも，その学習者がどこから学習を始める必要があるのか，どの目標に関する学習は省略してもよいのかを判断し，発達の最近接領域を探ることが重要になる．また，webや書籍のような一方的な情報伝達では，提示された情報のすべてに学習者が目を通しているとは限らず，大事な情報を読み飛ばしている場合も少なくない．つまり，図4.8の教授学習過程のモデルでいえば，教師が情報提示しても，学習者がそれを受容するとは限らない．したがって，「受容する」という目標行動レベルも含めて，学習をインタラクティブに進めるためにも，できるだけ豊富な評価問題を用意することが重要になる．

評価問題をこの時点で作成する理由は，できるだ

け早い段階で教育目標を見直すためでもある．目標分析でも述べた通り，教育目標を決定する作業は，評価方法を想定しながら行う必要がある．つまり，目標抽出と評価問題の作成とは裏腹の関係にあり，評価問題を作成してみて，「このような問題に正解できるようになっても意味がない」と判断される目標は削除すべきであるし，「この問題に正解するために必要な学習事項が抜けている」ことがわかったら，新しい目標を追加する必要がある．特に，後者のチェックを行うためには，次に示す次元分けの考え方が参考になる．

(1) 次元分け

教師の授業能力，あるいは，よい教材の持つべき最も重要な機能は，生徒の誤りやつまずきをうまく取り扱う能力である．ここで，「適切に対応する」ではなく，「うまく取り扱う」としたのは，単に，誤りやつまずきが起こってからそれに対応するだけでなく，誤りやつまずきが起こらないようにあらかじめ授業や教材を設計するとか，逆に，誤りやつまずきを体験させて学習を深めさせるというような積極的な扱い方も考えられるからである．

このように，誤りやつまずきをうまく取り扱うためには，誤りやつまずきを授業・教材の設計段階で予測し，その扱いを十分に検討しておく必要がある．そのための手法の1つが，坂元(1991)の次元分けである．

次元分けでは，まず，「誤り」と「つまずき」とを区別することが重要になる．何らかの評価問題を与えたとき，その解答は，基本的に正解と誤答とに分類される．ここでいう誤答が「誤り」であり，誤答の原因となる要因（あるいは，正解か誤答かを判定する観点）を適切次元と呼ぶ．一方，問題の難易度にかかわる要因（基本問題では正解できるのに，複雑になると誤ってしまうような場合，その複雑さを規定する要因）を不適切次元と呼び，難易度が高いときに正解できない状態を「つまずいている」という．単純な例としては，係数が整数なら2次方程式の解を求められるが，分数になると求められないといった場合があげられる．やや強引に解釈すると，先に示した表4.1の目標行動で，適用レベルまでが適切次元の範囲，分析レベル以上が不適切次元を変

表4.2 「避難先と経路選択」の次元分け表の例

適切次元名	正の値	負の値
周辺建築物の安全性 道路の安全性	密集してない 落下物がない 道幅が広い 交通量少ない	密集，工場，看板，窓硝子，…古いコンクリート塀，駐車車両
代替経路の有無	代替経路あり	なし
不適切次元名	固定	変動
時間帯 家族と一緒か		昼と夜の両方 一人，一緒
天候	晴れのとき	

※表に示す次元は，その一部である．また，次元分けの結果は，一意に決まるとは限らない．

化させる範囲となる．

地震防災教育では，多くの場合，学習場面では典型的な事例でどのように対処すべきかを学ぶ．例えば，避難経路を考える場合，最終的には，どこにいても，周囲の状況を把握しながら安全で，かつ効率的な経路を選択できることが重要だが，学校で勉強するなら自宅から学校（または地域の避難場所）までの経路を考えさせるであろう．この場合，周囲の建築物の状況，崖や川などの土地の状況，道路の幅や車の交通量など，必ず考慮すべきポイントを理解し，経路を考える作業を行う．その場合，学習者は地域の状況を事前にある程度知っていることが前提になる．しかし，昼間に避難する場合と夜に避難する場合とでは，考慮すべき点が変わる可能性がある．さらに，電車に乗ってどこかに出かけた場合，避難のときには徒歩で移動することが必要になり，途中で休憩できる場所や水・食料を補給できる場所も考える必要が生じ，難易度が変わってくる．

上の例に述べたことを表形式にまとめたものが表4.2であり，次元分け表と呼ぶ．

坂元(1991)が示している次元分けの手順は，まず，実践の中から具体的な誤り例を収集し，それを分類して次元分け表を作成するというボトムアップ的なものである．しかし，実際に実践を行って誤り例を収集するのは困難な場合も多く，効率も悪い．そこで，松田ら(1999)は，問題のタイプを「暗唱／説明できる」タイプと，「適用できる」タイプに分け，それぞれについて以下に述べる考え方で適切次元を決定し，その各次元ごとに学習者モデルの項で述べる「誤りの原因」を参考に誤りを予測してい

くというトップダウン的な方法を提案している.

まず,「適用できる」タイプは基本的に,定理,法則,手続き,ルールなどを適用して答を求めることや意思決定することを求めるものである.このような問題の回答を記述すると,その回答の中では,目標構造図をつくったときの下位目標が使われているはずである.つまり,このタイプの問題では,それに対応する教育目標の下位目標が適切次元になり,いずれかの下位目標に誤りがあるときに,その問題に正解できないと考えられる.

一方,「暗唱／説明できる」タイプは,用語,概念,法則,手続き,ルールなどを覚えることを求めるものである.このようなタイプの目標では,内容領域によって多少の違いがあるものの,言葉による説明,式,単位,役割や必要性,状況・条件,具体例,類似内容との違いなど,その用語や手続きを正しく使いこなすうえで覚えておくべき様々な観点が適切次元になると考えられる.

適切次元を考えるときは,当該目標に関する最も基本的な問題を考え,不適切次元を考えるときは,その問題の類題を考える.教師・教材開発者が,どのようなケースまでを想定して正しい答えを出せる(判断を下せる)ようになるべきかを考え,問題の条件について,変化させる条件と,共通で固定させる条件とを考えればよい.

なお,評価問題を考える際には,評価の実施環境を十分に考慮する必要がある.ペーパーテストを行うのであれば,どのような形式の問題でも実施可能であるが,コンピュータ上で実施する場合には,採点やフィードバックをどのようなデータ処理によって実現するのかという点まで考慮する必要がある.

c. 提示順序の決定

教育目標が定まり,評価問題が作成できれば,授業・教材の目的は,それらの評価問題に正解できる力をつける指導を行うことといえる(ただし,上位レベルの目標を除く).よって,基本的には,学習目標の構造にしたがって,下位目標から上位目標に向けて順次達成していくように授業・教材の流れを構成すればよい.もちろん,学習目標の構造は単純な直線型にはならない.それに対して,授業や書籍などの教材では直線的・時系列的にしか情報提示ができない.したがって,木構造またはネットワーク構造の目標構造図から,どのように学習活動を直線的に構成するのかが問題になる.一方,コンピュータ上で学習する教材の場合は,学習者の反応に応じて,あるいは学習者の自己選択で情報の流れを変えることができるため,教材の流れをあらかじめ直線的に決める必要はない.ただし,発達の最近接領域という考え方に基づけば,学習者の自己選択に完全に任せるよりもコンピュータ側が適切な流れを決定したほうが教育効果が高いことも考えられる.そこで,コンピュータ上で実現可能な教育目標の順序決定のための数理的手法も様々に提案されている.ただし,学習者の集中力が持続する時間には制限があるため,一般的には,30～60分程度で学習可能な範囲で教材をモジュール化しておくことが重要である.

情報提示の順序としては,一連の教育目標をどのような順序で達成していったらよいかという問題のほかに,一つの教育目標を達成する際,どのような順序で情報提示したらよいのかというミクロな流れも検討する必要がある.教授学習過程構成法に関する代表的な理論の一つが,ガニェの9教授事象(Gagne et al., 2005)であり,授業・教材は次のような構成要素からなると考える.

①学習者の注意を喚起する.
②授業の目標を知らせる.
③前提条件を思い出させる.
④新しい事項を提示する.
⑤学習の指針を与える.
⑥練習の機会を与える.
⑦フィードバックを与える.
⑧学習の成果を評価する.
⑨保持と転移を高める.

九つの事象の中で,「学習者の注意を喚起する」「授業の目標を知らせる」「学習の成果を評価する」は,ARCSモデルの注意,関連性,満足に,「前提条件を思い出させる」や「学習の指針を与える」は自信を高めることにかかわった活動だと解釈できる.このように,実際の授業・教材の展開を考える際には,単に学習内容に関する新たな情報を提示するだけでなく,動機づけを高めるための教授事象などが重要

表 4.3 数学的・科学的問題解決過程に基づく授業展開スクリプト

第1階層	第2階層	第3階層
①導入	A 授業に参加させる	ア. 出席を確認する
		イ. 学習の準備をさせる
	B レディネスを把握する	ウ. 関連既習事項の達成度を把握
		エ. 本時内容への興味関心を把握
	C 本時の見通しを与える	オ. 学習目標を知らせる
		カ. 学習方法を知らせる
②問題理解	D 解決すべき問題を提示する	キ. 問題を提示する
	E 既習のことがらを提示する	ク. 概念(と現象との関係)を提示する
		ケ. 定理・法則・手続き・性質などを示す
	F 問題の特徴を把握させる	コ. 新規問題と既知問題とを関係付ける
		サ. 表現形式を変えてみる
		シ. 問題と学習目標との関係を示す
③新規概念理解	G 新規概念を導入(拡張)する	ス. 新規概念(拡張)の必要性を示す
		セ. 用語を暗唱させる
		ソ. 用語の意味・用法を示す
	H 新規概念の性質を把握させる	タ. 既習概念と関係付ける
		チ. 使い方を習得させる
④定理・法則・手続き	I 例題を解決して一般化	ツ. 解決方略を示す
	J 定性的関係から定量化へ	テ. 解決・証明する
	K 定理・法則を提示して証明	ト. 定理・法則・手続きを示す
		ナ. 確認する
⑤適用・範化	L 例示する	ニ. 適用例を説明する
	M 課題提示・評価・KR	ヌ. 課題を提示する
		ネ. 各自に解決させて個別指導する
		ノ. 一斉指導で解答例を示す
⑥まとめ	N 本時内容についてのまとめ	ハ. 本時内容を思い出させる
		ヒ. 本時の位置付けを確認する
	P 次時までの指示	フ. 復習・予習事項を明示する

※上の表には第1~3階層までを示したが,実際には第4階層までが定義されている.
※第4階層の項目から,第1~3階層の項目に進むための選択肢が用意されている.

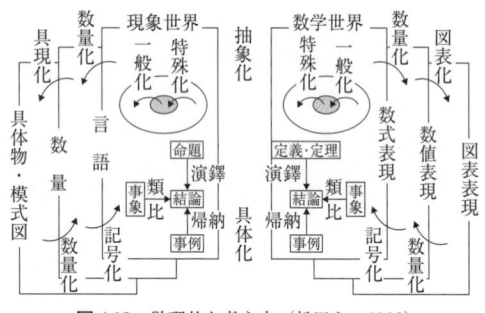

図 4.13 数理的な考え方(松田ら,1992)

であるといえる.

また,坂元(1991)は,次元分けの結果に基づき,誘導型と発見型,その中間的な誘導発見型の授業展開を構成する方法を示している.具体的には,誘導型は一つ一つの適切次元ごとに情報提示し,基本的な理解を図ったうえで,徐々に不適切次元を追加し,複雑な課題も解決できるようにするという流れで構成する.一方,発見型は,最初の段階で少数の適切次元と多くの不適切次元を含んだ情報(課題)を提示し,学習者自身に適切次元を発見させるような展開をとる.

このほか,松田らは,4.2.2項の教授活動モデルでも述べた通り,教師が授業展開を決めるときには,授業展開スクリプトと呼ぶ知識を利用していると想定しており,授業設計の訓練を行うためのシステム(松田ら,1999)用に,表4.3に示すような数学的・科学的問題解決過程にそった授業展開スクリプトを作成している.この授業展開スクリプトは,学習者に図4.13に示すような数理的な考え方を適用させながら学習を進めさせることを想定して作成されたものであり,表には示されていない第4階層には,主に数理的な考え方のタイプが選択肢として含まれている.

d. 提示内容・方法の決定

授業・教材のおおよその流れが決まったら,具体的にどのような内容の情報をどのような方法で提示するかを決める.松田らの教授活動モデルでいえば

授業計画の五つ組の系列を決めることに相当し，一般の授業では指導案を記述することに相当する．このときに重要なのは，五つ組のモデルからも示唆されるように，教師が何をどのように提示するかを一方的に考えるのではなく，あくまでも，そのときに学習者がどんな情報を欲しがっているか，学習者の状況を考慮して提示すべき情報の内容やその提示方法を考えることである．また，教師の立場で考えるとしても，学習者に何をさせたいのか，どんなことを考えさせたいのか，つまり，教授意図を明確にして，その教授意図にそった提示内容・方法を考える必要がある．なお，提示方法を選択することは，教授行動（説明，発問，演示，評価など）を選択することと，提示する情報の表現形態（言語，数値，式，図表，映像など）を選択することとの2種類が考えられる．

具体的な教授意図としては，学習者の思考活動を制御するための教授意図（分類と具体例）として，以下のようなものが考えられる．

- 構え：授業に参加させる，関心を持たせる，自信を持たせる，やる気にさせる．
- 受容：情報を受容させる．
- 注意・選択：注意を向けさせる，あるポイントに注目させる，ある視点に立たせる，目的・目標を認識させる，異なる意見の存在を認識させる．
- 再認・再生：すでに学習済みであることを確認させる，思い出させる．
- リハーサル：反復させる，覚えさせる．
- 思考・操作：関係付けさせる，比較させる，特定の情報を抽出させる（誤りを発見させる，反例を探させるなど），正誤の識別をさせる，分類させる，場合分けさせる，理由を考えさせる，要約させる，適用させる，変形させる，結果を予測させる，帰納させる，演繹させる，類推させる，具体化させる，抽象化させる，特殊化させる，一般化させる，数量化させる，記号化させる，図表化させる．
- メタ認知：自分の状態を認識させる，他人の状態と比較させる．
- 表出：（教師が）学習者の状態を確認する．

これらの教授意図を達成するためには，まず，適切な教授行動を選択する必要がある．「受容させる」ならば，説明や板書などであり，より確実に教授意図を達成するなら，情報が長時間残る板書を選択するほうがよい．「注意を向けさせる」ならば，「○○を見なさい」といった注意喚起（指示）や指で指示する（演示）などの動作を加える必要がある．思考・操作に関する教授意図は原則として発問によって達成すべきで，一方的な説明では意図が伝わりにくい．

そして，以上の教授意図をよりよく達成するための情報特性の制御に関する教授意図（および，それを具現化する情報の内容的特性，表現特性）としては，以下のようなものが考えられる．

- 理解しやすくする：［内容］馴染み深い・興味深い例，数値例，簡単な数，［表現］（文字と数値などの）対応関係の明確化，比較形式．
- 一貫性を持たせる：［内容］一貫した現象，例，式の利用，［表現］図表に構造化，常時提示，合意事項の利用．
- 関連性を持たせる：［内容］既習の事項・例・問題の引用，［表現］図表に構造化，常時提示．
- 簡潔にする：［内容］不適切次元＝固定，比喩，［表現］短文・単語，断定，簡潔な構文，修飾語の排除，式の簡略化，言語以外の表現（演示）．
- 強調する：［内容］極端な，効果的な，身近な例，［表現］強調表現（話し方，書き方，発問形式の利用）．
- 視覚化する：［内容］実物，視覚と結び付いた例，図表化容易な例，［表現］図表表現，演示，映像，シミュレーション．
- 具体（数量）化する：［内容］日常的な現象例，数値例，［表現］実物，数値表現．
- 有効性を示す：［内容］日常／他教科／上位目標に関連．
- 過程を示す：［表現］動画，流れ図，系列化．
- 明確に表現する：［表現］（図表でなく）言語化，指示．
- 一般的に表現する：［表現］記号（数式）化，言語化．
- 真実味を持たせる：［表現］実写（リアルタイム），実演．

以上，様々な教授意図をあげたが，このような様々

な工夫が必要な背景と関連付けて，学習者が起こす代表的な誤りの原因とその対応策を以下に示す．

(1) 表現と意味とのズレ

人間は様々な表現系を用いてコミュニケーションする．しかし，どんな表現を用いても，常に「曖昧さ」（すなわち，解釈の自由度）が残る．例えば，信号の色を「青」と捉える人と「緑」と捉える人がいるように，「青」という色をどう捉えるかは人によって違う．そこで，「青」という代わりに光の周波数や波長でいえばよいかというと，周波数や波長を具体的な色に対応付けられる人は特別な訓練をした人に限られるであろう．同様に，数式を用いれば曖昧さがないと思っても，すべての人が数式を自由に操り，理解できるわけではない．表現系そのものに慣れていなければ，結局は勝手な解釈を行う可能性があり，誤解を避けるという本来の目的は達成できない．

このように，コミュニケーションを通した理解の過程には，伝達した情報を解釈する過程が必ず入る．このとき，解釈には既有の知識を使うことになり，それが不完全であったり，誤っていたり，人によって解釈に自由度があるような場合には，情報の発信者が意図した通りには受信者に伝わらない．また，専門用語の中には，日常用語と同じ言葉で違う意味を持つものが少なくない（例えば，物理学の「力」や「速度」など）．そこで，指導の際には，わかりやすさと，厳密さとのバランスを考えて，一つの表現系や表現方法だけでなく，様々な形で伝えることが重要となる．

(2) 事例に基づく概念や手続きの学習

先に「青」という色の捉え方は人によって異なることを述べたが，このような抽象的な概念を教えるには，事例を示し，それらから帰納的に学習してもらうという方法がとられる．問題の解法も，原則として例題を通して学ぶ．また，専門用語と日常用語とを違う意味で使うときには，しばしば具体例をあげてその違いを説明しようとする．このような場合，具体例と抽象的な概念とを結びつけたり，特殊な場合から一般的な概念・法則を導くときに，たまたま扱った例だけに共通する特徴や特殊な解法が一般の場合にも成り立つと誤解してしまうことがある．

「特別な事例だけで成り立つ法則を一般的に成り立つと解釈してしまうこと」を「過度の一般化」と呼ぶ．過度の一般化が起こることを防ぐには，説明に必要な事例の場合分けを十分に検討し，特別な事例だけを扱うことがないようにすることである．ただし，様々な事例を扱うということは，いくつものつまずきの原因を乗り越えさせるということであり，説明を難しくし，学習を困難にする可能性もある．

(3) 論理展開の誤り

一方，演繹的な学習では，論理を展開する過程で，誤った定理などを適用して誤った結果を導く可能性がある．この場合，適用しがちな誤った定理とは，類似の条件や，より特殊な条件で成り立つ別の定理などが考えられる．逆に，ある定理を適用できる条件が揃っているにもかかわらず，それに気付かないでつまずくということも考えられる．

いずれにしても，演繹的な学習では，条件を厳密にチェックする能力が重要となる．同様に，場合分けを適切に行う能力も重要である．そのほか，誤りの原因としては，三段論法などにおける一般的誤りや論理の飛躍などが考えられる．

(4) 記憶違い

「記憶違い」は最も典型的な誤りの原因であり，起こりうる記憶違いををすべて予測することは困難であるが，代表的な誤りのタイプを以下に示す．

・定理や法則などが成り立つ条件を忘れる．
・条件によって異なる式や方法などを使うことを忘れる．
・類似の概念や定理などと混同する．
・単位の変換が必要なことを忘れる．
・係数の値や符号を間違える．

このうち，最後の「係数の値を忘れる」場合以外は，基本的に条件や場合分けといったことと関連する．よって，新しい概念や方法を指導するときには，場合分けや条件に注意して知識を体系化させるように指導することが重要である．

e. 教材の作成と評価・改善

ここまでに述べてきた手順で，ほぼ，指導内容と指導方法（授業や教材）の青写真ができあがる．あとは，青写真通りに教材を具現化し，実際に教育効

表 4.4　e-Learning 教材改善視点表〜設計段階用 2005 年版（東京工業大学松田研究室）

●以下の各項目について，5（良い）〜3（普通）〜1（改善が必要）の5段階で評価して下さい。[評価者：○○○○]

改善視点		評価	コメント
学習目標	1. 学習目標を明確にしているか 2. 設定した学習目標は適切か（それによって本来の目的を達成できるか） 3. 学習者の既有知識・技能などの想定を明確にしているか 4. 学習者の既有知識・技能などの想定は適切か（根拠が示されているか） 5. 既習目標から最終目標までの流れは論理的に整合性があるか		
内容・表現・活動	1. 扱っている具体例などは学習目標の達成に適した内容を選んでいるか 2. 扱っている具体例などは学習者の興味・関心に適合しているか 3. 情報を適切な方法（テキスト，図，表，動画など）で表現しているか 4. e-Learning システムの機能を適切に使って情報を提供しているか 5. この教材を使って学習者がどのように学習を進めていくのかが明確か 6. 想定している学習活動によって学習目標が効果的に達成されるか 7. 学習者が不正な方法で学習することを予防する措置がとられているか 8. 1つの画面に表示される情報の量は適切か 9. 複数の表現方法を併用している場合，それらの対応関係が明確か		
個別対応	1. 多様な学習者に対応できるように，複数の展開が用意されているか 2. 誤り・つまずきを適切に想定しているか 3. 誤り・つまずきに対応するためのフィードバックが適切に提供されているか 4. 学習への動機付けを高め，維持するための工夫がされているか		
総合評価	1. 想定している学習目標，活動にふさわしい教材のタイプになっているか 2. 学習目標の達成を適切な課題内容・方法で評価しているか 3. 印刷資料などの適切な関連教材を用意しているか 4. 教師や学習者同士のコミュニケーション機能を適切に活用しているか 5. 教室での講義・演習と比較して，同等の教育効果が期待できるか 6. 教室での講義・演習と比較して，教師の負担は大きくないか（個別対応）		

果を検証して，問題点を改善することである．ただし，教材の場合は，その提供方法が重要になる．開発ツールや e-learning のプラットフォームによって，教材の実現方法や運用方法に制約条件が発生するからである．この条件を明らかにする作業は，本来，目標分析と並行して行う必要がある．本書では，e-learning プラットフォームについて，次節で考慮点を簡潔に述べる．基本的に重要なことは，双方向性を確保することと，個別対応を重視することである．そのためには，どれだけ対話方法にバラエティがあるか，学習者の反応をどれくらい柔軟に処理できるかが重要になる．ただし，これを実現しようとすると，教材の複雑さが増し，開発コストもかかる点に注意が必要である．

(1) 教材の形成的評価

開発した教材を流通させる前に，教材の完成度を上げるための評価を行い，問題点を洗い出して，改善する必要がある．これを（教材の）形成的評価と呼ぶ．また，形成的評価を終了して完成した教材が，本当に学習効果があるかどうかを検証することを（教材の）総括的評価と呼ぶ．形成的，総括的という言葉は，目的やタイミングを表しており，学習評価における形成的評価，総括的評価と同様であるが，評価の対象が異なる点に注意する必要がある．

形成的評価は，基本的に次のような手順で行う．

①チェックリストや改善視点表（例えば，表 4.4）などで自己評価し，改善する．

②当該学習内容の専門家に見てもらって，内容的な誤りがないかどうかを検証する．

③少数の学習者に，実際に教材を利用してもらい，その作業過程を観察したり，インタビューしながら，提示情報のミスやわかりにくい表現・例などを抽出したり，動作のミスなどを洗い出して，改善する．

④小集団で教材を利用してもらい，適性処遇交互作用などの観点から，多様な学習者が利用可能かどうか，所要時間，満足度，教材内容の理解度などの観点から評価する．

⑤実際にその教材を利用する場面に準じた条件でフィールドテストを行う．

一方，総括的評価は，事前・事後テストなどによる教育効果の検証を行うことが基本であり，教育効

果の個人差などを分析する補助的な情報を収集するためにアンケート調査などを行う．

▶4.2.5 e-learning 用プラットフォームの選択

e-learning は，電子的な手段を用いて学習することを指し，遠隔講義形式に限らず，キャンパス内で学習する場合や，面接授業と併用する場合（ブレンディングと呼ぶ）など，その形態は様々である．大学の授業として e-learning を行う場合で単位認定を伴う場合には，文部省告示第51号で「メディアを利用した授業」の具体的な条件が示されており，以下の条件を満足する必要がある．

- 同時かつ双方向に行われるもので，授業を行う教室，研究室などにおいて授業を履修させる．
- 各回の授業に関し，設問解答，添削指導，質疑応答による指導を併せ行うもので，授業に関する学生の意見交換機会が確保されている．

どちらの場合も，「面接授業に相当する教育効果を有すると認められるもの」という観点から，面接授業で機会が保証されている対教師あるいは学習者同士の対話の機会提供が必須となっている．

もちろん，大学の授業以外でe-learningを実施する場合には，上記の条件を満足する必要はない．ただし，前節で述べた通り，教育効果を高めるためには，発問して考えさせることが重要であり，教材を改善するためには，反応を収集し，分析することが重要である．特に，地震防災教育の場合には，意識向上や態度変容などが教育目的として重視されるため，学習者同士の意見交換機会や学習者の反応を活かしたフィードバックなども重要となる．このような目的のためには，単なるwebページ作成支援ツールでは十分ではなく，学習者管理や教材管理など，授業を運営するのと類似の機能が必要になり，そのような目的で開発されたソフトウェアをe-learningプラットフォームと呼ぶ．e-learningプラットフォームには，商用のものと，フリーで利用できるものがある．前者としては，Web-CTやBlackboardが有名である．フリーのシステムとしては，moodle，exCampus，CEASなどe-learning用に開発されたもの以外に，Xoops，YukiWiki，GSBLOGなども活用できる可能性がある．

これらは，大まかにいえば，webページを教材として管理し，学習者の利用状況などの管理機能をつけたものと解釈できる．それに対して，松田らは，学習制御という観点から対話性を重視し，教育と研究との両面での利用を目的としたツールとして，「教授活動ゲーム」を開発している（Matsuda, 2004）．教授活動ゲームは，教師教育を目的として開発されたシステムであり，前節に示した松田らの教授活動モデルに基づいて開発されている．授業場面における教師の意思決定を研究したり訓練したりするための「意思決定ゲーム」と，授業設計指導において指導案の問題点を検討するための「模擬授業ゲーム」の2種類のゲームを実行できるが，意思決定ゲームは，ゲーム盤の内容次第で様々な分野で利用できる汎用の教材作成システムと捉えることもできる．実際，表計算ソフトウェアの利用を指導するための対話インタフェースや，機械設計指導のためのシミュレータ型対話インタフェースなども開発され，数学教育，情報教育，技術教育，日本語教育，歴史教育など様々な分野で利用されている．

【教授活動ゲームの対話インタフェース】

意思決定ゲームのゲーム盤は，ボードゲームのマス目に相当する「ステート」の集合体として構成される．各ステートは，次の要素で構成される．

① ステート ID．
② 発問文（＋対話前の内部変数更新）．

図4.14　意思決定ゲームの画面例

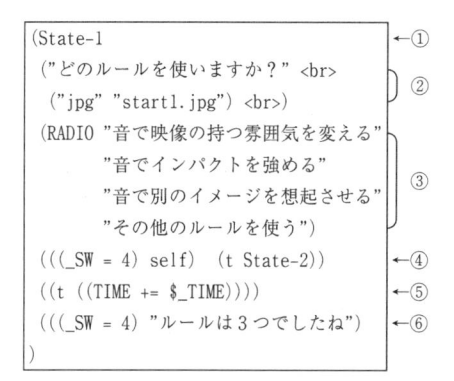

```
(State-1
 ("どのルールを使いますか？" <br>
  ("jpg" "start1.jpg") <br>)
 (RADIO "音で映像の持つ雰囲気を変える"
        "音でインパクトを強める"
        "音で別のイメージを想起させる"
        "その他のルールを使う")
 (((_SW = 4) self)   (t State-2))
 ((t ((TIME += $_TIME))))
 (((_SW = 4) "ルールは3つでしたね"))
)
```

図 4.15 図 4.14 に対応したステートの記述

③対話インタフェースとオプション．
④次のステートを決定するルール．
⑤内部変数更新ルール（必要に応じて）．
⑥フィードバック表示ルール（必要に応じて）．

図 4.14 は，情報モラル教育用の教材例（滝沢・松田，2006）である．この画面を提示・制御するステートは，おおよそ図 4.15 のように記述される（一部を簡略化して記述）．システムが Common Lisp で開発されているため，Lisp 言語の記述形式に近く，かっこが多くて記述しにくいという指摘もある．そこで，ゲーム盤のオーサリングを支援するための機能も提供されている（Matsuda *et al.*, 2007）．

図 4.14 は，図 4.15 の記述の②と③に対応して提示される．仮に学習者が 4 番目の選択肢を選べば，「ルールは 3 つでしたね」というフィードバックメッセージを表示する画面が提示される．④に該当する行には，反応時間を秒単位で自動計測するための特殊変数「$_TIME」が使われている．これを利用して，画面をちゃんと読んでいるかどうかを評価することも考えられる．

教授活動ゲームでは，先に述べた通り，表計算や機械設計用の対話インタフェースも提供されているが，それらは特定の教材内容に限定したものである．ここでは後述する対話制御での利用を想定し，汎用の対話インタフェースのみを示す．これらの対話インタフェースは，意思決定ゲームでも，模擬授業ゲームでも利用できる．

RADIO と CHECK：ラジオボタンによる単一選択またはチェックボックスによる複数選択．
SORT：共通の選択肢を持つリストボックスを複数表示し，並べ替えさせる．
TEXTBOX と NUMBOX：テキストボックス／エリアによる自由記述または数値入力．
COMB：テキスト表示の一部にリストボックスによる単一選択と TEXTBOX や NUMBOX による自由記述とを組み合わせた入力．
MAP(VMAP) と CHECK-MAP(VCHECK-MAP)：各行（列）の項目に対して列（行）の項目をラジオボタンで単一選択またはチェックボックスで複数選択．
C-MAP：コンセプトマップ．

対話制御は，単に対話インタフェースのみで行えるものではなく，受け取った反応を処理，解釈し，結果に応じたフィードバックの提示や展開の変更（授業計画でいえば，次に進むべき五つ組の変更）を行う機能が必要である．このために，教授活動ゲームでは，④〜⑥に示した機能を使い，内部変数を用いて反応を記録，解釈するメカニズムや，その内部変数の値を提示したり，その値によって行き先やフィードバック内容を選択することができるようになっている．

4.3 地震防災教育用の教材作成事例

本節では，ここまでに述べてきた教育工学上の配慮を行ったうえで作成した地震防災教育教材のいくつかの例をあげて，教材の評価結果に基づく教材の作成例を紹介する．

まず最初に，学校を卒業した一般成人が一人でも地震防災について学習をすることが可能であることを目指した e-learning 教材として web を用いた教材について述べる．この教材は，学習に向かうための動機づけについての配慮は必ずしも十分とはいえないものの，教材の客観的評価に基づいて構成されており，どのようにして教材を構成し，教材をどのように評価するか，という具体例となりうるものである．

次に，筆者らが大学院における演習科目として開講している「地震防災教育プロジェクト演習」において作成された地震防災教育用教材を紹介する．こ

の科目では，受講生に地震防災教育のための教材を作成させる，ということを目的としている．無論，課題として最終的に作成される教材は，この科目の受講生が設定した任意の教育対象に対する教育目標を達成しうるものであることが求められる．しかしそれだけでなく，受講生自身が教育工学的観点を持って教材作成のプロセスを学習するとともに地震防災にかかわる様々な項目を自ら学習することが意図されている．すなわち，この科目の受講生は地震防災を学習する立場とそれに関する教育を実施する立場の両者を同時に経験するのである．そしてこのことは，これまで受け身の学習が主体であった受講生に新たな観点で物事を考えるよい機会となっている．

▶4.3.1 地震防災教育用web教材の開発

これまでに述べてきたように教育効果を高めるためには，教材と学習者との相互のやり取りを含むだけでなく，学習者が学習によって得た知識などを活用し，それに対して何らかの形で適切なフィードバックを返せることが重要である．また，学校を卒業した一般成人が一人でも無理なく学習を進めるためには，コンピュータを用いたe-learning教材は有効である．それは，学習者の学習活動に対して，コンピュータがわかりやすくフィードバックを返すことができるようにプログラミングすることが可能であるからである．

以下では，このような意図のもとで開発された地震防災教育用のe-learning教材について，その開発過程を中心に述べる．

a. 教材の設計

教材を開発するにあたり，教材の対象となる学習者と，教材を使用して学習することで達成すべき学習目標を設定する必要がある（鈴木，2002）．ここで開発しようとしている教材では，18歳以上を対象とした地震防災教育の取組みの現状を改善することを目的としている．そのため，地震防災について詳しい知識や技術を持たない18歳以上の一般成人男女を学習者として設定した．

また，地震防災教育の主要な目的は地震災害による被害を軽減するために個人・地域レベルでの防災体制を強化することであるといえる．したがって，教材の学習目標を「地震災害による被害を抑えるために必要な知識や技術を習得し，日頃から防災対策に関心を持てるように防災意識を高めること」とした．

教材の詳しい学習内容を表4.5に示す．学習内容の決定にあたっては，阪神・淡路大震災時の被災地における一般住民の活動から，被害を抑えるために学んでおくべきことは何かを検討した（日本消防協会，1996）．また，世論調査などの結果（内閣府，2002）から防災対策の実施状況や地震災害に対する考えなど国民の防災意識を検討し，その実情を反映するよう配慮した．

さらに，これらの学習内容には，表4.5に示すような知識系，訓練系，社会系の一つまたは二つの特性があると考えた．これらの三つの系のうち前2者は，それぞれ，図4.1に示したタイプ3（知識教育）およびタイプ2（体験教育）に対応する．ここで開発する教材は動機づけの部分については十分な検討を行っていないため，図4.1のタイプ1（感性教育）に該当する内容は陽な形では含まれていない．

知識系の特性は知識の習得と防災意識の向上を主な学習目標とすることである．訓練系の特性は習得した知識を消火活動や避難行動といった活動の実践の中で活用できるようになることを主な学習目標とすることである．また，社会系の特性は様々な視点から地震発生後の対応などに関する問題点を考え理

表4.5 教材の学習内容

	知識系	訓練系	社会系
地震災害の実態	√		
地震のメカニズム	√		
日本列島での地震の危険性	√		
建物倒壊の被害	√		
住宅の耐震性	√		
耐震診断・耐震補強	√		
地震保険・経済支援	√		
家具の転倒・散乱防止	√		
救出・救助の方法	√	√	
火災の防止	√		
初期消火活動	√		
応急処置の方法	√	√	
避難行動	√	√	
安否情報の取り扱い	√		
非常用物資の備え	√		
大地震発生直後の対応	√		√
災害ボランティア活動	√		√

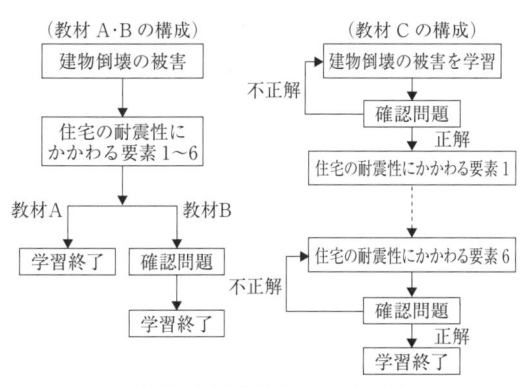

図 4.16 知識系教材 A〜C の構成
教材 C では不正解のあと，また別の問題が出される．

図 4.17 知識系教材の調査手順

表 4.6 知識系教材（テーマ 2）の調査のための学習内容と学習目標

テーマ2：建物倒壊の恐怖と住宅の耐震性	
学習内容	学習目標
・建物倒壊による被害の実態 ・新耐震基準と住宅の耐震性 ・壁の量，配置と住宅の耐震性 ・建物の形と住宅の耐震性 ・柱，梁，基礎などの構造部材と住宅の耐震性 ・湿気，シロアリと住宅の耐震性 ・増築履歴と住宅の耐震性	・建物倒壊によって起こる事態を説明できる． ・住宅の耐震性に影響する要因をあげることができる． ・各要因がどのように影響するのか説明できる． ・実際の住宅を見て耐震性低下の原因を指摘できる．

表 4.7 知識系教材（テーマ 2）のテスト問題と学習目標

テーマ2：建物倒壊の恐怖と住宅の耐震性	
学習目標	対応する問題
建物倒壊によって起こる事態を説明できる．	大地震が発生した場合に建物の倒壊によってどのような被害が発生するか説明してください．
・住宅の耐震性に影響する要因をあげることができる． ・各要因がどのように影響するのか説明できる．	建物の耐震性に影響する要因をあげてください．
実際の住宅を見て耐震性低下の原因を指摘できる．	間取り図と住人の話を参考に耐震性の低下につながる事柄を見つけ出し，説明してください．

解できるようになることを目標とすることである．このような各系が有する特性に配慮して，対応する教材が持つ学習効果を高めるための指導方略[7]を提案し，その妥当性を検証するための調査を実施した．指導方略および調査の詳細は次項以降で述べる．

教材の開発においては，4.2.5 項で紹介した Matsuda（2004）によって開発された教授活動ゲームを利用した．教材を使用して学習する場合，コンピュータ画面に表示される内容に対し，学習者が与えられた選択肢中から選択するという反応を返すことになる．学習者の反応に応じて次に提示される画面は変化していく．このようにして教材と学習者のあいだに相互の働きかけが実現されるのである．

b. 知識系の学習内容に関する調査

知識系の学習内容では，効率よく知識を習得することが主な目標となる．知識を習得するためには，学習者に学習した知識を活用する機会を与えることが重要であり，その機会として確認問題を導入する

ことが有効であると考えられる．確認問題の導入という方略の妥当性を検証するため，図 4.16 に示す A〜C の 3 タイプの教材を作成して調査を実施した．

教材 A には確認問題を導入せず，提示される学習内容に対して学習者が「次へ進む」というボタンを選択することによって学習を進めていく．すべての学習内容が提示されると学習は終了する．教材 B では学習者は教材 A と同様に学習を進め，すべての内容が提示されたあとで確認問題に挑戦する．確認問題に対する解答の正誤にかかわらず，簡単な解説画面を経て次の問題に進むことができる．教材 C でも学習者は教材 A と同様に学習を進めていくが，学習内容の区切りのよい箇所で提示される確認問題に挑戦する．確認問題に正解した場合，次の問題や内容に進むことができるが，不正解の場合には対応する内容を復習し，再度確認問題に挑戦しなくてはならない．確認問題は「震度について述べた文として正しいと思うものを選択してください」といったような問題に選択形式で解答するものである．解答に対して「正解です」などのメッセージや解説が提

表4.8 知識系教材の調査におけるアンケートの質問内容と選択肢の例

専門家による耐震診断に対する意識はどの程度か
(1) 専門家による耐震診断に関心がなく,受けていない.
(2) 専門家による耐震診断に関心はあるが,受けるつもりはない.
(3) 専門家による耐震診断に関心はあるが,受けるかどうかはわからない.
(4) 専門家による耐震診断を受けたことはないが,受けてみたい.
(5) すでに専門家による耐震診断を受けたことがある.

表4.9 知識系教材の調査におけるテストの平均得点

	テーマ1 (24点満点)			テーマ2 (52点満点)		
教材	A	B	C	A	B	C
テスト1	9.80	14.2	16.0	28.3	24.6	29.1
解答者数	5	6	4	4	5	7
テスト2	8.20	11.0	15.7	22.5	17.5	23.5
解答者数	5	5	3	4	4	4

表4.10 知識系教材A〜Cの得点に関する検定結果

	テーマ1				テーマ2			
	テスト1得点				テスト1得点			
帰無仮説	C=B=A	C=B	C=A	B=A	C=A=B	C=A	C=B	A=B
有意確率(%)	3.78	31.4	3.18	13.6	6.37	15.5	15.8	7.94
	テスト2得点				テスト2得点			
帰無仮説	C=B=A	C=B	C=A	B=A	C=A=B	C=A	C=B	A=B
有意確率(%)	0.806	17.9	1.79	14.3	0.0399	20.0	1.40	2.86

示される.

調査では,「テーマ1:身近にある大地震の危険」,「テーマ2:建物倒壊の恐怖と住宅の耐震性」の二つの学習テーマについて,A〜Cの3タイプ,全部で6種類の教材を用意した.例としてテーマ2の学習内容と学習目標を表4.6に示す.

調査の被験者は20〜70代の男女25名であり,一人の被験者につき1〜2種類の教材を使用してもらった.調査手順は図4.17に示す通りである.教材を使用して学習を行う前後で,学習内容に関する防災対策などについての関心を問うアンケート1,2を実施した.また,学習直後には学習内容に関するテスト1を実施し,調査の約2週間後に郵送によるテスト2を実施した.

テスト1,2は同一の問題で構成されており,例えばテーマ2の場合,その学習目標に対応して表4.7に示すような問題が出題される.テスト1と2のそれぞれの得点とテスト2のテスト1に対する得点の低下の様子から知識の習得や定着の程度など教材による学習効果を分析した.なお,2回のテストによる学習成果の定着の程度などの定量的な評価のためには,一般に,多要因の分散分析の手法が使われ,事前・事後要因と教材要因のどちらが効いているのか(どちらの要因に有意差があるか),またその交互作用はどうかといった検定が行われる.本項では,このような厳密な分析を行うにはサンプル数が十分ではないため,テストの得点の変化については分析の際の参考とするにとどめている.

アンケート1,2には共通の質問項目が含まれており,その1例を表4.8に示す.教材の持つ学習効果を検討する際には,アンケート1で「専門家による耐震診断に関心がなく,受けていない」と回答した被験者が,アンケート2で「関心はあるが,受けるかどうかはわからない」など,より高い関心を示す回答をした場合に防災意識が高まったと判断した.

調査の結果,表4.9に示すようなテストの得点の平均値が得られた.A〜Cの3種類の教材を対象にJonckheere法(柳川,1982)で,また,A〜Cのうち2種類ずつの組合せを対象にWilcoxon法(柳川,1982)でノンパラメトリックな検定を行った.結果を表4.10に示す.テーマ1では,テスト1,2の得点とも教材間の平均点に有意な差があり,特に教材Cの平均値がAよりも有意(5%水準)に高いという結果が得られた.テーマ2でも,テスト1で有意傾向(10%水準),テスト2で有意な差があり,特に教材CがBよりも有意に高いという結果が得られた.

このように,両テーマに共通して教材Cの結果がよかったが,テーマ2では,確認テストをまった

く行わなかった教材Aの結果が教材Bよりもよかった．この原因としては，次の二つの仮説が考えられる．

- テーマ2の教材Aを使用した被験者には，ほかの教材を使用した被験者と異なり，60歳代以上の被験者が含まれていなかった．年代別のテストの得点を見ると，50歳代までの被験者と60歳代以上の被験者のテストの得点には差があり，被験者の年齢がテストの結果に大きく影響していると考えられる．
- テーマ1において，テスト1からテスト2での得点低下を見ると教材Bは教材Aと大きな違いがないことがわかる．この点を考慮すると，実際に教材Bが教材Aに比べて，知識の獲得や定着にあまり有効ではない可能性も考えられる．

本実験では被験者数が少なかったため，今後は被験者数を増やして上記の仮説のいずれが支持されるのかを検討する必要がある．

テーマ2について，テストの結果を学習目標ごとに見てみると，教材Cでは教材A，Bに比べて，テスト1の段階で「耐震性に影響する要因は何か」という知識の獲得ができているものの，その知識の任意の建物への適用は教材A，Bに比べるとできていない．しかし，テスト2の段階では，教材Cが教材A，Bに比べて，知識の獲得ではなく任意の建物への知識の適用で高い得点を示している．現実に防災対策を実践することを想定すれば，耐震性に影響する要因が何か知っていること以上に，知っていることを活用して建物の耐震性について判断できることが重要であるため，教材Cを使用した場合のこのような変化は好ましいものである．また，知識を活用できるということは，その知識が定着していると考えることもできる．教材Cを用いた被験者では，例えば，耐震性に影響する要因をあげる問題で壁の配置について触れていないにもかかわらず，住宅の間取り図を見て耐震性低下の原因を説明する問題においては壁の配置の不具合を指摘できているといったケースもいくつか見られた．このことは，教材Cを使用した被験者が得た知識は定着しており，そのうえで定着した知識を活用できていることを示唆している．

「建物倒壊によって起こる事態を説明できる」という目標に対応した問題は，知識として記憶するよりも，イメージとして実感するという側面が強いと考えられる．これについては，アンケート2において，教材に対する感想をたずねる項目の回答の中に，「もう少し視覚的に被害をイメージできるような資料がほしかった」という意見があり，学習中にうまく被害のイメージを持てなかった可能性がある．視覚的な刺激となる図表を過剰に使用することには，学習者のやる気の低下につながる，図表にばかり集中して学習内容が記憶に残らないといった負の側面も考えられる．しかし，このように被害の様子を伝えるために必要不可欠な場合もあり，それが必要とされる学習内容については写真や動画などの視覚的な資料を集め，教材中に取り入れていく必要があると考えられる．しかし，やみくもに視覚を刺激するだけではかえって学習効果を阻害することにもなりかねないため，視覚的な資料の導入にあたっては，どのような学習項目においてそれが有効であるかを教材の客観的評価も含めて十分に検討することが重要である．

アンケートでは，学習の前後で家具の固定について85.7％，専門家による耐震診断について60％の被験者の関心が高まるなど，教材による防災意識の高まりが確認された．また，アンケート2では教材に対する自由な感想などを記入してもらった．その回答を見ると，「参考になった」「わかりやすかった」などの肯定的な感想が多い中，「難しかった」「わかりづらかった」という否定的な感想も見られた．このような感想を述べているのはいずれも，学習内容の理解においてほかの被験者に比べきわめて大きな困難があったためテストの結果を検討する際に解析対象から除外した2名の被験者である．このような学習者に対してはより簡単な内容や平易な文章表現による教材を作成する必要があると考えられるとともに，学習を始める段階で，学習者ごとに内容のレベル分けを行うといった工夫が必要であると考えられる．

学習によって，今後の生活で役立てたい，家族と話し合いたいなど防災意識の向上が見られる被験者

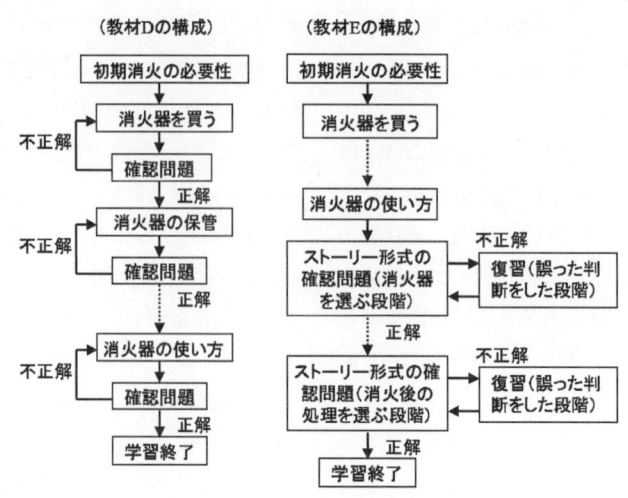

図 4.18　訓練系教材 D, E の構成

や，学習した内容を自分の家の耐震性に当てはめて考える被験者もいた．このことから，教材による学習が，習得した知識の応用や防災意識の向上につながっていると考えられる．理解したつもりでも確認問題に解答するときに実はよく理解できていないことがわかるなど，確認問題を導入することによる効果も示唆されている．

教材に取り入れてほしい学習内容として，住宅の揺れやすさを考えるときの地盤のことや自分の住んでいる地域の地震の情報などがあげられた．教材の学習内容には日本列島で発生が危険視される地震の具体例として，東海地震や東南海地震，南関東の地震，宮城沖の地震，西日本の地震などを紹介しているが，調査の被験者は横浜市および東京都に居住しているためか東海地震と南関東の地震だけを見ている場合も多かった．このことから，学習者の居住地域に合わせて提供する地震についての情報を変えていくことも必要なのではないかと考えられる．また，このような作り込みが行いやすいという点でも，webを用いたe-learningシステムは有効なツールであるといえる．

c. 訓練系の学習内容に関する調査

訓練系の学習内容では，学習によって習得した知識を消火活動や避難行動といった活動の実践の中で活用できるようになることが重要である．そのため，ストーリー形式の確認問題の導入を検討する．

ストーリー形式の確認問題では，大地震発生時の消火活動や避難行動などを仮定したストーリーの進行に伴い，学習者がストーリー中の状況下で適切だと思う判断を選択していく．学習者の選択に応じてストーリーの展開は変化し，その結果ストーリー中で発生する事態が学習者にとってのフィードバックの役割を果たす．このような特徴から，ストーリー形式の確認問題はゲーミングシミュレーションの一つであると考えることができる．

以下では，ストーリー形式の確認問題の効果を検証するため，「消火器を使った初期消火の方法」という学習テーマで図4.18に示すD，Eの二つのタイプの教材を作成し，調査を実施した．教材Dは知識系教材Cと同様の構成である．教材Dの確認問題はストーリー形式ではなく，「火災が発生したときの対応について述べた次の文のうち，誤っていると思うものを一つ選択してください」などの問題が提示される．教材Eはストーリー形式の確認問題を導入したものである．ストーリー形式の確認問題では，大地震発生後に自宅で火災が発生したという状況を仮定したストーリーを作成した．

ストーリーの作成にあたっては初期消火活動を消火器の購入から消火後の処置に至るまでの九つの段階に分割した．それらの各段階で，学習者は購入する消火器や保管場所，火災発見時の行動などを選択し，学習者の選択に応じて以降のストーリーの展開は変化していく．ストーリー中では，正しい選択を積み重ねた場合に消火活動に成功し，誤った選択を

した場合には消火器に近付くことができない，火傷を負ってしまうなどの損害を被る．また，教材Eでは学習者の選択がその後のストーリーの展開に影響することから，確認問題を分割せずに学習の最後にまとめて配置している．

教材D，Eとも知識系教材の調査の結果に基づき，学習者の選択の正誤をわかりやすく提示し，誤りのある場合は確実に復習ができるようにしている．

調査では，20～50代の11名の被験者に教材D，Eのいずれかを使用してもらい，知識系教材の調査の場合と同様の手順でアンケート1，2およびテスト1，2に記入してもらった．アンケート1，2の回答の変化から被験者の防災意識の変化を検討した．また，テスト1は状況に応じた適切な判断は何かを問うストーリー形式テストと，適切な判断の根拠となる理由や条件を問う記述式テストの2種類から構成されている．ストーリー形式テストは，教材Eの確認問題を基本に火災の発生する状況や選択肢を変更して難易度を高くしたものであり，被験者はコンピュータを使って解答する．そのため，郵送によって実施するテスト2にはストーリー形式テストは含まれていない．

調査の結果，教材Eを使用した場合にテスト1，2の得点が高くかつテスト2で得点があまり低下していないという結果が得られた．知識系教材の場合と同様に各テストの得点についてWilcoxon法（柳川，1982）によるノンパラメトリックな検定を行った．その結果，有意傾向は見いだされなかったものの，教材Eを使った被験者の得点は教材Dを使った人のそれに比べて80％程度の確率で高いといえることがわかった．

知識系教材の調査と同様に，被験者数が少ないため，この検定結果から教材EがDに比べてすぐれていると直ちに断言することは危険であるが，教材Eを使用した場合にテストで高い得点を示す可能性は高い．また，教材D，Eの得点の差は主に記述式テストの得点に起因している．記述式テストは，状況に応じた適切な判断をするための理由や条件を問うものである．よって，教材Eを使用した被験者は「適切な判断は何か」ということだけでなく「なぜその判断が適切なのか」ということまで深く理解

していることがわかる．このような深い理解をすることは，学習した内容を様々なケースに応用していくためには非常に重要であり，応用力を養うという観点からも教材Eが効果的であることが推察される．

アンケートでは，消火器の備えに対して80％の被験者の関心が高まり，一般住民による消火活動の重要性では90.9％の被験者が認識を深めるなど，学習による防災意識の高まりが見られた．また，初期消火訓練に対する意識を問う項目では3名の被験者に関心の高まりが見られたが，3名はいずれも教材Eを使用していた．教材Eのストーリー形式の確認問題を通して，仮想的ではあるが大地震発生時の消火活動の流れを体験したことにより訓練の重要性を認識した可能性も考えられる．

実際，ゲーミングシミュレーションに期待される効果の一つとして，動機づけや態度変容の効果があげられている（新井ら，1998）．しかし，今回の結果からストーリー形式の確認問題が防災訓練などへの参加意識を高めるかどうかという動機づけの効果まで判断することは難しく，より多くの被験者を対象とした調査とともに，態度変容の把握を目的とした調査が必要となろう．

d．社会系の学習内容に関する調査

社会系の学習内容では様々な立場から災害時の問題点などを考え理解していくことが重要であるため，話し合いによる学習を取り入れることが有効だと考えられる．話し合いによる学習の効果としては，新たな知識や視点の獲得，自身の理解の曖昧さに気が付くことなどが期待される（レイボウら，1996）．

(1) 学習目標

社会系の学習内容は「大地震発生直後の対応」と「災害ボランティア活動」の二つであり，調査では両方について話し合いの機会を設ける．これらの学習内容は，調査において話し合うテーマを絞るための簡単な予備調査の結果に基づき，表4.11に示す通りのものとした．

「テーマ1：大地震発生直後の対応」の学習目標は，災害時に平時にはない厳しい選択を迫られるような状況について，様々な意見に触れることによって理解を深めていくことだと考えている．例えば，

表4.11　社会系教材のための話し合いのテーマ

テーマ1 (大地震発生直後の対応)	自分が自主防災組織の消火担当者や消防隊員なら，大地震発生時に安否不明の家族のもとに帰ることと消火活動のどちらを優先するか．
テーマ2 (災害ボランティア活動)	自分がボランティア・コーディネーターなら，被災者からの要請順での支援活動と全体のニーズを把握したうえでの計画的な支援活動のどちらを優先するか．

平時であれば医療行為や消火活動をするはずの人たちが，一般市民同様に被災者であり自分の家族に対する心配など様々な苦悩を抱えているということ，同時多発する火災や負傷者に対しては被害を最小にするためにトリアージなど優先順位の決定が必要であることなどを知るとともに，異なる立場からの対応について理解することを目標とする．災害時には立場を問わず被害を抑えるために協力して活動することが必要であり，そのためには他者の心情への配慮や活動の優先順位の決定に深い理解が必要である．

また，「テーマ2：災害ボランティア活動」の学習目標は，被災者および被災地ができるだけ早く震災前の状況に戻るために最適な災害ボランティア活動のあり方を模索していくこと，とした．したがって，話し合いによる学習に求められる効果は，被災者の立場から考えてメリットがあり，かつ災害ボランティアにとっても心身の健康を害するような危険性がない支援活動について話し合いの参加者間で合意が形成されることである．

(2) 調査方法

調査では，20代の男女各2名の被験者を同じ部屋に集め，まず，配布したプリントによって基礎的な事項を学習してもらった．これは，被験者が話し合いのテーマに関して予備知識を持たない可能性を考慮したもので，大地震による被害や発生後の状況，災害ボランティア活動の概要などが記されている．次に，表4.11の二つのテーマについて各自の考えを決定し調査票に記入したうえで話し合いをしてもらい，話し合い終了後，再度調査票に各自の考えを記入してもらった．記入された考えをもとに，話し合いによる考えの変化を検討した．

テーマ1では，消火活動に対する社会的責務ばかりを重視し，消火担当者や消防隊員であっても一般住民と同じように被災し，自分の家族などを心配するという被災者としての側面を持っていることを考慮できない恐れがあると考えられる．そのため，話し合いによって消防隊員らの被災者としての側面を検討し，より彼らの心情に近付いて災害時の状況を考えていけるようになることが期待される．

テーマ2には，被災者の立場を重視して考えても両方の支援活動のスタイルに長所と短所の両方があり，適切な支援活動のあり方を選択しにくいという問題点があるといえる．したがって，話し合いによってそれぞれの活動スタイルの長所と短所を吟味することで，適切な災害ボランティア活動のあり方について学習者間に合意が形成されることが望まれる．

(3) 調査結果

テーマ1では，話し合いの前後ともに，消火担当者の立場では3名，消防隊員では4名が消火活動を優先すると考えていた．そのように考える理由として，話し合い前に「家族の状態や自分が家族を助けられるかどうかなどについて考慮するから」と答えていた被験者は1名であり，ほかの被験者は「消防隊員らの社会的責任を重視するから」と答えていた．話し合いで被験者は，もし家族が助けられる状態ならどうするかなど細かい状況を設定し，自分ならどう対応するかを議論していた．話し合い後には，4名の被験者全員が「家族の状態などを考慮し，自分が助けられるようなら家族を優先するかもしれない」と回答するようになった．これにより，話し合いによる学習を通して，消防隊員らの被災者としての立場に焦点をあてて災害時の対応を考えられるようになったと考えることができる．

テーマ2では，話し合いの前の段階で要請順の支援活動，または計画的な支援活動を優先すると答えた被験者はそれぞれ2名であった．話し合いでは，それぞれの被験者が自分の優先する支援活動のよい所や，もう一方の支援活動の問題点などを発言し，その発言内容について議論していた．話し合い後，「災害発生直後には被災者からの要請順に支援活動を行いながらニーズの把握に努め，状況が落ち着いてきたら計画的な支援活動に移行するという支援活動がよいのではないか」と3名の被験者が回答するようになった．また，「円滑な支援活動を行うため

表 4.12 教材の単元構成

		単元名	対応する学習内容	知識系	訓練系	社会系
1	1-1	もしも大地震が起こったら	地震災害の実態	√		
	1-2	身近にある大地震の危険	地震メカニズム	√		
			日本列島での地震の危険性			
2	2-1	建物倒壊の恐怖と住宅の耐震性	建物倒壊の被害	√		
			住宅の耐震性			
	2-2	耐震診断と耐震補強	耐震診断・耐震補強	√		
	2-3	地震保険と経済支援	地震保険・経済支援	√		
	2-4	家具の転倒・散乱防止	家具の転倒・散乱防止	√		
	2-5	救出・救助の方法	救出・救助の方法	√	√	
	2-6	火災の防止	火災の防止	√		
	2-7	消火器を使った初期消火の方法	初期消火活動	√	√	
	2-8	応急処置の方法(骨折・火傷・止血・搬送編)	応急処置の方法	√	√	
	2-9	応急処置の方法(心肺蘇生法編)		√	√	
	2-10	避難行動	避難行動	√	√	
	2-11	安否情報の取り扱い	安否情報の取り扱い	√		
	2-12	避難生活	非常用物資の備え	√		
3	3-1	大地震発生直後の対応	大地震発生直後の対応	√		√
	3-2	災害ボランティア活動	災害ボランティア活動	√		√

には,平時から地域住民とボランティア団体が連携を深め計画を立てていくことが重要だ」と被験者全員が回答した.このように,話し合いにより複数の被験者が同じ意見を持つようになったことから,適切な災害ボランティア活動について被験者間で合意が形成された可能性が示唆されたといえる.

e. 調査結果のまとめ

本項では 18 歳以上を対象とした地震防災教育の現状を改善することを念頭において,教材と学習者のあいだに相互の働きかけを実現する地震防災教育用 e-learning 教材を開発した.教材の開発にあたっては,教材の持つ学習効果を検証するための調査を行い,以下の知見を得た.

- 知識系の特性を持つ学習内容では効率よく知識を習得するために,解答の正誤がわかりやすく提示され,確実に復習ができるような形式で確認問題を導入することが有効だと考えられる.
- 訓練系の特性を持ち,消火活動や避難行動など活動の実践の中で知識を活用することが重要な学習内容では,学習した知識を応用する能力が養われるなどの観点からストーリー形式の確認問題の導入が効果的である.
- 社会系の特性があり,様々な立場から災害時の問題を考えていく必要のある学習内容については,他者の視点を獲得できる話し合いによる学習の機会を取り入れることが有効である.

f. 調査の結果に基づく教材の作成

これまでに述べてきた教材が満たすべき基本事項,および教材の学習効果の調査によって得られた知見に基づいて,地震防災教育用 e-learning 教材を作成した.教材では,学習の開始から,内容として不自然なところがなく中断できるまでを 1 単元と考えている.1 単元に要する学習時間は長くとも 20 分を越えない程度に設定している.教材は表 4.12 に示す 16 の単元から構成され,各単元は表 4.5 に示した学習内容に対応している.

まずはじめに,16 単元の学習の順序について説明する.ただし,ここで提案する学習の順序は,このような順番で学習することを推奨しているというものであって,すでに知っている学習内容があるので飛ばしたい,関心の高い単元から学習したいという場合には,自由に選択できるように設定されている.

1-1,1-2 では,地震災害の大まかなイメージをつかみ,身近に地震の危険性が潜んでいることを知ることによって地震災害に対する危機意識を高め,2-1 以降の学習に対する動機づけを高める効果を狙っている.そのため,教材全体の冒頭に配置した.2-1 から 2-12 では個人が知識や技術を習得し,取り組んでいくべき防災対策について学習を行う.2-1 から 2-3 までは住宅の耐震化に関する単元であり,それに関連して 2-4 の家具に関する防災対策,

2-5の倒壊家屋などからの生き埋め者の救出活動についての単元がある．したがって，これら五つの単元は連続して学習できるような配置とした．また，2-6と2-7では，建物の倒壊に次いで大きな被害につながる恐れのある火災に関する防災対策の学習を行うため連続して配置した．

2-8と2-9では，建物の倒壊や火災によって負傷した人などの応急処置について学習するため，先行して建物の倒壊や火災について学習したほうがよいと判断し，これらの被害や防災対策についての学習のあとに配置した．2-10から2-12は，2-1から2-9までと比較すると，直接的に物的被害や人的被害の発生にはつながりにくいものの，大地震発生後の混乱を緩和するために知っておくべきことなどを学習する単元である．学習の順序を考えるうえでは，直接的に被害の軽減につながる内容を優先的に学習する必要があると考えられるため，これらの単元は個人が学ぶべき防災対策の最後に配置する．3-1，3-2はともに社会系の学習内容に対応した単元である．社会系の学習内容について話し合いによる学習の機会を導入するため，ほかの単元とは学習スタイルが大きく異なる．そのため，まとめて最後に配置することとしている．

また，教材の作成にあたっては，これまでに述べた調査結果に基づき，以下の指導方略を導入している．

- 学習者が，学習によって新たに獲得した知識を活用し，それに対するフィードバックを受ける機会として確認問題を導入する．
- 確認問題では，学習者の解答の正誤を明確な形で提示し，誤っている場合には適切な箇所を確実に復習できるようにする．
- 確認問題が提示される前に，「これから確認問題が提示される」ことを学習者に伝えるための画面が提示される．
- 学習内容が知識系のみの単元では，学習内容の切れ目ごとに確認問題が提示される．確認問題に正解した場合には次の確認問題や学習内容に進み，不正解の場合には，適切な箇所を復習したあと，再度その箇所に対応した確認問題に進む．復習後の問題は出題形式や選択肢などが復習前の問題と異なっている．この問題に正解すると，次の確認問題や学習内容に進むことができるが，不正解の場合には再度復習しなくてはならない．確認問題は一つの箇所につき2パターンずつ用意されているため，3回目に同じ箇所の確認問題が提示される時には，1回目と同じ問題が提示される．当該問題に正解しない限り次の確認問題や学習内容に進むことはできない．
- 訓練系の学習内容に対応する単元では，学習内容の提示がすべて終了したあとにストーリー形式の確認問題が出題される．ストーリー形式の確認問題では，学習者の選択した行動に誤りがあり，その結果，消火の失敗や瓦礫による負傷などの損害を被った場合に適切な箇所に戻って復習をすることになる．復習後には誤った選択をした段階から再度ストーリー形式の確認問題を再開する．
- 社会系の学習内容に対応する単元では，学習者が習得した知識などを活用し，それに対するフィードバックを受ける機会として，確認問題に代わって話し合いによる学習を導入する．

▶4.3.2 「地震防災教育プロジェクト演習」

筆者らは，地震防災教育を理解し，かつ実践するための大学院演習科目として「地震防災教育プロジェクト演習」を開講している．毎年，異なるテーマのもとで学生が自ら学習対象者および学習目標を設定し，それにあわせた学習用教材を適切なツールを用いて作成したうえで，少数ながらユーザーによる試用とそれに基づく教材の評価，改良を行い，最後にその成果をプレゼンテーションする，という内容である．

この科目の受講生は半年間の演習の中で，教育活動にかかわる基本的なプロセスを理解するだけでなく，教材作成のための作業を通して自らが地震防災にかかわる事項の学習者と教育者の両方の立場を経験する．グループによる共同作業として行うため，教材作成の過程で学生同士で様々な議論が行われ，彼ら自身の理解を深める効果も期待される．

以下にこれまでの演習課題において作成された教

材の中の一つである「学校を舞台とした避難ゲーム」を紹介する．

a. 背景

学校には一日のうちのかなり長い時間にわたって，多くの生徒が集まっているだけでなく，大学を別にすると構成員のほとんどが未成年である，という特性を持つ．したがって，学校教職員は地震発生時，児童生徒の安全確保，避難誘導などの責任ある役割を必然的に担うこととなる．そのため，学校教職員が地震防災に関する知識および災害に対する正しいイメージを有していることが必要不可欠である．しかし，実際の地震ではマニュアルに沿った行動が徹底していなかったり，事前対策の不足により，教職員がそれぞれ独自の判断で，その場では最適であっても互いに整合性がとれない行動をとってしまい，その結果として効率的な対応ができなかった例も見られる（橋本ら，2006）．

このような問題を少しでも回避し，学校教職員が地震時に適切な行動をとれるように，事前の地震対策への意識の向上を図り，地震時の行動に対する正しい知識と判断力を養成することは重要である．そこで，学校教職員を対象として彼らが地震防災についての知識や想像力を養えることを目的とした地震防災ゲームを作成した．

地震による災害対応は大きく分けて事前対策，地震直後の緊急対応，その後の復興対応の3段階からなる．学校のように多くの生徒が集まっているような施設では事前対策や緊急対応の良し悪しが被災度レベルや地震後の復興の困難度を大きく左右する．そこで，本ゲームでは学校における事前対策と緊急対応に焦点を絞り，地震後の避難行動をシミュレートするゲームとした．地震時の対応や事前対策についての学校教職員の意識レベルには大きなばらつきがあり，防災を専門とする者にとって常識と考えられていることがまったく知られていない，といったことも少なくなく（橋本ら，2006）．これは前項のe-learning教材の例でも見られた傾向と同様のものである．

b. ゲームの概要

以上のような背景を考慮して，本ゲームのプレイヤーの地震防災に関する知識レベルとして，比較的基本的事項についても知らない場合があるものと想定した．したがって，ゲームの進行過程でプレイヤーが遭遇する種々のイベントは最低限知っていなくてはならないレベルのものに絞っている．さらに，避難時の困難をキャンセル可能なカードをゲーム開始時にプレイヤーが主体的に選んで保有したうえでゲームにのぞむことで，事前対策の有効性や重要性を理解できるよう構成した．

また，ゲームのルールの理解が困難であったり，所要時間が長い場合，ゲームそのものが利用されないことが懸念される．そのためできる限り単純なルールとし，1回のプレイ時間も30分程度を目安とした．

以上のような条件を満たすよう，本ゲームは基本的にはすごろく形式のボードゲームとした．プレイヤーは計四人で，二人ずつ2チームに分かれゴールを目指す．プレイヤーの設定条件およびゲームの最終目標は以下の通りである．

- プレイヤーは学校の先生である．ある日，4階のクラスで授業をしているとき，突然，大きな地震が発生した．
- そのため，プレイヤーはクラスの全員を校庭まで安全に早く避難させなければならない．そこで，安全のため隣のクラスと一緒に避難することにした．
- 途中発生する困難を乗り越え，早く全員を校庭に避難させたチームが勝利となる．

2番目の設定は，一人の教員だけで生徒とともに避難しようとすると，引率の際に生徒全体に目が行き届かなくなる場合があることを考慮し，二人の教員が生徒の前後について引率する，という実際の状況をイメージしている．プレイヤーが二人で1チームを構成するという設定も，このような実際の雰囲気を持たせるためであり，二人で相談しながらゲームを進行するという形態をとることが内容に関する議論につながって教育効果を高めることができるのではないか，という期待も込められている．もちろん，1チーム一人として二人でゲームを実行することも可能である．

ゲームボードを図4.19に示す．このゲームボードは学校の校舎をモデル化したものであり，プレイ

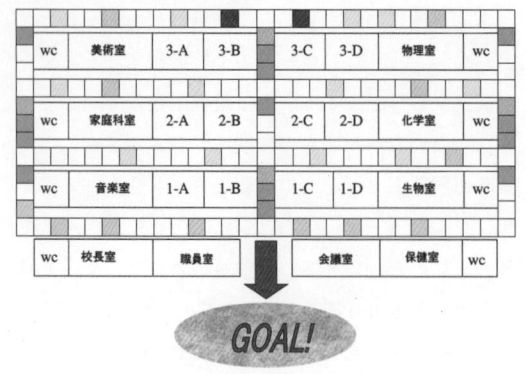

図 4.19　学校を舞台とした避難ゲームのゲームボード

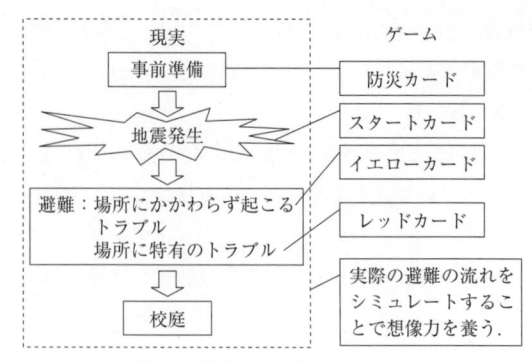

図 4.20　現実の事象とゲームの対応

ヤーは 4 階のスタート地点からゴールの校庭を目指すこととなる.

c. ゲームの試作

上で述べたゲームの枠組みのもとで，ゲームを試作し，地震防災を専門としない人に試用してもらって，ゲームの問題点の抽出を行った．試作したゲームのルールの概略は以下の通りである．

① まず，プレイヤーはチームごとにスタートカードを引く．そこには地震発生時の状況，スタートする教室およびチーム編成が書かれている．プレイヤーはスタートする教室の前の黒のマスにコマを置く．
② チームごとに防災カードを 3 枚選ぶ．
③ スタートするチームはサイコロを振って，出た目の数だけ進む．なお，進む方向は任意である．ただし，ほかのチームを追い越して進むことはできない．
④ 止まったマスによってはイベントカードを引かなくてはならない．イベントカードは避難時に発生しうるトラブルが書かれている．それらのトラブルは選択した防災カードによってはキャンセルすることが可能となるが，カードを持っていない場合はペナルティが課される．
⑤ 様々なイベントを乗り越え，校庭まで脱出する.

このゲームは避難をシミュレートするという形態をとっているため，実際の避難の状態を考慮してほかのチーム（ほかのクラス）を追い越して進むことはできないものとしている[8]．また，ゴールである校庭は通常のすごろくと異なり，ちょうどそこで止まれなくても，突き抜ければゴールしたと見なす．

イベントカードには，イエローとレッドの 2 種類があり，イエローカードは場所によらず発生しうるトラブルを，レッドカードは理科室といった特定の場所において発生することが想定されるトラブルが書かれている．ゲームボード上のマスにはカードと同じ色がつけられており，止ったマスの色に応じてプレイヤーはカードをひかなくてはならない．

また，防災カードは事前対策としての意味を持っており，地震が発生する前に実施すべき対策が書かれている．プレイヤーはゲーム開始時に自らが必要と考える対策としての防災カードを選ぶ．イベントカードによって発生するトラブルは適切な防災カードがあればキャンセルすることができ，ゲームを有利に進めることができる．ただし，まったく役に立たない防災カードも含まれており，事前対策として間違った選択をした場合，その後のゲームの展開が苦しくなるように設定されている．これにより，学校における地震防災上，どのような対策が有効であるかを理解することができる．

現実の事象とゲームの中でのカードの役割の対応を図 4.20 に示す．

ゲームの試用は教育工学などを専攻する 20 代の学生 4 人によって行われた．被験者はまずはじめに防災に関する知識を問うアンケートに回答する．その後，2 チームに分かれゲームを実際にプレイしてもらう．ゲーム終了後，ゲーム前とほぼ同様のアンケートを実施し，知識の向上の有無を定性的に判断するとともに，ゲーム構成や内容について議論を行った．

アンケートの結果，以下のようなことが明らかとなった．

- ゲームの前後で骨折の応急処置，ガラスの飛散防止，避難のしかたなどについての知識の向上を確認することができた．しかし，学生の防災に対する知識が設定していたレベルよりも高かったため，顕著な変化は見られなかった．
- よかった点は，ゲームを実際の避難を想定したストーリー形式にし，かつルールを単純化したため，非常にわかりやすかった点である．
- 反省すべき点は，イベントが発生した際，カードを斜め読みしてしまい，実際に発生しているイベントの内容を理解することなくゲームの進行に意識の中心が置かれていた点である．

非常に限られた範囲での試用ではあるが，以上のことより地震防災に関する教育効果を高めるためには，種々のイベントカードの内容をきちんと読んで理解させるしくみが必要であることが明らかになった．一方，ルールが単純で比較的短時間で終了することはゲームを始めるための敷居が低いという観点からよい評価が得られた．

以上の点について，被験者とともにゲームの改善すべき点について議論を行い，次に示すような改善を行った．

d. ゲームの改善

ゲームの試用とそれに続く議論をふまえ，以下のようにルールを変更した．

① イベントカードをクイズ形式にする．相手チームはそのカードに対応する答えカードを引き，正誤を判断する．誤った答えに対しては，ペナルティが課される．正しい答えに対しては，なんらかの特典がある場合がある．

② 防災カードにはクイズのヒントを書いておく．

このようにルールを変更することで，確実にプレイヤーがカードを読み，さらにクイズの答えカードを相手チームに引かせることにより，両チームが同じように防災の知識を学ぶことができるようになると期待される．

なお，イベントカードには，イエローとレッドのカードに加えて，ゲームの進行をコントロールする目的でブルーとグリーンのカードを追加した．プレイヤーはボード上で止まったマスと同じ色のイベントカードを引くところまでは改善前のルールと同じ

(a)：防災カードの例（避難の際の注意事項）

(b)：イベントカードの例（避難時の服装）

(c)：答えカードの例（避難時の服装）

図 4.21　ゲームで用いるカードの例

であるが，新しいルールでは，イベントカードに書かれたクイズに答えなくてはならない．1例として，図4.21に避難時の心構えや服装について書いた防災カード，それに対応する避難時のイベントとして発生するイエローカードの問題と解答を示す．この図の例では，ゲーム開始時に (a) の防災カードを選んでいれば，黄色のマスに止まったときに引いたカードが (b) であった場合に，そのクイズに容易

4.3　地震防災教育用の教材作成事例

に答えることができ，その結果，1マス進む，という特典を得ることができる．

e. ゲームの再評価

以上のように改善したゲームを日本シミュレーション&ゲーミング学会の大会における体験セッションで発表し，これを学会参加者に体験してもらった．9名の参加者を得て，三つの卓に分かれて実際にゲームをしてもらい，事前，事後のアンケートを行った．アンケートの内容はゲームの試作時と同じものである．また，ゲーム後のアンケートに続いて内容に関するフリーディスカッションを行いゲームに対する意見を集めた．

アンケートからは，消火器の使い方，生き埋め者の救出方法に関する学習効果が見られ，地震対策や人工呼吸などについてはほとんど効果が見られなかった．ゲームに対しては，「楽しみながら防災知識を得られる」「基礎や応用などのレベル分けがされていてよい」といった肯定的な意見があった．その一方で，「クイズの内容に偏りがある」「もっと詳しい解説が欲しい」といったカードの内容に対する意見や，「リアル感が乏しい」「クイズの正解に対する特典が少ない」「争いが僅差になる」「イエローのマスにあまり止まらなかったのでクイズをあまり解かないでゴールしてしまった」「防災カードが役立つ状況になりにくい」といったゲーム性に関する意見が寄せられた．

これらの意見に対しては，例えば，復習や確認をかねて複数回ゲームを行う，リアル感を高めるためにボードのデザインを工夫する，などが考えられる．

このゲームでは試作を含めて2回の調査を行ったが，プレイヤーが変わることで異なる観点からの意見が寄せられる，ということがよく理解される．2回目の調査では，前項のe-learning教材でも問題になったがプレイヤーの知識レベルの違いにどのように対応するか，が問題となった．より高い教育効果を得るためには，プレイヤーのレベルに合わせたきめ細かい対応が必要となる．例えば，難易度の異なるクイズのセットを準備するなど幅広い知識レベルのプレイヤーに対応できるようにすることなどが考えられる．また，初期設定をクラスで授業をしているときとしているが，実際に地震が発生する際には様々な状況が考えられ，初期状態の設定方法などに工夫が必要となるであろう．

謝　辞

4.1節および4.3.1項の執筆にあたって，東京工業大学大学院の学生であった高村早織氏が在学中に修士論文のための研究として行った成果を多く引用させていただいた（高村，2007）．また，4.3.2項は東京工業大学大学院の演習科目である「地震防災教育プロジェクト演習」でその受講生である大学院生が課題として取組み，実際に作成した地震防災教育用教材の成果を引用させていただいた．演習の受講生の個々の名前をあげることは割愛させていただくが，4.3.2項が多くの受講生による成果によってなっていることを明記するとともに，彼らに感謝の意を送りたい．

注

1) ただ単に映像を見る，という行為も1種の「体験」であることは間違いない．
2) 例えば，阪神・淡路大震災記念人と防災未来センター（神戸市），根尾谷地震断層観察館（本巣市），東京消防庁が都内各地で運営している防災館，地方自治体などが運営する市民向け防災センターなどがある．
3) いつ，どこに自分がいて，何をしているか．例えば，散歩先の公園で自分の子供を遊ばせていてまわりに大人が何人，子供が何人いる，というように具体的な状況を仮定する．また，地震発生時の季節や時間，天候なども想定しておくのである．これらの初期条件は，学習者が自由に決定し，その条件のもとで物語を書き進めていく．
4) なお，この調査の対象は20歳以上の男女である．
5) 単に学習者に感想を求めるだけではなく，学習目標の達成度などを用いて客観的に判断することが必要である．
6) 2006年度までは「赤十字救急法一般講習」であったが，2007年度より変更された．
7) 指導方略とは学習者の学習を支援するための作戦のことを意味する．
8) ただし，この設定には学校の廊下は十分に広いので追い越し可能であるはずだ，という批判もあることを付け加えておく．

参考文献

Ausbel, D.P.：The use of advance organizers in the

learning and retention of meaningful material. *Journal of Educational Psychology*, **51**, 267-272, 1960.

Collins, A.M. & Quillian, M.R.：Retrieval time from semantic memory. *Journal of Verbal Learning and Verbal Behavior*, **8**, 240-247, 1969.

Cronbach, L.J. & Snow, R.E.：Aptitudes and Instructional Methods：A Handbook for Research in Interactions, Irvington, 1977.

Gagne, R.M., Wager, W.W., Golas, K.C. & Keller, J.M.：Principles of Instructional Design (5th Ed.), Wadsworth, 2005.

Ichii, K.：*What's Derolin?-A Story of Earthquake and Tsunami*, ウェイツ, 2005.

Keller, J.M.：Development and use of the ARCS model of motivational design. *Journal of Instructional Development*, **10**(3), 2-10, 1987.

Matsuda, T.：Instructional activities game：A tool for teacher training and research into teaching. *In*：Shiratori, R., Arai, K. & Kato, F (Eds.)：Gaming, Simulations, and Society：Research Scope and Perspective, Springer-Verlag, pp.91-100, 2004.

Matsuda, T., Ishii, N., & Goto, K.：Collaborative web-microteaching：CSCL function and authoring function of instructional activities game. E-Learn 2007, 7242-7251, 2007.

Mayo, E.：The Human Problems of an Industrial Civilization (ch. 3), MacMillan, 1933.

Morikawa, H., Ruangrassamee, A. & Chen, H.T.：A practice of international distance lecture among three universities through the internet. Proceedings of the 4th International Conference on Urban Earthquake Engineering, 967-970, 2007.

Motosaka, M., Fujinawa, Y., Yamaguchi, K., Kusano, N., Iwasaki, T. & Satake, A.：Application of early warning system for disaster prevention in school using realtime earthquake information. Proceedings of the 8th U.S. National Conference on Earthquake Engineering, Paper No.719, 2006.

Rosenthal, R. & Jacobson, L.：Pygmalion in the Classroom：Teacher Expectation and Pupils' Intellectual Development, Holt, Rinehart & Winston, 1968.

Smithsonian Institution：Earthquake and Eruptions (Digital Information Series GVP-2 v.2.0), Smithsonian Institution, 2002.

United Nations Center for Regional Development & Yamaguchi University：Quake Busters, 1996.

朝日新聞社：大地震サバイバル・マニュアル―阪神大震災が教える99のチェックポイント―, 朝日新聞社, 1996.

東　洋：子どもの能力と教育評価, 東京大学出版会, 1979.

新井　潔, 出口　弘, 兼田敏之, 加藤文俊, 中村美枝子：ゲーミングシミュレーション, 日科技連出版社, 1998.

池田　央：テストで能力がわかるか, 日経新書, 1978.

池田　央：調査と測定, 新曜社, 1980.

稲垣成哲, 舟生日出男, 山口悦司：再構成型コンセプトマップ作成ソフトウェアの開発と評価. 科学教育研究, **25**(5), 304-315, 2001.

大辻　永, 赤堀侃司：リンクの意味分析による概念構成図の評価観点とその妥当性. 科学教育研究, **18**(4), 167-180, 1995.

大町達夫：よりよい地震防災教育, 地震ジャーナル, **13**, 27-32, 1992.

金子　章, 内野　真：じしんがきてもまけないよ！, 学習研究社, 2004.

金子　章, 鈴木まもる：あっ！じしん, 学習研究社, 2004.

彼女を守るプロジェクト：彼女を守る51の方法―都会で地震が起こった日―, マイクロマガジン社, 2005.

北尾倫彦：教育評価の改善（教育方法改善シリーズⅤ）, 国立教育会館, 1995.

国崎信江, 福田岩緒, 目黒公郎：じしんのえほん―こんなときどうするの？, ポプラ社, 2006.

クリエイティブ・コア：みんなで考える幼児の安全 DVD防災・防犯/安全マナー・事故防止, クリエイティブ・コア, 2007.

港湾空港建設技術サービスセンター：大地がゆれた時―もりあがる海・くずれる大地―, 1997.

国民の防災意識向上に関する特別委員会（編）：DVD日本に住むための必須!!防災知識 中学・高校・一般向け, 土木学会, 2006.

坂元　昂：教育工学の原理と方法, 明治図書新書, 1971.

坂元　昂：教育工学, 放送大学教育振興会, 1991.

坂元　昂, 竹村重和（編著）：理科・行動目標の分析と評価 5・6年, 明治図書, 1975.

静岡新聞社：東海地震. 静岡新聞ホームページ, 2002 (http://www3.shizushin.com/jisin/mihiraki020429.html).

柴田義松（編）：現代の教授学, 明治図書, 1967.

シャンク, R. C., リーズベック, C. K.（編）, 石崎　竣（監訳）：自然言語理解入門, 総研出版, 1986.

（財）消防科学総合センター：消防科学と情報, **81**, 2005.

スケンプ, R.R.（著）, 銀林　浩（訳）：数学学習の心理学, 新曜社, 1973.

鈴木克明：教材設計マニュアル―独学を支援するために，北大路出版，2002．

鈴木宏昭：類似と思考，共立出版，1996．

総務省消防庁：防災・危機管理 e-カレッジ，2004（http://www.e-college.fdma.go.jp/）．

高浦勝義：絶対評価とルーブリックの理論と実際，黎明書房，2004．

高村早織：教材の持つ学習効果の評価に基づく地震防災教育のための双方向 e-learning 教材の開発．東京工業大学大学院平成18年度修士論文，2007．

滝沢ほだか，松田稔樹：問題解決に音・音楽を活用する力を育成する学校教育向けカリキュラムの開発（1）～ CM 制作ゲームの仮想体験提供に基づくカリキュラムへのニーズ分析．日本教育工学会第22回全国大会講演論文集，405-406，2006．

竹谷　誠，佐々木　整：学習者描写の認知マップによる理解度評価法．電子情報通信学会誌，J80-D-Ⅱ，336-347，1997．

田中二郎（編）：先生，地震だ！，どうぶつ社，1985．

田中裕也，井ノ上憲司，根本淳子，鈴木克明：オープンソース CMS の実証的比較分析と選択支援サイトの構築．日本教育工学会論文誌，**29**(3)，405-413，2005．

津村建四朗：稲むらの火―フィクションと実話から学ぶ津波防災―．予防時報，**220**，2005．

東京大学生産技術研究所目黒研究室：目黒メソッド，2004（http://risk-mg.iis.u-tokyo.ac.jp/）．

土木学会：一からはじめる地震に強い園づくり．巨大地震災害への対応検討特別委員会地震防災教育を通じた人材育成部会，2006（http://www.bousai-gate.net/handbook/）．

豊田秀樹：項目反応理論［入門編］，朝倉書店，2002．

内閣府：平成14年度防災に関する世論調査，2002（http://www8.cao.go.jp/survey/h14/bousai-h14/）．

日本教育工学会（編）：教育工学事典，実教出版，2000．

日本消防協会（編）：阪神・淡路大震災誌，日本消防協会，1996．

ニュートンプレス：「M9」大地震．Newton 2007年10月号，2007．

芳賀　純：学習の型．In：東　洋，坂元　昂（編著）：学習心理学，新曜社，1977．

橋本佳代子，大町達夫，井上修作：学校震災のフェーズ0における緊急対応戦略．安全問題研究論文集，**1**，7-12，2006．

BE-PAL 編集部（編）：アウトドア流防災ブック―地震・災害ノウハウと道具が家族を守る（ポケット BE-PAL），小学館，2004．

広島大学・地域防災ネットワーク：災害軽減塾 in 横路保育所，2006（http://preven201.bousaiv.hiroshima-u.ac.jp/~pub/activity/2005/060119.html）．

古川工業高校：木造耐震診断教育活動，2004（http://furukk-h.myswan.ne.jp/kenchiku/taishin/taishin.html）．

平成16年度会長特別委員会（編）：DVD日本に住むための必須!! 防災知識　小学校低学年，土木学会，2005a．

平成16年度会長特別委員会（編）：DVD日本に住むための必須!! 防災知識　小学校高学年，土木学会，2005b．

防災教育チャレンジプラン：工高生による木造住宅の簡易耐震診断，2006a（http://www.bosai-study.net/2006houkoku/plan20/）．

防災教育チャレンジプラン：専門高校生による耐震診断ボランティアで地域とアジアに結ぶ防災ネットワークの創出，2006b（http://www.bosai-study.net/2006houkoku/plan23/）．

桝田秀芳，翠川三郎，三木千寿，大町達夫：地震防災意識の形成過程と地震防災教育の効果の測定．土木学会論文集，**398**/Ⅰ-10，359-365，1988．

松田稔樹，多胡賢太郎，坂元　昂：教授活動の計算機シミュレーションに向けたモデルの提案．日本教育工学雑誌，**15**(4)，183-195，1992．

松田稔樹，野村泰朗，山室景成，岡村貴彦，中村竹希：授業設計訓練システムの開発と教職課程での運用・評価．日本教育工学雑誌，**22**(4)，263-278，1999．

三田純義：一斉学習指導に"ものづくり"を取り入れた工業技術教育の指導法とその教材開発．東京工業大学博士論文，2002．

森岡寛江：地域地震防災力向上のための防災教育に関する研究―中学生を対象とした教育支援システムの試作―．東京工業大学大学院平成15年度修士論文，2004．

森岡寛江，翠川三郎：地震防災力向上のための中学生を対象とした教育支援システムの試作．地球惑星科学関連学会2004年合同大会予稿集 J035-004，2004．

柳川　堯：ノンパラメトリック法（新統計学シリーズ9），培風館，1982．

山村武彦：大震災これなら生き残れる―家族と自分を守る防災マニュアル―．朝日新聞社，2005．

山本哲朗：防災授業　僕たち自然災害を学び隊！，電気書院，2005．

矢守克也，網代　剛，吉川肇子：防災ゲームで学ぶリスク・コミュニケーション，ナカニシヤ出版，2005．

吉崎静夫：授業における教師の意思決定モデルの開発．日本教育工学雑誌，**8**(2)，61-70，1988．

レイボウ，J.，キッパーマン，J.，チャーネス，M. A.，ベイシル，S. R.（著），丸野俊一，安永　悟（訳）：討論で学習を深めるには―LTD 話し合い学習法，ナカニシヤ出版，1996．

索　引

欧　文

A.M.D.　59
AED　104
ARCS 動機づけモデル　114
B/C　3
CEV　7
CFT　44
CO_2 排出国　67
CUBE　81
CV　5
CVM　31
EEV　7
e-learning　99, 100, 102, 128
e-learning 教材　130, 137, 142
e-learning システム　94
e-learning プラットフォーム　128
EPEDAT　81
EV　5
FBEV　7
F-net　73
GIS　80, 88
GPS　88
Gumbel 分布　10
HAZUS　82
Hi-net　72
Iceberg 型交通費用　10
IRR　3
Jonckheere 法　132
KiK-net　73
K-NET　73
KR　106
long-side　15
NPV　3
Performance based design　60
PTSD　93
short-side 原則　12
SIGNAL　79
small-open の仮定　31
SUPREME　80
T.L.D.　59
T.M.D.　59
TriNet　81
web 教材　130
Wilcoxon 法　132, 135
With　4
With-Case　2
Without　4
Without-Case　2
WTA　5
WTP　5

ア　行

あばら筋　41
誤り　122
α-係数　118
安全性　47

五つ組　108
『稲むらの火』　94, 95
意味ネットワーク　112
インストラクショナルデザイン　119

受取意思額　5

影響　2
衛生講習会　104
エネルギー吸収　47, 49, 61

オイルダンパー　56
オプション価格　6
オプション価値　8

カ　行

改善視点表　127
概念学習　111
概念マップ法　118
解の唯一性定理　48
下界の定理　48
価格決定関数　13
価格尺度　16
各個撃破　45
学習効果　99, 137
学習内容　132, 134
学習のタイプ　111
学習評価　115
学習目標　108, 132, 135
確認問題　131, 137, 138
可処分所得　9

風荷重　67
風直角方向振動　62
風方向振動　62
加速度型強震計　73
課題解決　111
価値判断　2
過度の一般化　126
簡易耐震診断　97
間隔尺度　116
環境負荷　67
観察法　117
間接効用関数　5
観点別評価　116
関東地震　36
関東大震災　37

基準関連妥当性　117
基礎固定　54
期待 EV　7
期待効用　5
期待被害軽減額　8
期待保険金額　30
気道異物除去　104
機能維持　62
逆問題　6
客観的評価　100, 102, 129
キャンセルアウト　20
救急救命士　104
9 教授事象　123
救出訓練　98
救命活動　104
救命技能認定　104
救命講習　104
教育工学　105
教育目標　109
教育目標の分類学　110
強化　111
教材知識　108
教材の評価　129
教師の意思決定モデル　107
教授学習過程　106
教授活動ゲーム　128
教授活動モデル　107
教授行動　109
教授ルーチン　107
共助　105

強震観測　72, 73
競争的　21
強度抵抗型構造　45
居住性の向上　59
許容応力度設計　54
緊急地震速報　76, 78, 95
均衡価格　15
金融派生商品　33

空間経済モデル　9
空力不安定振動　66
クライテリア　65
「クロスロード」　98

形成的評価　115, 127
継続時間　66
系列学習　111
ゲーミングシミュレーション　134, 135
ゲームボード　139, 140
煙脱出訓練　98
限界耐力計算法　49
現況観察　32
建築基準法　38, 63, 67
建築構造材料　38
建築の耐震性能　45
原理学習　111
元禄関東地震　36

効果　2
高強度コンクリート　40
鋼構造　42
鋼材料　42
合成開口レーダー　88
高張力鋼　50
行動主義　111
行動目標　109
高分解能衛星　86
項目反応理論　117
効用関数　5
効率的保険市場　23
五重塔　51
固定法　104
古典的テスト理論　117
固有周期　66
コンクリート材料　40
コンセプトマップ法　117
コンピュータ　51

サ　行

災害保険　19

財産価値　49
財産権　46
財政余剰　23
最適値関数　28
再テスト法　118
再利用　49
座屈　43
座屈拘束ブレース　67
皿ばねワッシャー付き積層ゴム　56
産業革命　36

事業期間　2
軸力支持能力　42
止血法　104
次元分け　122
次元分け表　122
事後　1
資産保全　62
自助　105
市場条件　12
市場的キャンセルアウト　30
市場の清算　12
地震観測　72
地震計ネットワーク　72
地震警報システム　70, 73, 78, 89, 90
地震体験　95, 98
「地震だだんだだん」　97, 102
地震被害早期推定システム　70, 71, 72, 79, 90
地震被害早期評価システム　80
地震防災教育プロジェクト演習　129, 138
地震防災ゲーム　139
地震防災情報システム　90
事前　1
事前評価　115
自宅学習　98
ジッパーフェイル　45
実被害収集システム　88, 90
自動体外式除細動器　104
指導方略　131, 142
支払意思額　5
社会的構成主義学習観　113
社会的コンセンサス　46
社会的割引率　3
住環境改善　20
終局累積塑性率　65
集成木材　39
重力　52
主観的割引率　3
需給割り当て関数　13

授業・教材評価　115
授業計画　108
授業展開スクリプト　108, 124
主体構造　67
純現在価値　3
順序尺度　116
準線形効用関数　5, 29
順問題　6
試用　140
情意領域　110
上界の定理　48
消火訓練　95, 98
将棋倒し効果　45
仕様規定型　63
上級救命講習　104
状況的学習論　113
使用限界　60
状態別 EV　7
消費者行動理論　5
情報伝達　15
初期消火活動　134
所得の限界効用　5
進行性破壊　45
靭性　45
新耐震設計法　42, 47, 49, 54
心的外傷後ストレス障害　93
震度計　72
心肺蘇生法　104
人命の保護　62
信頼性指数　117

数理的な考え方　124
数量制約　18
スキーム　111
スクリプト　112
ストーリー形式　141
　　——の確認問題　134, 135, 137, 138
ストーリー形式テスト　135

静学的　32
生起確率　2
精神運動領域　110
制振構造　52, 53
脆性破壊　41
静的設計　48
制度的キャンセルアウト　31
性能型設計　64
性能項目　63
性能設計法　63
生命保険　20
赤十字救急法一般講習　142

赤十字救急法基礎講習　104
赤十字救急法救急員養成講習　104
積層ゴム　52
積層ゴムアイソレータ　55
積層ゴム一体型免震Ｕ型ダンパー　56
設計クライテリア　62
設計用層せん断力　54
折半法　118
先行オーガナイザー　112
線積分　24
せん断抵抗力　62
せん断破壊　42

総括的評価　115, 127
層間変形　52
層間変形角　50, 65
早期被害把握システム　85, 90
層せん断力　52
相補性条件　24
塑性変形能力　42, 43, 47
損傷制御構造　49, 50, 51, 52, 60, 61, 62
損傷制御設計　59, 60, 64, 66
損傷制御設計法　52, 59
損傷レベル　60

タ　行

第1種オプション価値　8
帯筋　41
体験教材　96
耐震グレード　64
耐震構造　52
耐震性向上　53
耐震設計レベル　46
態度　111
第2種オプション価値　8
耐風クライテリア　64
耐風設計　62, 65
タクト　106
建物の継続使用　47
弾性設計・許容応力度設計　47
ダンパー　61

超過供給　18
超過需要　18
超高層建築　44
長寿命都市　47
直列システム　45, 49
直列配置　60
直列モデル　50

追加的所得　6
対連合学習　111
津波地震早期検知網　71
津波予報　73
つまずき　122

低降伏点鋼　50, 61
定常状態　3
適性処遇交互作用　113
適切次元　122
テスト法　117
鉄筋コンクリート構造　40
鉄骨鉄筋コンクリート構造　44
寺田寅彦　36

動学分析　33
等価的偏差　4
動機づけ　100, 105, 130
十勝沖地震　42
独占的　21, 22
都市経済学　30
都市の寿命　46
都市の耐震性　45, 47
トリアージ　136

ナ　行

内部収益率　3
内容–行動マトリックス　120
内容的妥当性　116
中井常蔵　95
南禅寺　51

ニュメレール　16
認識領域　110
認知主義　111
認知スタイル　113

ねじれ運動　55
粘性減衰型ダンパー　61
粘性ダンパー　59

濃尾大震災　37
ノースリッジ地震　37
ノンパラメトリック検定　132, 135

ハ　行

柱直置き基礎　51
破断　43
発見型　124
パッシブ制振構造　45, 49

発達の最近接領域仮説　116
話し合いによる学習　135
浜口梧陵　95
梁降伏型　54
阪神・淡路大震災　37

被害早期推定システム　90
被害認定調査　89
非空間経済　24
ピグマリオン効果　119
被験者　132, 135
非限定EV　6
被災建築物応急危険度判定　102
被災建築物応急危険度判定士　103
被災度判定　103
避難　139
ひび割れ　41
微分不可能　24
費用　2
評価　115
　——の信頼性　117
　——の妥当性　116
評価指標　3
兵庫県南部地震　69, 93
氷山型交通費用　10
費用対効果　1
評定　115
評定尺度法　117, 119
費用便益分析　1
比例尺度　116

不安定現象　43
フィードバック　97, 99, 100, 101, 102, 130, 138
風外力　62
フェアベットEV　7
不確実　8
不確実性　9
不均衡経済状態　9
不在者地主　9
付着力　41
普通救命講習　104
不適切次元　122
プレートテクトニクス理論　36
ブレンディング　128
プログラム学習　111
分散分析　132

平均成分　62, 66
平行テスト法　118
並列システム　45, 49
並列配置　60, 61

ヘドニックアプローチ 31
便益 2
便益換算乗数 25
便益帰着構成表 21
便益帰着分析 20
便益費用比 3
弁別学習 111

防災カード 140
防災訓練 101
防災士 104, 105
包帯法 104
包絡線定理 25
保険金 21
保険市場 21
保険料 21
補償所得 32
補償的偏差 5
ホーソン効果 119
保有水平耐力 49
ボランティア 93

マ 行

マトリックス法 51
マンド 106

名義尺度 116
メカノソーティブ 40
メガブレース 56

目黒巻 98
目黒メソッド 99
メタ認知 113
メディアを利用した授業 128
免震構造 45, 52, 53, 54, 55
免震U字ダンパー 56
面接法 117

木質材料 38
目標行動 109
目標性能 62, 64
目標分析 120
モニタリングスキーマ 109
モールの応力円 40

ヤ 行

優先順位 1, 4
誘導型 124
誘導発見型 124
ユレダス 71, 75

予測的妥当性 117

ラ 行

ラグランジュ乗数 23
ラフカディオ・ハーン（小泉八雲） 95

リアルタイム地震情報利用協議会 78
リアルタイム地震防災情報システム 70
リダンダンシー 45
立地均衡条件 12
立地行動 9
リモートセンシング 85
流列 2
履歴型ダンパー 59, 61

累加強度設計法 44
類推 113
累積塑性率 65
累積疲労損傷度 66
ルーブリック 119

ログサム関数 32
ロジットモデル 10

ワ 行

歪硬化 41

編集者略歴

翠川 三郎(みどりかわ さぶろう)
1953年　東京都に生まれる
1980年　東京工業大学大学院総合理工学研究科博士課程修了
現　在　東京工業大学都市地震工学センター・教授
　　　　工学博士

シリーズ〈都市地震工学〉8
都市震災マネジメント　　　　　　　定価はカバーに表示

2008年8月25日　初版第1刷

編集者　翠　川　三　郎
発行者　朝　倉　邦　造
発行所　株式会社　朝倉書店
　　　　東京都新宿区新小川町6-29
　　　　郵便番号　162-8707
　　　　電　話　03(3260)0141
　　　　FAX　03(3260)0180
　　　　http://www.asakura.co.jp

〈検印省略〉

ⓒ 2008〈無断複写・転載を禁ず〉　　　教文堂・渡辺製本

ISBN 978-4-254-26528-6　C3351　　　Printed in Japan

前東大 岡田恒男・前京大 土岐憲三編

地 震 防 災 の 事 典

16035-2 C3544　　　　Ａ５判 688頁 本体25000円

〔内容〕過去の地震に学ぶ／地震の起こり方(現代の地震観，プレート間・内地震，地震の予測)／地震災害の特徴(地震の揺れ方，地震と地盤・建築・土木構造物・ライフライン・火災・津波・人間行動)／都市の震災(都市化の進展と災害危険度，地震危険度の評価，発災直後の対応，都市の復旧と復興，社会・経済的影響)／地震災害の軽減に向けて(被害想定と震災シナリオ，地震情報と災害情報，構造物の耐震性向上，構造物の地震応答制御，地震に強い地域づくり)／付録

京大防災研究所編

防 災 学 ハ ン ド ブ ッ ク

26012-0 C3051　　　　Ｂ５判 740頁 本体32000円

災害の現象と対策について，理工学から人文科学までの幅広い視点から解説した防災学の決定版。〔内容〕総論(災害と防災，自然災害の変遷，総合防災的視点)／自然災害誘因と予知・予測(異常気象，地震，火山噴火，地表変動)／災害の制御と軽減(洪水・海象・渇水・土砂・地震動・強風災害，市街地火災，環境災害)／防災の計画と管理(地域防災計画，都市の災害リスクマネジメント，都市基盤施設・構造物の防災診断，災害情報と伝達，復興と心のケア)／災害史年表

元東大 宇津徳治・前東大 嶋　悦三・日大 吉井敏尅・東大 山科健一郎編

地 震 の 事 典（第2版）

16039-0 C3544　　　　Ａ５判 676頁 本体23000円

東京大学地震研究所を中心として，地震に関するあらゆる知識を系統的に記述。神戸以降の最新のデータを含めた全面改訂。付録として16世紀以降の世界の主な地震と5世紀以降の日本の被害地震についてマグニチュード，震源，被害等も列記。〔内容〕地震の概観／地震観測と観測資料の処理／地震波と地球内部構造／変動する地球と地震分布／地震活動の性質／地震の発生機構／地震に伴う自然現象／地震による地盤振動と地震災害／地震の予知／外国の地震リスト／日本の地震リスト

京大 嘉門雅史・東工大 日下部治・岡山大 西垣　誠編

地 盤 環 境 工 学 ハ ン ド ブ ッ ク

26152-3 C3051　　　　Ｂ５判 568頁 本体23000円

「安全」「防災」がこれからの時代のキーワードである。本書は前半で基礎的知識を説明したあと，緑地・生態系・景観・耐震・耐振・道路・インフラ・水環境・土壌汚染・液状化・廃棄物など，地盤と環境との関連を体系的に解説。〔内容〕地盤を巡る環境問題／地球環境の保全／地盤の基礎知識／地盤情報の調査／地下空間環境の活用／地盤環境災害／建設工事に伴う地盤環境問題／地盤の汚染と対策／建設発生土と廃棄物／廃棄物の最終処分と埋め立て地盤／水域の地盤環境／付録

愛知大 吉野正敏・学芸大 山下脩二編

都 市 環 境 学 事 典

18001-5 C3540　　　　Ａ５判 448頁 本体16000円

現在，先進国では70％以上の人が都市に住み，発展途上国においても都市への人口集中が進んでいる。今後ますます重要性を増す都市環境について地球科学・気候学・気象学・水文学・地理学・生物学・建築学・環境工学・都市計画学・衛生学・緑地学・造園学など，多様広範な分野からアプローチ。〔内容〕都市の気候環境／都市の大気質環境／都市と水環境／建築と気候／都市の生態／都市活動と環境問題／都市気候の制御／都市と地球環境問題／アメニティ都市の創造／都市気候の歴史

前千葉大 丸田頼一編

環 境 都 市 計 画 事 典

18018-3 C3540　　　　Ａ５判 536頁 本体18000円

様々な都市環境問題が存在する現在においては，都市活動を支える水や物質を循環的に利用し，エネルギーを効率的に利用するためのシステムを導入するとともに，都市の中に自然を保全・創出し生態系に準じたシステムを構築することにより，自立的・安定的な生態系循環を取り戻した都市，すなわち「環境都市」の構築が模索されている。本書は環境都市計画に関連する約250の重要事項について解説。〔項目例〕環境都市構築の意義／市街地整備／道路緑化／老人福祉／環境税／他

前文化庁 半澤重信著
文化財の防災計画
―有形文化財・博物館等資料の災害防止対策―
26622-1 C3052　　　B5判 116頁 本体6500円

本書は有形の文化財すなわち美術品・民俗文化財およびそれらを収納・安置する建造物を盗難や毀損、地震、雷、火災等の災害から守るための技術的な方法を具体的に記述している。〔内容〕防犯計画／防災計画／防震計画／防火計画／他

東文研 三浦定俊・東文研 佐野千絵・東文研 木川りか著
文化財保存環境学
10192-8 C3040　　　A5判 212頁 本体3800円

文化財にとって安全な保存環境を設計するための最新・最善のテキスト。美術館・博物館の学芸員のみならず、文化財学科や博物館学課程学生にも必須〔内容〕温度／湿度／光／空気汚染／生物／衝撃と振動／火災／地震／盗難・人的破壊／法規

日本建築学会編
人間環境学
―よりよい環境デザインへ―
26011-3 C3052　　　B5判 148頁 本体3900円

建築、住居、デザイン系学生を主対象とした新時代の好指針〔内容〕人間環境学とは／環境デザインにおける人間的要因／環境評価、感覚、記憶／行動が作る空間／子供と高齢者／住まう環境／働く環境／学ぶ環境／癒される環境／都市の景観

前東大 高橋鷹志・東大 長澤　泰・東大 西出和彦編
シリーズ〈人間と建築〉1
環境と空間
26851-5 C3352　　　A5判 176頁 本体3800円

建築・街・地域という物理的構築環境をより人間的な視点から見直し、建築・住居系学科のみならず環境学部系の学生も対象とした新趣向を提示。〔内容〕人間と環境／人体のまわりのエコロジー（身体と座、空間知覚）／環境の知覚・認知・行動

前東大 高橋鷹志・前東大 長澤　泰・阪大 鈴木　毅編
シリーズ〈人間と建築〉2
環境と行動
26852-2 C3352　　　A5判 176頁 本体3200円

行動面から住環境を理解する。〔内容〕行動から環境を捉える視点（鈴木毅）／行動から読む住居（王青・古賀紀江・大月敏雄）／行動から読む施設（柳澤要・山下哲郎）／行動から読む地域（狩野徹・橘弘志・渡辺治・市岡綾子）

前東大 高橋鷹志・前東大 長澤　泰・新潟大 西村伸也編
シリーズ〈人間と建築〉3
環境とデザイン
26853-9 C3352　　　A5判 192頁 本体3400円

〔内容〕人と環境に広がるデザイン（横山俊祐・岩佐明彦・西村伸也）／環境デザインを支える仕組み（山田哲弥・鞆田茂・西村伸也・田中康裕）／デザイン方法の中の環境行動（横山ゆりか・西村伸也・和田浩一）

日大 首藤伸夫・東大 佐竹健治・秋田大 松冨英夫・東北大 今村文彦・東北大 越村俊一編
津波の事典
16050-5 C3544　　　A5判 368頁 本体9500円

メカニズムから予測・防災まで、世界をリードする日本の研究成果の初の集大成。コラム多数収載。〔内容〕津波各論（世界・日本、規模・強度他）／津波の調査（地質学、文献、痕跡、観測）／津波の物理（地震学、発生メカニズム、外洋、浅海他）／津波の被害（発生要因、種類と形態）／津波予測（発生・伝播モデル、検証、数値計算法、シミュレーション他）／津波対策（総合対策、計画津波、事前対策）／津波予警報（歴史、日本・諸外国）／国際的連携／津波年表／コラム（探検家と津波他）

防災科学研 岡田義光編
自然災害の事典
16044-4 C3544　　　A5判 708頁 本体20000円

〔内容〕地震災害―観測体制の視点から（基礎知識・地震調査観測体制）／地震災害―地震防災の視点から／火山災害（火山と噴火・災害・観測・噴火予知と実例）／気象災害（構造と防災・地形・大気現象・構造物による防災・避難による防災）／雪氷環境防災（雪氷環境防災・雪氷災害）／土砂災害（顕著な土砂災害・地滑り分類・斜面変動の分布と地帯区分・斜面変動の発生原因と機構・地滑り構造・予測・対策）／リモートセンシングによる災害の調査／地球環境変化と災害／自然災害年表

前東大 不破敬一郎・国立環境研 森田昌敏編著
地球環境ハンドブック（第2版）
18007-7 C3040　　　A5判 1152頁 本体35000円

1997年の地球温暖化に関する京都議定書の採択など、地球環境問題は21世紀の大きな課題となっており、環境ホルモンも注視されている。本書は現状と課題を包括的に解説。〔内容〕序論／地球環境問題／地球／資源・食糧・人類／地球の温暖化／オゾン層の破壊／酸性雨／海洋とその汚染／熱帯林の減少／生物多様性の減少／砂漠化／有害廃棄物の越境移動／開発途上国の環境問題／化学物質の管理／その他の環境問題／地球環境モニタリング／年表／国際・国内関係団体および国際条約

| 東工大 大野隆造編著　青木義次・大佛俊泰・瀬尾和大・藤井　聡著 |
| シリーズ〈都市地震工学〉7 |

地震と人間
26527-9 C3351　　　B5判 128頁　本体3200円

都市の震災時に現れる様々な人間行動を分析し、被害を最小化するための予防対策を考察。〔内容〕震災の歴史的・地理的考察／特性と要因／情報とシステム／人間行動／リスク認知とコミュニケーション／安全対策／報道／地震時火災と避難行動

前東大 岡田恒男・前京大 土岐憲三編

地震防災のはなし
―都市直下地震に備える―
16047-5 C3044　　　A5判 192頁　本体2900円

阪神淡路・新潟中越などを経て都市直下型地震は国民的関心事でもある。本書はそれらへの対策・対応を専門家が数式を一切使わず正確に伝える。〔内容〕地震が来る／どんな建物が地震に対して安全か／街と暮らしを守るために／防災の最前線

前東大 茂木清夫著

地震のはなし
10181-2 C3040　　　A5判 160頁　本体2900円

地震予知連会長としての豊富な体験から最新の地震までを明快に解説。〔内容〕三宅島の噴火と巨大群発地震／西日本の大地震の続発(兵庫、鳥取、芸予)／地震予知の可能性／東海地震問題／首都圏の地震／世界の地震(トルコ、台湾、インド)

産総研 加藤碵一著

地震と活断層の科学
16018-5 C3044　　　A5判 292頁　本体5800円

地震断層・活断層・第四紀地殻変動を構造地質学の立場から平易に解説。〔内容〕地震・地震断層・活断層の科学／世界の地震・地震断層・活断層(アジア、中近東・アフリカ、ヨーロッパ、北・中アメリカ、南アメリカ・オセアニア)

建築研 大橋雄二著

地震と免震
―耐震の新しいパラダイム―
26010-6 C3051　　　A5判 272頁　本体4000円

1995年の阪神大震災を契機として評価が高まった免震構造に関する解説書。〔内容〕免震構造とは／免震建設の状況と傾向／免震装置／免震構造の設計・施工／耐震研究と免震構造の開発の歴史／免震構造から見た地震と建築物の振動／他

東大 神田　順・東大 佐藤宏之編

東京の環境を考える
26625-2 C3052　　　A5判 232頁　本体3400円

大都市東京を題材に、社会学、人文学、建築学、都市工学、土木工学の各分野から物理的・文化的環境を考察。新しい「環境学」の構築を試みる。〔内容〕先史時代の生活／都市空間の認知／交通／音環境／地震と台風／東京湾／変化する建築／他

京大 山路　敦著

理論テクトニクス入門
―構造地質学からのアプローチ―
16241-7 C3044　　　B5判 304頁　本体6500円

構造地質学からテクトニクスに迫る。〔内容〕微小歪みと累積／応力とアイソスタシー／主応力と応力場／応力と歪み／断層／弾性と地殻応力／リソスフェアの弾性／線形流体／粘塑性体／小断層による古地殻応力測定／リソスフェアの動力学／他

東大 瀬野徹三著

プレートテクトニクスの基礎
16029-1 C3044　　　A5判 200頁　本体4300円

豊富なイラストと設問によって基礎が十分理解できるよう構成。大学初年度学生を主対象とする。〔内容〕なぜプレートテクトニクスなのか／地震のメカニズム／プレート境界過程／プレートの運動学／日本付近のプレート運動と地震

東大 瀬野徹三著

続 プレートテクトニクスの基礎
16038-3 C3044　　　A5判 176頁　本体3800円

『プレートテクトニクスの基礎』に続き、プレート内変形(応力場、活断層のタイプ)、プレート運動の原動力を扱う。〔内容〕プレートに働く力／海洋プレート／スラブ／大陸・弧／プレートテクトニクスとマントル対流／プレート運動の原動力

東大 川勝　均編
地球科学の新展開1

地球ダイナミクスとトモグラフィー
16725-2 C3344　　　A5判 240頁　本体4400円

地震波トモグラフィーを武器として地球内部の構造を探る。〔内容〕地震波トモグラフィー／マントルダイナミクス／海・陸プレート／地殻の形成／スラブ／マントル遷移層／コア-マントル境界／プルーム／地殻・マントルの物質循環

元東大 菊地正幸編
地球科学の新展開2

地殻ダイナミクスと地震発生
16726-9 C3344　　　A5判 240頁　本体4000円

〔内容〕地震とは何か／地震はどこで発生するか／大地震は繰り返す／地殻は変動する／地殻を診断する／地球の鼓動を測る／地殻の変形を測る／実験室で震源を探る／地震波で震源を探る／強い揺れの生成メカニズム／地震発生の複雑さの理解

東大 鍵山恒臣編
地球科学の新展開3

マグマダイナミクスと火山噴火
16727-6 C3344　　　A5判 224頁　本体4000円

〔内容〕ハワイ・アイスランドの常識への挑戦／火山の構造／マグマ／マグマの上昇と火山噴火の物理／観測と発生機構(火山性地震・微動／地殻変動・重力変化／熱・電磁気／衛星赤外画像／SAR)／噴出物／歴史資料／火山活動の予測

上記価格（税別）は 2008 年 7 月現在